我国先进制造技术追赶与先进制造业发展研究

郭占斌　迟心蕊　著

中国纺织出版社有限公司

内　容　提　要

技术进步是推动经济发展的根本动力，技术追赶是后发经济体企业发展进步的逻辑方向。随着新科技革命和新工业革命浪潮的兴起，中国制造业正处于百年不遇大变局的新时代，进入了由制造业大国转变为制造业强国的历史关键期，我国先进制造业也正在迈向构建现代产业体系和高质量发展的新阶段。基于此，本书对我国先进制造技术追赶、超越的时机、路径进行了研究，并分析了我国先进制造业的发展战略，包括自主创新能力提升和产业结构优化，对我国先进制造业的创新追赶路径也进行了一定的探索，并以我国高铁为例进行了说明。

本书具有较强的理论性和创新性，适合产业发展规划、制造业发展等研究领域的研究人士阅读参考。

图书在版编目（CIP）数据

我国先进制造技术追赶与先进制造业发展研究／郭占斌，迟心蕊著 . --北京：中国纺织出版社有限公司，2024.1

ISBN 978-7-5229-1406-0

Ⅰ.①我… Ⅱ.①郭… ②迟… Ⅲ.①制造工业－工业发展战略－研究－中国　Ⅳ.①F426.4

中国国家版本馆 CIP 数据核字（2024）第 037299 号

责任编辑：张　宏　　责任校对：高　涵　　责任印制：储志伟

中国纺织出版社有限公司出版发行
地址：北京市朝阳区百子湾东里 A407 号楼　邮政编码：100124
销售电话：010—67004422　传真：010—87155801
http://www.c-textilep.com
中国纺织出版社天猫旗舰店
官方微博 http://weibo.com/2119887771
三河市宏盛印务有限公司印刷　各地新华书店经销
2024 年 1 月第 1 版第 1 次印刷
开本：787×1092　1/16　印张：13
字数：262 千字　定价：98.00 元

凡购本书，如有缺页、倒页、脱页，由本社图书营销中心调换

Preface 前言

2018年10月，习近平总书记在格力电器股份有限公司考察时指出，实体经济是一国经济的立身之本、财富之源。先进制造业是实体经济的一个关键，经济发展任何时候都不能脱实向虚。党的二十大报告进一步明确提出："坚持把发展经济的着力点放在实体经济上，推进新型工业化，加快建设制造强国、质量强国、航天强国、交通强国、网络强国、数字中国。"这为坚定不移推动先进制造业高质量发展提供了根本遵循。追赶是后发国家和地区长期关注的话题，我国一直是工业国家中的后进者和追赶者。改革开放以来，通过技术引进、消化吸收和自主创新，我国制造业发展水平和综合实力显著提升，在高铁、盾构机、新能源汽车、航空航天等先进制造领域取得突出成绩。但当前国内外环境发生了重大变化，一是以美国为首的西方国家对中国高技术领域的技术封锁呈现全方位、常态化和无差异化，尤其是2018年以来，美国政府利用自身技术优势，通过发动贸易战，对我国高技术获取、联合研发、人才交流等进行遏制，中国先进制造业通过技术引进获得前沿先进技术的难度越来越大；二是面对百年未有之大变局，我国提出构建以国内大循环为主体、国内国际双循环相互促进的新发展格局，旨在从根本上扭转制造业"两头在外"的困境。

不可否认，我国先进制造领域依然处于从要素驱动向创新驱动发展的关键时期，技术进步对产业创新发展的驱动效应尚不突出，部分关键技术领域的"卡脖子"问题尚未根本解决，同时供应链和产业链断链风险加大、国际对抗加剧使得中国先进制造业面临高度不确定的内外部发展环境。从历史经验来看，长期实施的引进消化吸收战略使中国一些先进制造产业能够用相对较短的时间实现技术追赶，但面对全球技术变革与我国高质量发展的新要求，以追赶为主要目标的发展理念、战略思维和政策安排亟待进一步改变，尤其以技术引进为主的后发追赶路径正在被以创新生态系统培育为主的追赶策略所取代。围绕新形势下中国先进制造业如何实现创新驱动追赶的关键问题，本书结合技术追赶、复杂产品系统、创新生态系统等研究领域的理论成果，综合运用多种定性和定量研究方法，将追赶规律、实现路径作为核心研究内容，旨在为新兴经济体先进制造业赶超提供理论方法借鉴与实践启示。

本书撰写过程中参考了大量学者的研究成果，在此一并表示感谢。限于笔者学识和能力限制，书中不妥之处，恳请读者批评指正。

著 者

2023 年 5 月

目录

第一章 先进制造技术内涵、领域及主要国家政策布局 ... 1
第一节 先进制造技术的内涵及动态演变 ... 1
第二节 当前先进制造技术的层次与关键领域 ... 3
第三节 世界主要国家先进制造技术政策 ... 17

第二章 中国企业先进制造技术赶超时机的选择 ... 25
第一节 先进制造技术主要子领域生命周期测定 ... 25
第二节 技术赶超的子领域选择 ... 31
第三节 技术赶超时机选择模型的构建 ... 38
第四节 技术赶超时机选择模型的仿真分析 ... 43

第三章 中国企业先进制造技术赶超路径：基础研究推动 ... 55
第一节 研究假设 ... 56
第二节 模型与变量 ... 58
第三节 实证分析 ... 64

第四章 中国先进制造技术赶超的政策路径：以移动通信技术为例 ... 69
第一节 新兴技术创新中政策的有效性讨论 ... 69
第二节 研究设计 ... 71
第三节 中国移动通信技术发展中的政策演进 ... 73
第四节 中国移动通信技术产业政策的创新激励效果 ... 78

第五章 先进制造业内涵特征与演化轨迹 ... 83
第一节 先进制造业内涵解读与特征分析 ... 84

第二节　国际先进制造业演化轨迹分析 ·················· 91
　　第三节　我国先进制造业演化轨迹分析 ·················· 101

第六章　我国先进制造业自主创新能力研究 ················ 117
　　第一节　我国先进制造业创新能力现状分析 ·············· 118
　　第二节　国内外先进制造业技术发展趋势和政策 ·········· 142
　　第三节　提升我国先进制造业自主创新的相关政策 ········ 151
　　第四节　提高我国先进制造业自主创新能力的政策建议 ···· 155

第七章　我国先进制造业产业结构调整研究 ················ 161
　　第一节　供给侧结构性改革背景下中国制造业产业结构调整特征及主要问题 ··· 161
　　第二节　我国先进制造业产业结构调整机理分析 ·········· 165
　　第三节　我国先进制造业产业结构调整手段及战略 ········ 171

第八章　中国先进制造业创新追赶实现路径设计 ············ 179
　　第一节　中国先进制造业创新追赶实现路径设计原则与思路 ··· 179
　　第二节　架构技术主导的突破式追赶路径 ················ 182
　　第三节　元件技术主导的混合式追赶路径 ················ 185
　　第四节　基础技术主导的渐进式追赶路径 ················ 189
　　第五节　互补技术主导的跟随式追赶路径 ················ 192

参考文献 ··· 197

第一章

先进制造技术内涵、领域及主要国家政策布局

第一节 先进制造技术的内涵及动态演变

先进制造技术(Advanced Manufacturing Technology，AMT)内涵的界定具有显著的时间动态性和范畴动态性。在国外的先进制造技术相关文献中，20世纪80年代先进制造技术被认为是为提高工艺效率和生产灵活性而设计的灵活的可编程技术。在21世纪前后相当长的一段时间内，较为普遍的定义认为先进制造技术是产品设计/工程、制造和计划技术。然而，随着制造业数字化的迅速发展，先进制造技术也与更多新技术联系在一起，更加强调系统化，关注技术、生产和人的结合。先进制造技术是制造业不断吸收信息技术和现代技术的成果，它的内涵随着时间和技术的变化而变化。表1-1是国外学者随时间推移对先进制造技术内涵的界定。

表1-1 国外学者对先进制造技术内涵的界定

年份	提出者	定义
1983	ACARD	AMT是任何新技术，一旦采用，可能不仅需要改变生产实践，而且需要改变管理系统和制造商对产品设计和生产工程的方法
1985	Bessant 和 Haywood	AMT是目前正在批量生产中实施的基于计算机的"灵活"技术，以填补大规模生产和制造领域自动化差距

续表

年份	提出者	定义
1988	Meredith	AMT是为提高工艺效率和生产灵活性而设计的灵活的可编程技术
1988	Craven 和 Slatter	AMT是开发和使用的生产系统，使小批量生产能够以更高的生产率和质量快速、经济地进行
1997；2000	Kenneth 等；Sun	AMT是广泛的技术集成，支持产品的设计和制造、更高水平的连接和资源的优化规划
2015	Sirkin 等	AMT是自主机器人、集成计算材料工程、数字制造、工业互联网和柔性自动化附加制造的技术
2016	Moyano-Fuentes 等	AMT是产品设计/工程、制造和计划技术
2019	Szalavetz	随着制造业数字化的迅速发展，越来越多的新技术涌现，先进制造技术与各类新技术联系在一起

"先进"一词本身就包含时间和空间的概念，其内涵是相对的。随着时间的推移，国内学者对先进制造业的研究侧重点也在不断改变。20世纪90年代初期，由于先进制造技术概念刚提出不久，当时主要是美国在研究，受美国提出初始概念的影响，国内学者大多持"先进制造业的关键因素只是先进制造技术的应用"的观点。由于当时先进制造技术处于研究初期阶段，他们的研究内容多集中于先进制造技术的具体形式，分析了先进制造技术具体是哪些技术的结合。大多数学者认为信息技术、自动化技术和现代管理技术等的结合促进了先进制造技术的发展。

至21世纪初期，信息技术高速发展，制造业的生产理念也相应地发生了变化，在该阶段国内学者的研究内容也有所改变。他们主要研究先进制造技术如何转变成先进生产力，得出先进制造模式的配合也非常重要的结论，对先进制造技术的研究也从理论层面覆盖到了具体应用方面。后来随着新材料、新资源的广泛应用，国内学者开始从多个角度探讨先进制造业的具体内涵，不再局限于先进制造技术和先进制造模式这两个因素，更多地开始关注环保和经济效益等方面。不仅研究先进制造业如何快速发展，还着重研究先进制造业如何可持续发展。

近年来，随着德国"工业4.0"概念的提出，智能制造成为国内外学者的研究焦点，国内大多学者认为数字化和智能化是制造业未来的发展方向。面对全球先进制造业竞争激烈的局面，中国也加大了对这一技术领域的研究力度，希望通过技术创新以实现制造业的转型。在对先进制造技术内涵及其演变方向的界定上形成了一系列代表性观点，具体情况见表1-2。

表1-2 国内学者对先进制造技术内涵的界定

年份	提出者	定义
1995	张申生	先进制造技术是当代信息技术、综合自动化技术、现代企业管理技术和通用制造技术的有机结合
1996	邹元超	先进制造技术是使原材料成为产品所使用的一系列先进技术的总称,是科技革命和信息时代制造业赖以生存和发展的主体技术
2001	邹群彩等	先进制造模式是一种全新制造模式——分散网络化制造,即通过信息技术将产品制造过程中的人、物、信息及制造过程进行全面集成,以合理的成本将产品设计转入生产,既快速响应市场需求又充分利用现有资源
2007	李廉水和杜占元	提出"新型制造业"的概念,即依靠科技创新、降低能源消耗、减少环境污染、增加就业、提高经济效益、提升竞争能力,能够实现可持续发展的制造业
2006	陈定方和尹念东	认为先进制造技术的发展与科学技术与市场经济的发展相应,信息技术、设计技术、成形技术、加工技术、制造工艺、虚拟制造技术和网络制造技术都得到发展,数字化和智能化是先进制造业的发展方向
2010	于波和李平华	将先进制造业划分为两个层次,既有由于信息技术、生物技术、新能源等创新和发展出来的产业形态,也有传统制造业转型升级后演变而来的制造业
2015	周佳军和姚锡凡	从制造系统的角度认为先进制造技术是一个三层次的技术群:第一层为基础制造技术,第二层为新型制造单元技术,第三层为先进制造模式/系统

第二节 当前先进制造技术的层次与关键领域

美国机械科学研究院(American Mechanical Science Institute,AMST)提出先进制造技术是由多层次技术群构成的体系,它的层次是从基础制造技术、新型制造单元技术到先进制造集成技术的发展过程。第一层(内层)为基础制造技术,主要指优质、高效、低耗、清洁的通用基础技术;第二层(中层)为新型制造单元技术,由制造技术与信息技术、新型材料加工技术、清洁能源技术、环境科学等结合而成,涉及多学科交叉、集成与融合;第三层(外层)为先进制造模式/系统(集成技术),是由先进制造单元技术和组织管理等融合而成的现代集成制造模式,强调技术系统和社会系统的协同与融合。

美国联邦科学、工程和技术协调委员会(Federal Coordinating Council for Science,Engineering and Technology,FCCSET)提出了三位一体的先进制造技术体系结构,将先进制造技术分为主体技术群、支撑技术群和基础技术群三大组成部分。其中主体技术群是先进制造技术的核心,包括设计与制造工艺两个子技术群;支撑技术群包含了诸如接口通信、决策支持、人工智能、数据库等技术，它是支撑主体技术群持续发展的相关技术；基础技术群是使先进制造技术适用于具体企业应用环境的技术群。

下面采用 AMST 提出的先进制造技术三层次技术群体系架构，分层次对先进制造技术下各子领域技术的发展情况进行分析。参照以往文献，在强调技术层面以及专利数据可获得性的基础上，将先进制造技术划分为 12 个关键领域，其中基础制造技术层主要有材料受迫成形工艺技术、超精密加工技术、高速加工技术；新型制造单元技术层主要有增材制造技术、微纳制造技术、再制造技术、仿生制造技术、工业机器人、数控技术、计算机辅助设计技术；系统集成技术层主要有计算机集成制造系统、敏捷制造系统。

基于 INNOJOY 专利数据库的数据，搜索各技术领域关键词，得到相关技术的专利数据，通过时间分布总体分析把握目前各先进制造技术下技术领域的总体发展趋势，通过对技术领域的发展现状、专利申请量增长率以及稳定性的组合分析探究各领域不同阶段技术发展的特征与趋势，通过国家分布总体分析明确各个国家技术创新能力在全球所处位置，然后通过对典型国家不同技术领域创新发展特点的对比分析进一步把握中国在不同技术领域的创新定位与特征。

一、基础制造技术

（一）材料受迫成形工艺技术

材料受迫成形工艺技术主要包括精密铸造、精密粉末冶金、精密锻造成形、高分子材料注塑、熔融沉积成形等。受迫成形指的是利用材料的可成形性，在特定的边界和外力约束条件下的成形办法。材料受迫成形工艺主要用于一些工程材料以及零部件的生产，在汽车工业和航天航空领域中都有大量应用。如在精密铸造技术中就有一种工艺——气化模铸造，它是在实型铸造的基础上形成的。实型铸造存在质量差、精度不高等问题，为了解决这些问题就推出了 EPC-V 铸造法，在生产汽车、发动机和涡轮机上有了大规模的应用，该工艺在美国、欧洲、日本和中国等地迅速发展。

截至 2020 年，以 material forced forming process 为关键词搜索，全球的专利数据共 91 795 条。材料受迫成形工艺技术专利申请数量的年份分布如图 1-1 所示。由于存在很长的萌芽期，所以图中只标明了 1980—2020 年的数据。总体来看，专利申请量呈现增长的趋势。可以将材料受迫成形工艺技术的发展分为三个阶段分析：①1994 年以前，专利申请量增长缓慢，曲线非常平稳；②1994—2019 年，该技术发展迅速，在 2019 年专利申请量达到最大数值；③2020 年，材料受迫成形工艺技术专利申请量开始下滑，很有可能是对该技术的研究越来越全面，加大了创新难度，拉长了研发周期，专利申请开始减少。

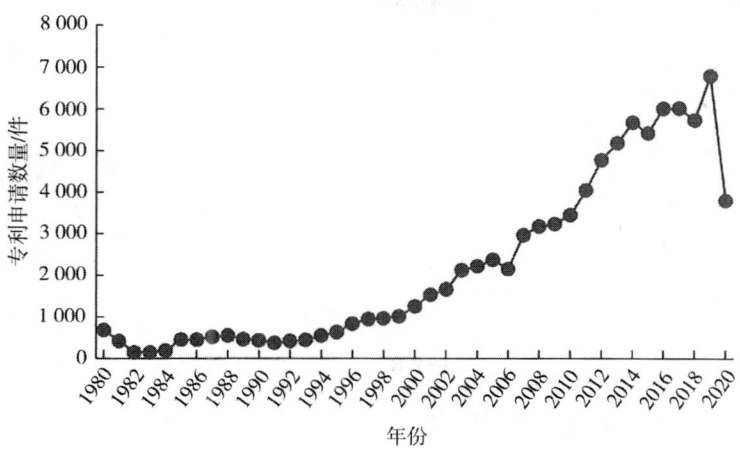

图 1-1 材料受迫成形工艺技术专利申请数量

(二) 超精密加工技术

超精密加工技术主要包括超精密加工机床技术、超精密加工刀具技术、精密测量技术、固体磨料加工技术、游离磨料加工技术、离子束加工技术、激光束加工技术等。超精密加工是加工精度达到 1 μm 的机械加工方法，是在特定的严格环境中，指定工艺规程，使用精密机床和精密量具和量仪来实现的。

由于多年来大力发展包括超精密加工技术在内的先进制造技术，美国及其盟国突破了制造技术中的许多关键技术，将这些先进制造技术应用于武器制造中，使其具备了生产精确制导、夜视设备等高科技武器的能力。除美国以外，俄罗斯也在大力研究超精密加工技术。但两者的研究方向完全不同，美国充分利用其科技优势，研制了一系列先进的超精密加工设备和超精密检测仪器，利用先进设备加工出高精度的零件。而俄罗斯并没有很多超精密加工设备，却掌握着先进的工艺，同样能够加工出高精度零件。这为后发国家超精密加工技术的追赶提供了思路，可以选择加速研发超精密加工设备，也可以重视超精密加工工艺的研究。

超精密加工技术不仅应用了机械技术发展的新成果，还与现代电子、传感技术、光学和计算机等高新技术息息相关，是高科技领域中的基础技术，在促进国防科学技术现代化和国民经济建设方面发挥了重大作用。它也是现代高科技的基础技术和重要组成部分，半导体技术、光电技术、材料科学等多门技术在超精密加工技术的推动下也得到了发展进步。

截至 2020 年，以 ultraprecision machining 为关键词搜索，全球的专利数据除外观专利外共 572 条。超精密加工技术全球专利申请数量的年份分布如图 1-2 所示。总体来看，可以将超精密加工技术的发展分为两个阶段：①1980—2003 年，是平稳发展阶段，属于超精密加工技术的萌芽期；②2004—2020 年，超精密加工技术的年度专利申请量整体来看是增加的，不过各年申请量很不稳定，起伏较大。

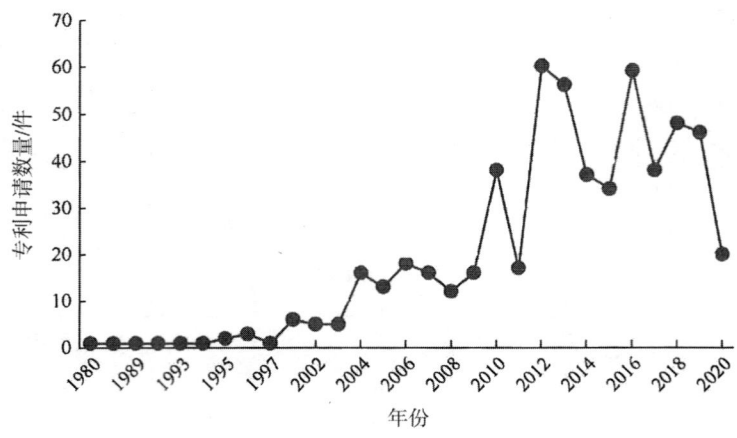

图 1-2　超精密加工技术专利申请数量

（注：图中只标注了专利申请数不为 0 的年份）

（三）高速加工技术

高速加工技术主要包括高速切削加工机床技术、超高速轴承技术、高速切削刀具等。高速加工的概念早在 1931 年就由德国的卡尔·萨洛蒙（Carl Salomon）博士提出，并获得德国专利。它是一种先进的金属切削加工技术，利用特殊材料的刀具通过改善切削速度和进给速度以提高切削率和加工质量。

在高速加工技术广泛应用之前，模具制造多采用电火花成形加工工艺，而现在一些工业发达国家如美国、德国、日本等的模具公司都广泛应用了高速加工技术。在工业发达国家，高速切削加工技术已经成为切削加工的主流，广泛应用于模具、航空、航天、高速机车和汽车工业等领域，并取得了巨大的经济收益。在模具制造工业中，利用高速加工技术，加工放电加工电极、淬硬模具型腔、塑料和铝合金模型等，减少了后续的手工打磨和抛光工序；在航天和高速机车行业，飞机的骨架和机翼、高速机车的车厢骨架均为铝合金整体薄壁构建，高速加工技术可以缩短加工时间；汽车工业的发动机铝合金和铸铁缸体的制造也由于高速加工技术提高了效率。除此之外，在快速成型、光学精密零件和仪器仪表加工领域也大量使用该技术。

截至 2020 年，以 high speed machining technology 为关键词搜索，全球的专利数据除外观专利外共 102158 条，年度申请量分布如图 1-3 所示。总体来看，高速加工技术专利申请量总体上呈现逐步上升趋势，1975—1999 年属于缓慢增加阶段，年度增长量较少；2000—2017 年是高速增长阶段，高速加工技术发展迅速；但是从 2018 年开始，年度专利申请量开始下降，说明对高速加工技术的研究逐步抵达极限，创新的难度加大，专利申请数量随之减少。

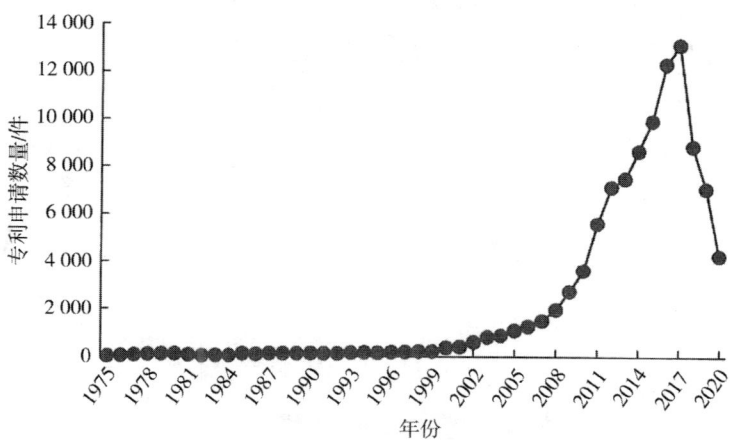

图 1-3 高速加工技术专利申请数量

(注：图中只标注了专利申请数不为 0 的年份)

二、新型制造单元技术

(一) 增材制造技术

增材制造技术主要包括光固化成形、叠层实体制造、选择性激光烧结、三维印刷成形等，它诞生于美国，源于 20 世纪 80 年代后期美国的快速成型技术。增材制造技术俗称 3D 打印技术，融合了计算机辅助技术、材料加工与成形技术，是根据数字模型文件，通过软件与数控系统将专用的材料如金属材料、非金属材料和医用生物材料等，按照特定的方式逐层堆积，从而制造出实体物品。

该技术应用于多个领域，如航天航空行业中，利用增材制造技术可以制造出一些外形复杂、材料硬度强度较高等难以加工的机器零件。2016 年俄罗斯就在发射的宇宙飞船上搭载了世界上第一个 3D 打印的微型卫星"Tomsk-TPU-120"。在汽车零件制造中也能应用增材制造技术，如 2014 年奥迪就利用 3D 打印技术制造了一款遥控赛车；2016 年美国的洛克汽车公司(Local Motors)使用 3D 打印技术打印出了一辆自动驾驶电动公交车，该车有一部分是可以回收的。在生物医学领域，在牙齿矫正、脚踝矫正、医学模型快速制造、组织器官替代等医疗过程中已经开始大量使用 3D 打印技术，其中美国艾利科技(Align Technology)公司首创的隐形牙齿矫正技术即隐适美，已经被广泛应用在牙科医学中。增材制造技术也能够实现建筑设计师的一些独特创意。在军事领域上，增材制造技术可以有效地修复机械。

截至 2020 年，以 additive manufacturing technology 为关键词搜索，全球专利数据除外观专利外共 69114 条，年度申请量分布如图 1-4 所示。该技术的发展可以分为三个阶段：

①1960—1999年，申请数量总体表现为平稳的状态；②2000—2018年，专利申请量开始高速增加，增材制造技术发展非常快速；③2018—2020年，专利申请量开始下降，说明对增材制造技术的研究已经趋于极限，该技术已经比较成熟。

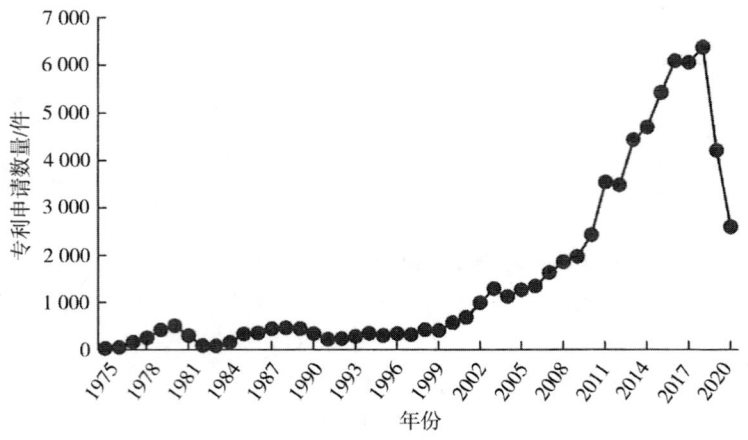

图1-4 增材制造技术专利申请数量

（注：图中只标注了专利申请数不为0的年份）

（二）微纳制造技术

微纳制造技术主要包括电子束光刻技术、反应离子刻蚀技术等。微纳制造指的是特征尺寸为微米、纳米尺度的微纳米功能材料或器件领域的制造。随着制造业的发展，加工精度的要求也越来越高，消费要求和军工领域的要求逐渐提高，传统的加工精度已经不能满足生产，因此微纳制造技术应运而生。

美国早在2005年就开始系统地规划微纳制造技术的发展，认为微型元件制造工艺和小型系统会成为全球趋势；欧盟也在2008年推出了"欧洲微纳制造平台"用于促进微纳制造技术的发展；德国更是将微系统技术作为德国高技术战略的一部分，医疗技术和汽车工业成为主要的市场；日本在2007年颁布的十大关键技术中就包括"微纳加工"。

微纳制造技术与传统制造技术相比，它生产出的产品更小、更轻、更可靠、更智能，在航天航空、工程材料、生物医疗以及民用产品中都大有用处。在航天航空领域，可以通过微纳制造技术改善传统飞行器的质量和体积，一些微型飞行器和纳卫星等有着成本更低、更方便的优点；在工程材料方面，利用微纳制造技术制造出的微传感器和微加速器已经被大量使用在各种行业中；在生物医疗方面，微纳技术的出现带来了医疗系统的改进，如视网膜手术以及去除癌细胞、修复血管等；如今很多纺织产品中含有的纳米材质可以改善穿着体验，由纳米薄层制成的自洁产品也改善着人们的日常生活。

由于直接以微纳制造技术为关键词搜索得到了大量的专利数据，难以进行分析，所以将微纳制造技术分成小类来分析。截至 2020 年，以 electron beam lithography 为关键词搜索，电子束光刻技术的专利数据除外观专利外共 23617 条，如图 1-5 所示。

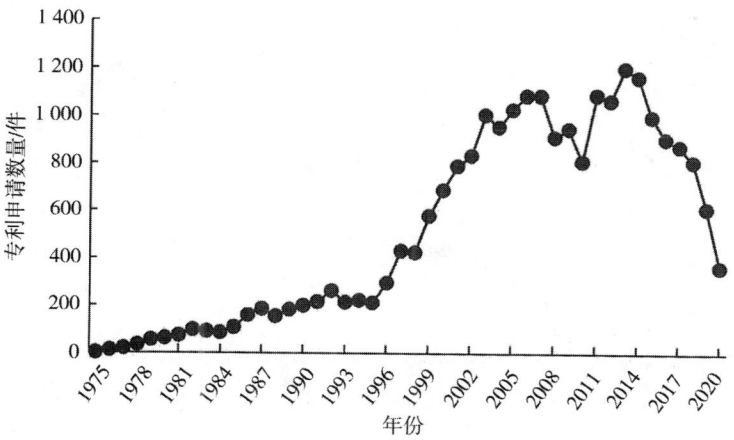

图 1-5 电子束光刻技术专利申请数量

（注：图中只标注了专利申请数不为 0 的年份）

总体来看，电子束光刻技术的发展可以分为三个阶段：①1975—1995 年，发展比较缓慢；②1996—2013 年，专利申请数量增长趋势比较明显，在 2013 年，专利申请量创造历史新高；③2014—2020 年，专利申请量明显下降，并且下降速率较大。

截至 2020 年，以 reactive ion etching 为关键词搜索，反应离子刻蚀技术的专利数据除外观专利外共 46 684 条，如图 1-6 所示。根据年度专利申请数量趋势图，可以将反应离子刻蚀技术的发展分为四个阶段：①1975—1977 年，属于该技术的萌芽期，每年度的专利申请量只有个位数；②1978—2001 年，专利申请量快速增长，技术发展十分快速，是该技术的成长期；③2002—2013 年，年度专利申请量比较稳定，都在 1 700 件左右，说明该技术在这期间已经比较成熟；④2013—2020 年，年度专利申请量开始持续下降，说明对反应离子刻蚀技术的研究已经趋于极限，研发难度变大。

（三）再制造技术

再制造技术主要包括无损拆解、绿色清洗技术、无损检测与寿命评估技术、再制造成形加工技术等。再制造的实质过程就是让旧的机器设备重新焕发生命活力。它以旧的机器设备为毛坯，采用专门的工艺和技术，在原有制造的基础上进行一次新的制造，而且制造出来的产品无论是性能还是质量都不亚于原先的产品。

欧美国家的再制造技术起步较早，现在已经发展得较为成熟。美国再制造行业的主导者是企业，主要在企业之间竞争，没有政府干预；而在欧洲和日本，政府的干预作用很大。美国是世界上再制造发展最好的国家，尤其是汽车和工程机械的再制造，产业规模相当大。日本从 2000 年开始陆续出台了很多促进再制造技术发展的文件，覆盖了家电、食品、建筑工程材料等很多方面，形成了绿色环保的制造理念。

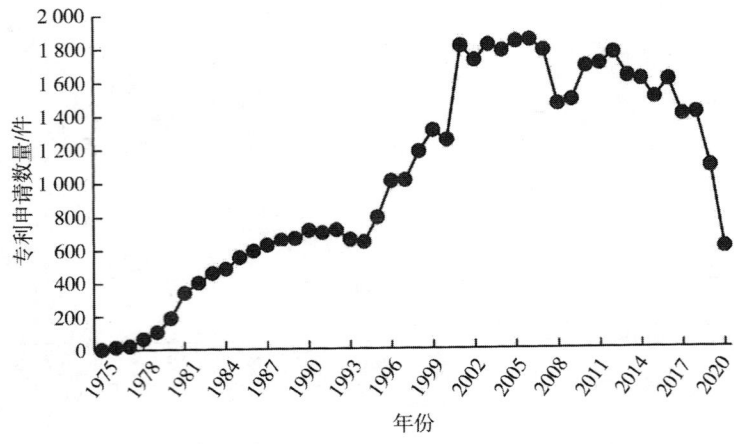

图 1-6　反应离子刻蚀技术专利申请数量

（注：图中只标注了专利申请数不为 0 的年份）

再制造技术在很多领域中得到了应用，如在汽车工业中，对回收的废旧发电机、起动机进行拆解，经过表面处理、再加工、零部件检测、再装配、整机测试等程序完成再制造。再制造技术也可以利用废旧机床的床身、立柱等铸件，对旧机床进行修复改造，达到节约能耗和成本的目的，从而实现循环生产。

截至 2020 年，以 remanufacture technology 为关键词搜索，全球的专利数据共 1 103 条，如图 1-7 所示。总体来看，再制造技术在 2009 年以前处于萌芽期，且发展缓慢，各年份专利申请量均为个位数；2010 年开始，专利申请量有了明显的增加，但是增加不是特别稳定，存在小起伏；从 2019—2020 年专利申请量来看，出现了下降趋势。

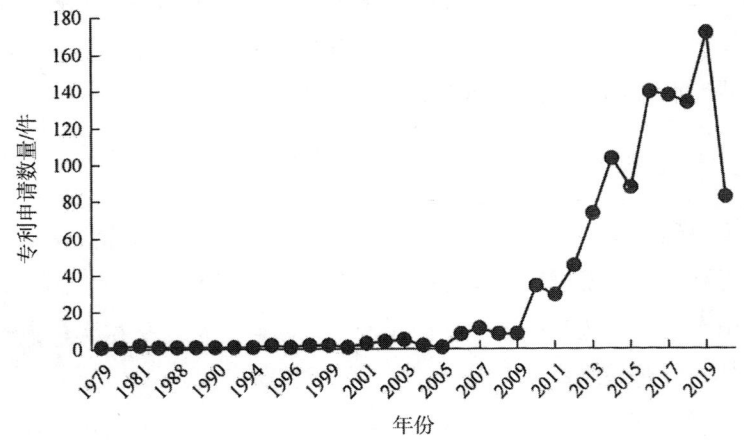

图 1-7　再制造技术专利申请数量

（注：图中只标注了专利申请数不为 0 的年份）

（四）仿生制造技术

仿生制造技术领域主要包含生物组织与结构仿生、生物遗传制造、仿生体系集成、生物成形等技术。模仿生物的组织结构和运行模式的制造系统与制造过程称为仿生制造，通过模拟生物器官的自组织、自愈、自增长与自进化等功能，将制造过程与生命过程相对应。中国仿生学研究工作始于1964年前后，但是在20世纪后期出现了停滞现象，到21世纪人们用先进的仪器对生物进行观察分析时，仿生技术才再次引起人们的重视。美国、日本、印度等国在人体仿生方面已经做了比较深入的研究。

目前，结构仿生制造方面的技术已经相对比较成熟，新型智能仿生机械和结构，在军事、生物医学工程和人工康复等方面均有重要的应用前景。除了外形仿生，现在更多的研究转向模拟生物的特性，因生物为较好地适应环境改变，在大自然中逐渐形成了自身独有的生理特性，这种特性的仿生可以让机械更具灵活性和实效性。未来可能会在自生长成形工艺、仿生制造系统、生物成形制造等方面有更多的发展空间。

截至2020年，以bionic manufacturing technology为关键词搜索，全球1988—2020年仿生制造技术领域专利申请量共有1 394件，其中专利发明1 238件，实用新型专利156件。仿生制造技术的专利申请量总体呈现波动上升趋势，按照时间分布可以将仿生制造技术领域下的技术发展分为两个阶段：①1988—2008年是仿生制造技术的萌芽阶段，这一阶段仿生制造技术专利的申请量较少，最早做相关研发的国家是中国，专利申请国也主要是中国；②2009—2020年是仿生制造技术的成长期，专利申请量开始迅速增加，在2016年达到了峰值，主要的申请国为中国和美国。2016年后申请量虽有小幅下降，但总体仍有上升趋势（图1-8）。

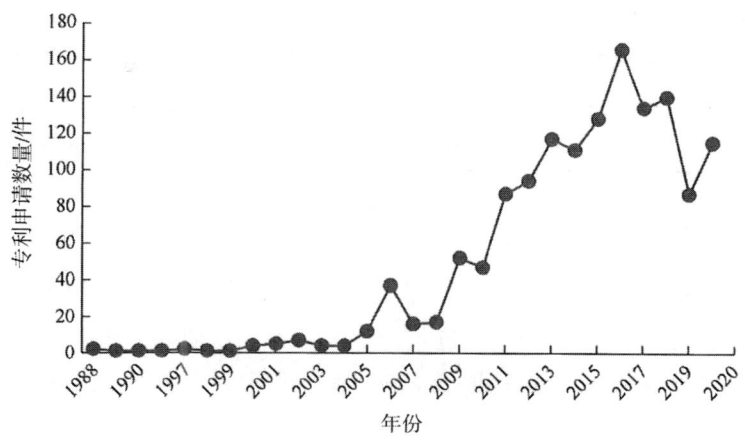

图1-8 仿生制造技术专利申请数量

（注：图中只标注了专利申请数不为0的年份）

（五）工业机器人

工业机器人领域的技术主要是指发动机、机械臂、抓取技术、多智能体系统、触觉识别、机器人可靠性、控制系统、传感器等技术。工业机器人是广泛用于工业领域的多关节机械手或多自由度的机器装置，具有一定的自动性，可依靠自身的动力能源和控制能力实现各种工业加工制造功能。1961年世界上第一台工业机器人在通用汽车的车间出现，它只能做一些简单重复的工作。美国、英国等国家在这之后都兴起了对工业机器人的研究。

工业机器人被广泛应用于电子、物流、化工等工业领域中。相比传统的工业设备，工业机器人有更多优势，其具有易用性高、智能化水平高、生产效率及安全性高、易于管理且经济效益显著等特点，而且可以在高危环境下进行作业。在过去几十年里工业机器人在码垛、焊接、装配和检测等方面的应用都已经十分成熟，但是机器人只是单向地被控制。目前，机械臂、抓取技术等技术都已经成熟，未来工业机器人的主要发展目标是智能化、信息化和网络化，工业机器人从独立个体向着人机协作、互联网的方向发展，控制系统、人机交互系统等技术还有进步空间。

截至2020年，以 industrial robot 为关键词搜索，全球1969—2020年工业机器人领域的专利申请量共有 27 294 件，其中专利发明 22 389 件，实用新型专利 4 905 件。工业机器人的专利申请量总体呈现波动上升趋势，按照时间分布可以将工业机器人技术发展分为两个周期四个阶段（图1-9）。第一个周期是1969—1992年，主要是美国和苏联工业机器人技术的发展期。①1969—1979年是工业机器人技术的起步阶段，专利申请量、专利申请人、专利申请的国家及地区都很少，最早申请专利的是美国和苏联；②1980—1992年工业机器人技术专利申请量呈现小幅上升，随后又有所回落，这一阶段主要申请国是美国和苏联；第二个周期是1993—2020年，按发展情况可分为两个阶段。①1993—2012年，总体来看是工业机器人发展的一个平稳时期，但如果从国家及地区的年度专利申请量来看，这个时期是美国工业机器人技术的持续衰退期，是中国工业机器人技术的缓慢兴起阶段；②2013—2020年工业机器人领域下的技术持续突破，迎来了专利申请的高峰，主要申请国是中国。

（六）数控技术

数控技术主要包括数控系统、伺服驱动、主传动系统、强电控制柜等技术。数控技术是用数字信息对机械运动和工作过程进行控制的技术，它是集传统的机械制造技术、计算机技术、现代控制技术、传感检测技术、网络通信技术和光机电技术等于一体的现代制造业的基础技术，具有高精度、高效率、柔性自动化等特点，对制造业实现柔性自动化、集成化和智能化起着重要作用。1952年美国帕森斯公司在美国麻省理工学院伺服机构研究室的协助下研发出了世界上第一台数控铣床。中国于1958年成功试制出了数控机床，并于1965年开始批量生产。发达国家普遍重视机床工业，美国、德国、日本在这方面的经验都比较丰富，中国在数控技术领域缺乏专家人才和熟练的技术工人。中国有些工艺没有掌握核心技术，重要功能部件、数控系统仍需要国外的技术支持。

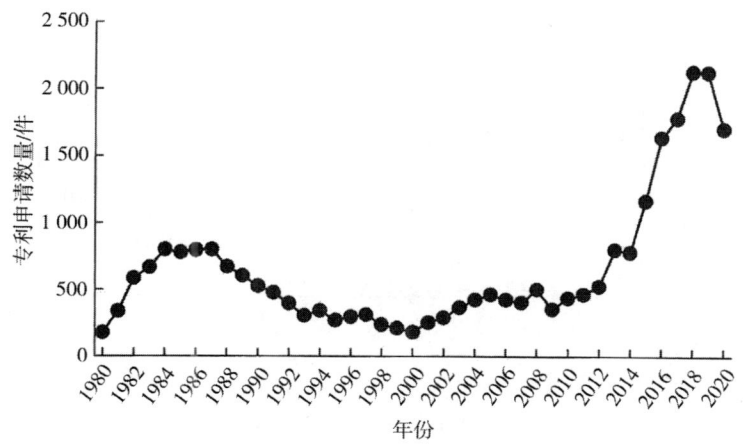

图1-9　工业机器人专利申请数量

（注：1969—1979年专利申请数较少，多数年份为0，故图中只标注了1980年后的专利申请数）

数控机床的设计、制造、维护等方面的技术发展都较为成熟，数控技术在制造行业、信息行业、医疗设备行业、军事装备等行业都有十分广泛的应用。数控系统的稳定性和可靠性有一定提升空间，未来数控技术发展主要有三个大方向，一是会向着精度和速度的极限发展，多轴联动技术也还有进步空间，可促进多轴联动加工和复合加工机床的发展。二是新结构、新材料和新设计方法的发展，精密化和高速化要求机床轻量化和结构简化。三是数控系统向着开放化发展，数控系统的开发可以在一个集中的平台上，让机床厂家和用户直接对应，可方便地将用户的特殊要求和技术集成到控制系统中，快速实现不同类型、不同特点的开放式数控系统，形成具有用户个性的产品，也可以精细化市场。

截至2020年，以numerical control machine为关键词搜索，全球1964—2020年数控机床领域的专利申请量共有17 906件，其中专利发明8 645件，实用新型专利9 261件（图1-10）。数控技术的专利申请量总体呈现上升趋势，按照时间分布可以将数控技术的发展分为两个阶段：①2006年之前，数控技术领域专利申请数量一直较少，并且申请量稳定，没有大幅度增加或减少的情况，这个阶段数控技术发展缓慢，日本和韩国在这一阶段是申请相关专利的主要国家；②2007—2020年，数控技术领域的专利申请量开始快速增加。其中，2007—2011年每年专利申请量较前一年都有小幅度增加，2011—2015年专利申请量趋于平稳，从2016年开始，每年都大幅度增加。值得注意的是，中国在这个时期专利申请量的快速增加拉动了全球总的专利申请量增加。2007年中国在数控技术领域申请专利147件，而全球在这一领域的申请量为173件。2020年中国在该领域申请专利3 349件，全球申请专利3 366件。从各国的专利申请量可以发现，中国在数控技术领域的专利申请量上占了绝对优势。目前该领域专利申请量没有下降趋势，仍有很大的创新发展空间。

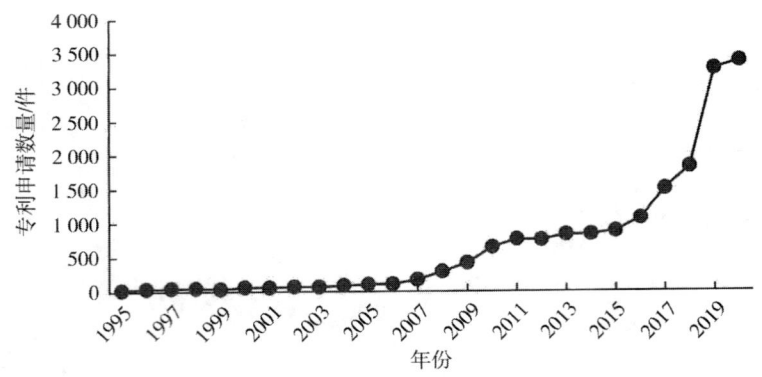

图 1-10 数控技术专利申请数量

（注：1995 年之前的专利申请数较少，多数年份为 0，故图中只标注了 1995 年之后的专利申请数）

（七）计算机辅助设计技术

计算机辅助设计技术主要有交互技术、图形变换技术、曲面造型和实体造型技术等。计算机辅助技术是以计算机为工具，辅助人在特定应用领域内完成任务的技术。20 世纪 50 年代美国研制出世界上第一台计算机绘图系统后，开始出现具有简单绘图输出功能的被动式计算机辅助设计技术；20 世纪 70 年代较为完整的计算机辅助设计系统开始形成；20 世纪 80 年代后，计算机辅助设计技术向着标准化、集成化方向发展，计算机辅助设计技术被应用于更广泛的领域，如建筑设计、电子和电气、科学研究、机械设计、软件开发、机器人、服装业、出版业、工厂自动化、土木建筑、地质、计算机艺术等领域。由于该技术是辅助技术，未来会向着更加智能化和人机交互化的方向发展。

截至 2020 年，以 computerized design 为关键词搜索，全球 1970—2020 年计算机辅助设计技术领域的专利申请量共计 15 209 件，其中专利发明 14 848 件，实用新型专利 361 件（图 1-11）。计算机辅助设计技术的专利申请量总体呈现上升趋势，近几年有所下降，由此可将这类技术的发展分为三个阶段：①1985 年以前相关的专利年申请量较少，申请人数较少，并且申请国主要集中在发达国家、科技研发起步早的国家或组织，如美国、欧洲专利局等，这个阶段计算机主要用于科学计算，使用机器语言编程，图形设备仅具有输出功能，研发进展缓慢；②1986—2016 年是计算机辅助设计技术的快速发展期，基础技术已经较为成熟，这一阶段该技术领域的专利申请量呈快速上升趋势，申请人、申请国数量都快速增加，专利申请国不再局限于少数技术强国，中国、加拿大等国家的专利申请量也迅速增加，中国在 2008 年后连续几年专利申请量都大幅增加，年申请量和美国相当；③2017 年后，专利申请量逐年下滑，且下滑的趋势明显，计算机辅助设计技术发展速度变慢，研发的关注点有所转变。

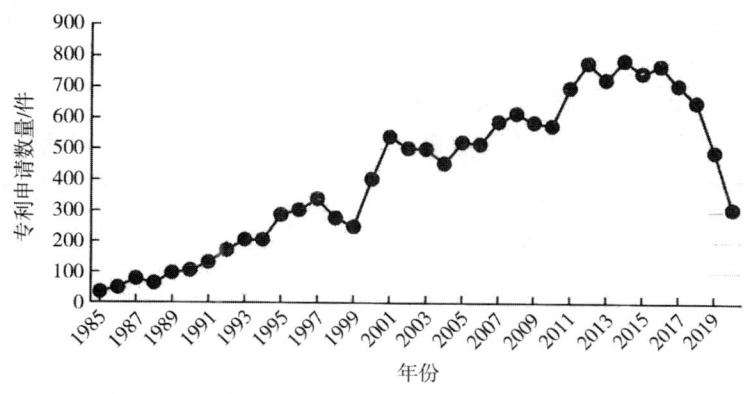

图1-11 计算机辅助设计技术专利申请数量

（注：1985年之前的专利申请数较少，多数年份为0，故图中只标注了1985年之后的专利申请数）

三、系统集成技术

（一）计算机集成制造系统

计算机集成制造系统（computer integrated manufacturing system，CIMS）是通过计算机网络技术、数据库技术等软硬件技术，把企业生产过程中经营管理、生产制造、售后服务等环节联系在一起，构成一个能适应市场需求变化和生产环境变化的大系统，它不仅把技术系统和生产经营系统集成在一起，还把人也集成在一起，所以CIMS是人、经营和技术三者集成的产物。计算机集成制造最早是由美国人约瑟夫·哈林顿（Joseph Harrington）在1974年提出的，其核心是集成。计算机集成制造系统是一种生产管理系统，在不同的行业领域有不同的运作方式，市场并没有对其进行严格分类。目前使用较多的计算机集成制造系统主要有离散型制造业CIMS、连续型制造业CIMS、混合型制造业CIMS。未来计算机集成制造系统会向着数字化、网络化、智能化发展。数字化是制造技术、计算机技术、网络技术与管理科学融合、发展和应用的结果，也是制造系统、生产系统发展的必然趋势。网络化是生产组织变革的需要，也是技术发展的可能。智能化主要是指系统在未来具有更高级的人类思维。

截至2020年，以computer integrated manufacturing system为关键词搜索到全球1967—2020年计算机集成制造系统领域的专利申请量共计6491件，其中专利发明5867件，实用新型专利624件（图1-12）。计算机集成制造系统的专利申请量整体呈现增长趋势，根据专利申请量可将该领域的发展分为三个阶段：①1993年之前是计算机集成制造系统技术出现的阶段，随着计算机基础技术的涌现，计算机集成制造的概念和想法也开始逐渐出现，相关领域专利申请量少，专利申请量增速慢，并且申请国大多是发达国家及组织，主要是美国；②1994—2016年计算机集成制造系统领域专利申请量的增速开始加快，专利申请量大幅增加，越来越多的申请国出现，如中国、日本、韩国、印度、俄罗斯等，尤其在进入21世纪后，该领域的专利申请量呈现爆发式增长，各国都意识到基础技术集成和系统化的重要性，2010年后，中国在计算机集成制造系统领域的专利申请量超过美国成为全球该领域专利申请量最多的国家，2016年专利申请量达到峰值；③2017—2020年，计算机集成制造系统领域的专利申请量开始逐渐减少，这也表明该领域研发遭遇瓶颈，后续创新和研发难度可能会更大。

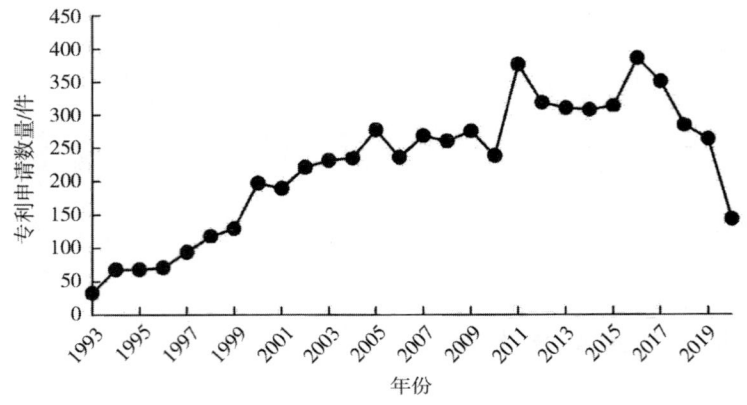

图 1-12　计算机集成制造系统专利申请数量

（注：1993年之前的专利申请数较少，多数年份为0，故图中只标注了1993年之后的专利申请数）

（二）敏捷制造系统

敏捷制造系统由制造技术、信息技术和软件组成，敏捷性为制造系统赋予了新的概念和特征。敏捷制造系统的关键技术有信息服务技术、敏捷管理技术、敏捷设计技术、敏捷制造技术等。敏捷制造系统主要强调速度，包括对市场的反应速度、新产品开发速度、生产速度、组织结构调整速度等。开放的基础结构和先进制造技术是敏捷制造系统的基础。目前敏捷制造技术等基础技术已逐渐成熟，美国和中国等国家在该领域的专利申请量已经在逐年下降。未来在敏捷管理技术和敏捷设计技术等辅助功能技术上还有待进一步完善，这类技术可能不会在专利上体现出来。

截至2020年，以agile manufacturing system为关键词搜索，全球1980—2020年敏捷制造系统领域的专利申请量共计590件，其中发明专利539件，实用新型专利51件（图1-13）。总体来看敏捷制造系统的专利申请量呈现出波动性增长的趋势，其发展可分为四个阶段：①1980—1999年是敏捷制造系统的兴起阶段，专利申请量较少且专利申请地区主要是美国，这个阶段基础技术已经比较完善，但是新型制造单元技术还在发展中，各国家和地区

第一章　先进制造技术内涵、领域及主要国家政策布局

都还在摸索中；②2000—2013年是敏捷制造系统的快速发展阶段，申请国和地区数量开始快速增加，各技术强国都在抢占市场制高点，属于敏捷制造系统发展的黄金期，但是美国的专利申请量还是稳居前列；③2014—2018年敏捷制造系统全球专利申请总量趋于稳定，并且中国的申请量已经超过美国的申请量，相关技术已经趋于成熟；④2018年后敏捷制造系统专利申请量下滑，各国家和地区的研发重心都有所转移。

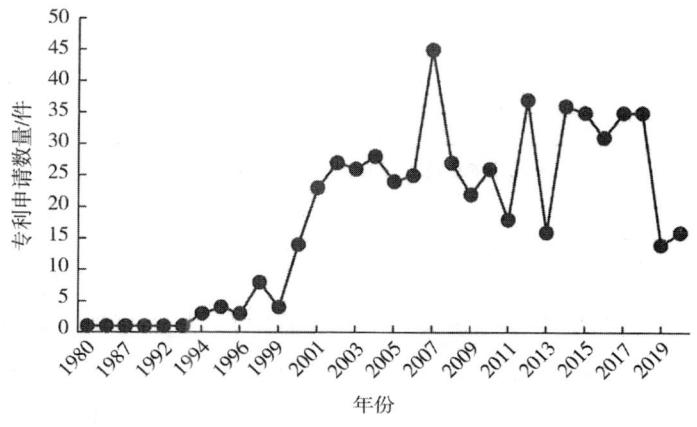

图1-13　敏捷制造技术专利申请数量

（注：1980年之前的专利申请数较少，多数年份为0，故图中只标注了1980年之后的专利申请数）

第三节　世界主要国家先进制造技术政策

一、美国政策重点与能力布局

2012年2月，美国国家科技委员会发布了《国家先进制造战略计划》主要围绕技术研发、技术转移和相关配套政策（税收优惠、人才教育、商业投资、专项基金）等方面制定具体政策，并投入大量资金加速战略落地（图1-14）。

（一）强化战略引领作用，适时调整战略目标和重点领域

2008年全球爆发金融危机以后，美国提出了"再工业化"战略，将制造业作为美国长远发展的重要战略，并将其上升到国家安全的战略高度，重申制造业对美国未来发展的重要性。并相继出台了"先进制造伙伴计划""加速美国先进制造业发展""先进制造业国家战略计划""美国制造业及创新复兴法案"等一系列政策措施。其核心是鼓励制造业创新发

展，发展制造业战略新兴产业，吸引投资、促进就业、鼓励贸易自由化、扩大美国制造业出口，意图推动美国制造业复兴。

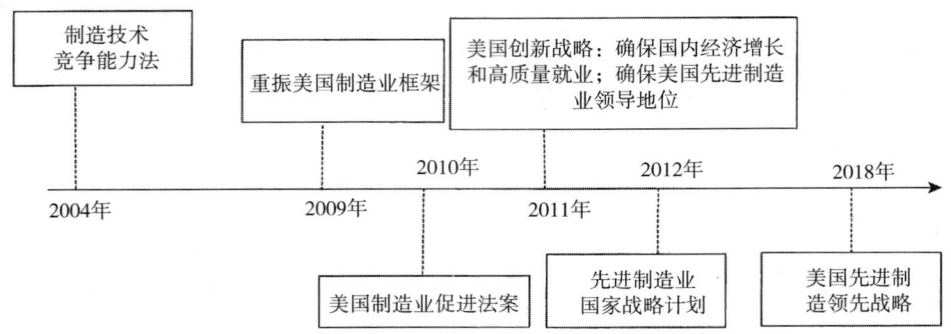

图 1-14　美国制造业主要创新政策及法案

2017 年，美国奉行"美国优先"原则，延续实施"再工业化"战略，政策重心有所变化，转变为扩大制造业就业，消减美国贸易逆差，持续强调要重振传统制造业。国内政策措施方面，政府希望带动美国制造业投资，采用积极放宽金融市场管制、减税形式、扩大基建和国防领域财政支出的方式；对外贸易政策方面，启动对外"双反"（反倾销和反补贴）调查，增加关税壁垒，实施贸易保护主义，退出《跨太平洋伙伴关系协定》（Trans-Pacific Partnership Agreement，TPP），重新拟定《北美自由贸易协定》（North American Free Trade Agreement，NAFTA）等，保护国内市场，阻止制造业工作岗位外流。除了发布先进制造业战略外，人工智能、大数据、云计算等相关具体战略也相继出台，先进制造业发展政策体系逐渐完善，战略目标也逐渐清晰。

（二）建立创新中心、技术联盟，打造新的创新载体为产业发展赋能

建立创新研究机构和试点应用，建立先进制造技术"基础研发—应用研究—产业化"创新链。在基础研发环节，建设先进制造卓越创新中心。卓越创新中心是由产业和大学共同针对制造业具体问题进行基础研究的实验室，以便更好地发展制造技术。在应用研究环节，设立 45 个制造创新研究中心，构成制造业创新网络。45 个制造创新研究中心分布在全国各地，每个创新中心研究不同的先进制造技术领域。目的在于与当地产业无缝对接，带动区域集群发展。在产业化环节，建设制造技术测试床。通过提供新技术测试和展示的设备，为各种规模的企业以及参与后期技术研发的企业提供技术研发、评估和展示服务。

通过发展先进制造技术联盟项目来支持工业联盟制定技术路线图。2013 年，美国国家标准与技术研究所最先发布了先进制造技术联盟项目，通过建立新的或加强现有的由工业界所领导的技术联盟，开发技术路线图。每个联盟中所有有一定规模的企业、大学及其他

利益组织一起参与进来,对研究项目进行识别、评估和交互,解决美国先进制造技术发展中遇到的问题。美国通过制造业扩展联盟项目、制造业社区伙伴投资计划和制造技术加速中心加快技术转移。2014年,美国政府投资1.13亿美元给经济发展局与其他联邦部门合作的制造业社区伙伴投资计划,计划将向制造业社区提供财政资助,同时投资促进长期经济增长的基础设备项目和研发设备。

(三)长期连续的研发资金支持

自2012年以来,美国不断加大在先进制造领域的投入,奥巴马指出美国能长期保持经济增长最根本的原因在于加大了对先进制造领域的投入。2013年,美国先进制造领域研发预算为22亿美元,国家科学基金(National Science Foundation,NSF)、能源部(Department of Energy,DOE)、国家标准与技术研究院(National Institute of Standards and Technology,NIST)及其他机构在先进制造领域的预算比上一年度增长均超过50%。2014年投入29亿美元用于先进制造技术研发,支持创新制造工艺、先进工业材料和机器人等技术研发,其中包括投入10亿美元建立由15个制造业创新研究机构组成的国家制造业创新网络。2015年美国在先进制造领域研发投入的预算资金是22亿美元,用于支持开发新的先进制造技术,2016年为24亿美元。2017年美国将20亿美元直接用于支持国家科学基金会、国防部、商务部、能源部及其他政府机构的先进制造业研发活动。美国在2021财年预算案中明确提出:以确保美国在科技创新方面保持全球领先地位,要将更多研发资金集中应用到面向未来的少数关键领域。研发优先事项包括智能制造及先进工业机器人,特别是工业物联网系统——机器学习和人工智能。在人工智能领域,2021年美国国家科学基金会(NSF)在人工智能和跨学科研究机构的研发预算超过8.3亿美元,比2020财年预算增长了70%以上;美国国防高级研究计划局计划投入4.59亿美元用于国防领域的人工智能研发,比2020财年增加5000万美元;美国国立卫生研究院(National Institutes of Health,NIH)将投资5 000万美元,专门用于人工智能在慢性病医疗方面的应用研究。在量子信息科学领域,2021财年与2020财年相比研发预算增加了50%以上。其中,国家科学基金对量子信息科学研究的投资将达到2.3亿美元,比2020财年增加了1.2亿美元。能源部科学办公室支持国家实验室、工业界和学术界开展量子信息科学研究的研发资金将增加到2.37亿美元,比2020财年增加了将近7 000万美元,此外还投入2 500万美元用于支持量子互联网的前期研究。除以上直接研发投入以外,国家科学基金(NSF)还计划投入5 000万美元的专项资金,用于支持人工智能和量子信息科学等领域的多元化、高技能人才发展,以支撑未来的行业需求。

二、德国政策重点与能力布局

德国基本法规定:"科技和经济以主观能动为主,国家干预为辅。"总体上,德国政府制定产业政策持审慎的态度，较少直接干预市场。德国制造业相关政策主要体现在"高技术战略"，这是德国政府为促进持续研究和创新而制定的战略框架，明确指出未来研究和创新政策的跨部门任务、标志性目标和重点领域(图1-15)。

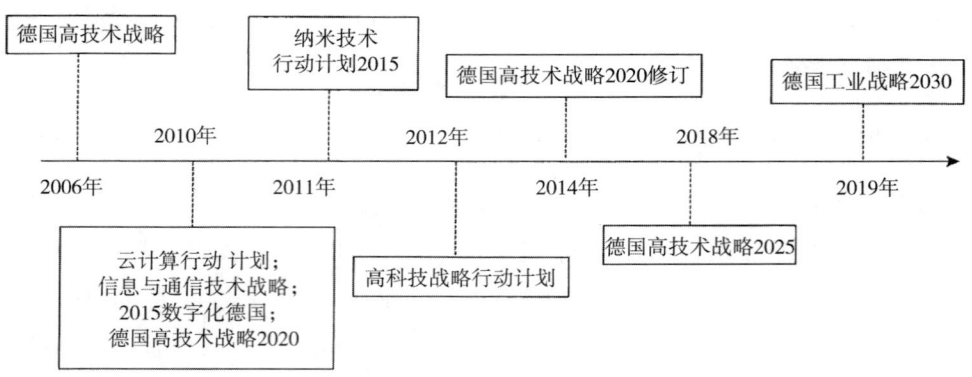

图1-15　德国制造业相关发展政策

（一）强调发挥政府作用，加强宏观战略引导

总体规划主要是国家层面的规划，2010年，德国联邦政府通过《德国高技术战略2020——创意·创新·增长》，确定五大高技术战略领域和11项"未来规划"，营造更有利于创新的环境，提供风险资本投资补贴，设立新"欧洲天使基金"，对企业发起的创新集群给予支持。

2012年，德国政府出台"高科技战略行动计划"，计划投资约84亿欧元，促进"德国2020高科技战略"研究项目开展。德国认为制造业能够拉动经济增长，并带来高附加值和高薪的工作，因此采取了一些政策措施支持相关重点技术领域。2018年，德国为解决当前面临的重大挑战和发展需求，颁布了《高技术战略2025》，提出应对社会重大挑战、加强德国未来能力、建立开放的创新与风险文化三大任务和12个优先发展主题，并计划在2025年实现科研支出占国内生产总值3.5%的目标。2019年，德国联邦经济事务与能源部发布《国家工业战略2030》(National Industrial Strategy 2030)，其在时间上承接《高技术战略2025》。为改变"德国失去关键的技术技能，在全球经济中的地位受损"的局面，德国提出将加大对制造业的投入与支持，通过国家对重点工业领域的适度干预，打造德国的龙头企业，继续保持德国工业在欧洲乃至全球的核心竞争力。

专项规划主要是行业规划，例如能源领域：2010年，德国发布《能源规划——环境友好、可靠与廉价的能源供应》规划，作为面向2050年的能源总体发展战略；2011年通过第六能源研究计划《面向环保、可靠和廉价的能源供应研究》，指出将可再生能源和提高能效作为计划的重点，投入数十亿欧元研发资金发展可再生能源、建设天然气发电厂。在电子信息领域，2010年德国发布《云计算行动计划》，主要解决云计算应用中遇到的技术、组织和法律问题，并支持云计算在德国中小企业的广泛应用。为实现"数字化德国"的目标，2010年德国发布《信息与通信技术战略：2015数字化德国》，其中规划了发展的重点、主要任务和相关研究项目。

此外，2010年德国通过《联邦政府健康研究框架计划》，确定了未来几年的医学研究总体方向；2011年，德国政府批准通过《纳米技术行动计划2015》，探讨纳米技术对人类及环境的危害性，在气候、能源、健康、交通、安全和通信等重点领域进行纳米技术研究和技术转让。

（二）不断加大对中小企业发展的创新政策支持

在德国的创新政策体系中，中小企业扶持政策占据核心地位。中小企业占德国制造业的99%，是德国主要的经济主体和核心竞争力。2006年，德国陆续出台多项创新政策加大对中小企业的扶持，首次提出"高技术战略"（High-Tech Strategy，HTS），对有研究价值的技术领域进行专项投资，并制定"中小企业创新计划"，截至2020年，已经资助500多个创新项目，总投入资金超过3亿欧元。2010年提出《德国高技术战略2020——创变·创新·增长》，政策鼓励中小企业的长期研发和加快中小企业公共服务体系的完善。2013年，德国开始进入"工业4.0"时代，政府继续支持中小企业的发展，提高制造业的整体竞争力。地方政府方面，各州除了为联邦政府颁布的政策提供配套政策外，还给本地中小企业提供创新发展的多元化政策支持。例如，巴登-符腾堡州为支持中小企业创新发展，定期提供咨询类服务，定期组织创新活动。

三、日本政策重点与能力布局

日本推动制造业发展的产业创新政策体系相对比较完善，主要体现在经济、产业、科技政策三个方面（图1-16）。

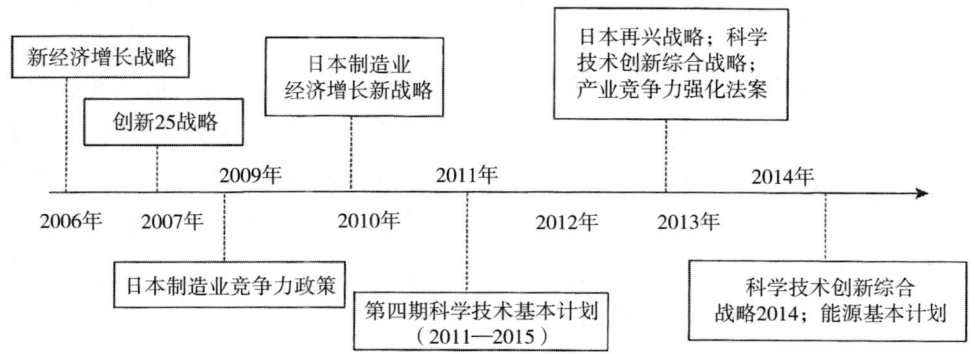

图1-16　日本主要创新政策或法案

(一)经济政策

2009年,日本调整金融危机后长期经济发展方向。2010年,日本政府发布"日本制造业经济增长新战略",在能源和环境、技术和平台、人才培养、产业领域等方面推动科技成果广泛应用,提供更多就业机会。2013年6月,日本出台《日本再兴战略》,将其作为中长期经济财政运营指引和经济增长战略,提出围绕"日本产业再兴计划""战略市场创造计划""国际开拓战略"三大支柱的众多措施,重新激发日本经济活力。尤其是加大了对制造业信息化、信息物理融合系统、大数据、3D打印机等项目的研究资助。自2012年安倍政府上台以来,特别强调"科学技术创新能力是重振经济的原动力"。2018年,日本通过《未来投资战略2018:向"社会5.0""数字驱动动型社会"变革》,该战略提出四大重点发展领域:一是与生活产业相关的项目(无人驾驶,下一代医疗系统等);二是与经济活动相关的基础项目(促进能源转换、金融技术创新等);三是与基础设施相关的项目(建设下一代基础设施及系统等);四是促进地区中小企业发展的项目(实现农林渔业的智能化、建设智慧城市、促进中小企业创新发展)。

(二)产业政策

2013年,日本通过《产业竞争力强化法案》,鼓励企业进入新的生产领域,积极开展科研研究和技术创新。2009年,日本国际贸易委员会发布《日本制造业竞争力策略》。2010年,日本发布专题报告《日本制造业》,对日本制造业的优质产业、竞争力和未来战略进行分析。

《2015年日本制造业白皮书》中指出,日本最重要的是认清日本制造业的优势,无须追随美国和德国的前进方向,虽然未明确提出相关智能制造战略,但日本政府仍然高度重视先进制造业的发展,并积极出台措施着力改变制造业比重不断降低的局面,将信息通信、节能、人工智能等产业作为国家重点培育领域。

(三)科技政策

日本颁布科技创新计划战略,政策重心进一步向能源、生物环境、信息通信等重点领域移动,以促进经济增长。在日本科技政策战略体系中,"科学技术基本计划"是最重要的中长期规划,每五年更新一次,是对日本科技未来五年发展目标、重点的总体规划。

2011年,日本政府通过《第四期科学技术基本计划(2011—2015)》,发布"绿色创新""民生创新""灾后复兴"三项任务,提出展开科学技术创新、进一步重视人才和制定支撑人才发展的措施,促进科学技术创新,实现与社会共同推进创造。

2016年,日本发布《第五期科学技术基本计划(2016—2020)》,提出了"社会5.0"超智能的社会远景,确定强化基础技术研发、优化科技创新制度环境与促进人才培养发展三大方向，提出四大政策重点：一是致力于未来产业的创造和社会改革，使国家的科学技术能够引领新时代；二是优先解决经济、社会等方面的课题；三是增强基础研究能力，并提升科技创新的实力；四是构建人才、智能、资金等良性循环的体系。除科学技术基本计划之外，日本每年还发布科学技术创新综合战略，明确科技发展的年度重点计划和具体实施细则。

2017年，日本推进"社会5.0"，为巩固和提高国家竞争力，发布了《科学技术创新综合战略2017》并提出以下重点：①政府、学术界、产业界共同参与加快建设超智能社会，发挥日本在先进制造、材料、清洁能源等方面的优势；②相关省厅密切合作，将战略创新项目（Strategic Investment Program，SIP）等竞争性科研项目作为代表，打造一条从基础研究到实用化的创新链；③加大人工智能、物联网、大数据等核心技术的研发力度，提升日本科技和产业的核心竞争力；④建设智能交通体系、高效能源体系、新型制造业体系，实现安全且舒适的高品质生活。

第二章

中国企业先进制造技术赶超时机的选择

第一节 先进制造技术主要子领域生命周期测定

一、先进制造技术不同层级及主要子领域

先进制造技术因学科门类关联复杂、技术内容覆盖广泛，在不同国家以及技术演进过程中有着不同的体系架构。其中，由美国机械科学研究院（AMST）提出的体系架构受到众多研究者的认可。AMST体系架构将先进制造技术划分为基础制造技术、新型制造单元技术和系统集成技术三个层次。上一章中已对该三个层次进行了详细介绍。

二、数据收集

无论是探讨国家、区域、企业等主体的创新潜力，还是对这些主体的技术状况进行描述评价，基于专利数据的挖掘分析都被视为一种直观且稳健的方法。基于此，本章运用德温特专利索引数据库（Derwent Innovations Index，DII）中的数据对先进制造技术的生命周期演变特征进行探索。通过对划分出的技术子领域科普书籍以及研究文献的整理，确定40多个技术关键词，并制定基于关键词的专利检索策略，再运用DII的高级检索功能进行检索，得到1963—2019年全球先进制造技术子领域专利授权数量共计82938件。先进制造技术关键词以及子领域专利授权数量检索结果见表2-1。

表 2-1　先进制造技术检索（1963—2019 年）

先进制造技术分类	关键词	专利授权数量/件
计算机辅助设计技术	交互技术、图形变换技术、几何造型技术等	20 166
材料受迫成形工艺技术	精密铸造、精密粉末冶金、精密锻造成形、高分子材料注塑、熔融沉积成形等	2 751
超精密加工技术	超精密加工机床技术、超精密加工刀具技术、精密测量技术、固体磨料加工技术、游离磨料加工技术、离子束加工技术、激光束加工技术等	1 021
高速加工技术	高速切削加工机床技术、超高速轴承技术、高速切削刀具等	1 555
增材制造技术	光固化成形、叠层实体制造、选择性激光烧结、三维印刷成形等	11 783
微纳制造技术	电子束光刻技术、反应离子刻蚀技术等	5 153
再制造技术	无损拆解、绿色清洗技术、无损检测与寿命评估技术、再制造成形加工技术等	1 108
仿生制造技术	生物组织与结构仿生、生物遗传制造、仿生体系统集成、生物成形技术等	1 670
数控机床技术	数控系统、伺服驱动、主传动系统、强电控制柜等	18 113
工业机器人技术	发动机、机械臂、抓取技术、多智能体系统、触觉识别、机器人可靠性、控制系统、传感器等	16 710
企业资源计划	面向对象技术、软件构件技术、多数据库集成、图形用户界面、电子数据交换等	2 908

由表 2-1 可以看出，11 类先进制造技术子领域在 1963—2019 年的专利授权总量并非均衡：计算机辅助设计技术位于第一梯队，其专利授权总量位居第一，该技术领域的创新活动极为活跃；增材制造技术、数控机床技术、工业机器人技术位于第二梯队，其专利授权总量与计算机辅助设计技术相比存在一定差距；材料受迫成形工艺技术、超精密加工技术、高速加工技术、微纳制造技术、再制造技术、仿生制造技术、企业资源计划的专利授权总量较少，位于第三梯队。其中，计算机辅助设计技术、增材制造技术、数控机床技术、工业机器人技术的专利授权总量均超过万件，反映出这 4 类先进制造技术领域的创新产出较为丰富。

三、子领域技术生命周期

（一）测度方法

对于先进制造技术的生命周期，本章将借助 Logistic 模型进行分析。技术生命周期能够直观反映技术发展过程中创新速率与时间变化的关系,即从技术萌芽期、成长期、成熟期到衰退期的演进中,伴随着技术不确定性、市场接受度、主导设计形成、系统刚性等要素的交替影响,技术创新速率经历缓慢上升到加速上升再逐渐下降的过程。该过程通常使用 S 曲线来描绘,尤其是基于 Logistic 模型的 S 曲线模型。本章中先进制造技术生命周期的 Logistic 模型为

$$Y(t) = \frac{K}{1 + e^{-r(t-t_m)}} \tag{2-1}$$

式中,因变量 Y 代表技术累计效用值,用专利授权量表示;K 为饱和值,即技术累计效用的极限值;r 为技术增长速度,通常以技术累计效用值从 10%K 到 90%K 所经历的时间即成长时间来表示;t_m 为反曲点,即技术生命周期中成熟期开始的时间。根据 Logistic 模型,技术累计效用值达到 1%K、10%K、50%K、90%K 的时点分别代表着萌芽期、成长期、成熟期、衰退期的开始。本章运用美国洛克菲勒大学开发的 Loglet Lab4.0 软件作为运算工具,该软件采用迭代法进行饱和值、成长时间以及反曲点的参数估计,运用 Bootstrap 方法确定参数的置信区间与标准误差,较为准确地推断技术生命周期各阶段的分界点。由于技术发展到一定阶段后,持续性技术优化无法满足周围环境的发展要求,将会出现性能更加优越的颠覆性技术取代旧技术,因此随时间推移,新旧技术交替变化使得技术领域存在多重 S 曲线的情形。先进制造技术从提出至今,已经过 40 多年的发展,特别是新工业革命以来,信息化技术的飞速发展使得各领域的颠覆性技术频频提出并且得到市场化应用,此时对先进制造技术子领域的技术生命周期测量用多重 S 曲线来拟合更合适。

结合 Logistic 模型并运用 Loglet Lab4.0 软件对 11 类先进制造技术在 1963—2019 年的专利授权量数据进行 S 曲线拟合。在 S 曲线的多次拟合中发现,某些特定技术领域用多重 S 曲线的拟合效果明显好于单 S 曲线的拟合效果,因此针对特定领域采用多重 S 曲线模型。根据拟合结果,得到计算机辅助设计技术、工业机器人、企业资源计划技术领域存在双 S 曲线的情形,材料受迫成形工艺技术、超精密加工技术、高速加工技术、增材制造技术、微纳制造技术、再制造技术、仿生制造技术、数控机床技术领域存在单 S 曲线的情形的结论。基于 11 类先进制造技术子领域 S 曲线数量特点,将其分为单 S 曲线技术领域与双 S 曲线技术领域,以此分别研究各项技术领域的周期化演进特征。

(二)单 S 曲线技术生命周期

拥有单 S 曲线的 8 类先进制造技术生命周期拟合结果见表 2-2,其决定系数 R^2 均在 0.9 以上,说明 8 类先进制造技术生命周期模型整体拟合效果较好。从专利授权量的饱和值 K 进行观察,数控机床技术的饱和值(14 972)最大,表明目前全球在该技术领域的创新活动较为活跃,专利产出大量涌现。从技术增长速度(r)进行分析,增材制造技术的增长

速度最快，约为超精密加工技术增长速度的5.5倍，反映出增材制造技术领域创新效率更为明显。根据反曲点 t_m 的拟合状况分析，反曲点分布在2010—2023年，其中6类先进制造技术领域集中在2017—2023年，表明2017—2023年是全球先进制造技术发展转型的一个重要时期，多数技术领域会取得突破性成果。从成长时间 $t_{0.1\sim0.9}$ 拟合情况看，材料受迫成形工艺技术、超精密加工技术、再制造技术、微纳制造技术的成长时间较长，均在20年以上，增材制造技术与数控机床技术的成长时间较短，在10年以内。而将成长时间与技术发展速度结合考察，可以明显观察到成长时间与技术发展速度之间的反比关系。

表2-2 单S曲线先进制造技术生命周期拟合结果

先进制造技术	K	t_m/a	$t_{0.1\sim0.9}$/a	r	R^2
材料受迫成形工艺技术	822	2023	233	0.186	0.905
超精密加工技术	491	2023	26.0	0.156	0.921
高速加工技术	127	2013	18.7	0.235	0.933
增材制造技术	4 750	2017	5.12	0.858	0.999
微纳制造技术	1 153	2010	21.9	0.201	0.968
再制造技术	213	2019	26.8	0.164	0.928
仿生制造技术	639	2021	11.9	0.368	0.921
数控机床技术	14 972	2021	9.76	0.450	0.903

先进制造技术	萌芽期	成长期	成熟期	衰退期	目前阶段
材料受迫成形工艺技术	1998—2010年	2011—2023年	2024—2035年	2036—2047年	成长期
超精密加工技术	1996—2009年	2010—2023年	2024—2036年	2037—2050年	成长期
高速加工技术	1994—2004年	2005—2013年	2014—2023年	2024—2033年	成熟期
增材制造技术	1989—2014年	2015—2017年	2018—2020年	2021—2025年	成熟期
微纳制造技术	1987—1999年	2000—2010年	2011—2022年	2023—2033年	成熟期
再制造技术	1991—2005年	2006—2019年	2020—2033年	2034—2048年	成熟期
仿生制造技术	1999—2014年	2015—2021年	2022—2028年	2029—2034年	成长期
数控机床技术	1998—2015年	2016—2021年	2022—2026年	2027—2031年	成长期

结合各类技术进入萌芽期的起始年份可知，微纳制造技术、再制造技术、高速加工技术、增材制造技术进入萌芽期的时间较早，在1987—1994年；超精密加工技术、材料受迫成形工艺技术、数控机床技术、仿生制造技术在1996—1999年陆续进入萌芽期。根据8类先进制造技术萌芽期的时间分布特征可知，1990—2000年是先进制造技术发展的关键时期，多项技术进入萌芽期，意味着其创新产出从几乎空白向较低发展水平过渡。例如，精密加工从20世纪80年代的0.05 μm高精密加工精度发展至21世纪初的0.1 μm超精密加工精度；微纳制造于1997年开始将双光子聚合加工应用于直径为300 nm的微弹簧振子系

统、转速为 10 r/s 的微啮合齿轮等微纳结构制造；增材制造在 20 世纪 90 年代初出现 3D 打印技术以及激光束熔化工艺用于小量快速原型或模型的制作。

经过萌芽期的技术积累，超精密加工技术、材料受迫成形工艺技术、仿生制造技术、数控机床技术分别于 2010 年、2011 年、2015 年、2016 年进入成长期，并且目前这四类技术正处于快速成长期阶段。例如，超精密技术已经在精密陀螺仪、精密雷达、超小型计算机及其高尖端产品的制作中得以采用；精密铸造成形、超塑性成形粉末锻造成形、高分子材料注射成形等材料受迫成形工艺技术取得阶段性成果并逐步实现商业化应用；仿壁虎脚强黏附手套等仿生制造产品得到市场推广，同时生物组织及器官制造、生物加工成形制造等仿生制造领域还有待突破；在多 CPU 数控系统运行下，数控机床已实现 200 000 r/min 的主轴转速、60%~80% 的误差减少率，并随着人工智能技术兴起向控制智能化方向发展。正是由于技术在成长期呈现出技术创新动力充足、主导设计技术尚未形成、市场需求快速增长的特征，超精密加工技术、材料受迫成形工艺技术、仿生制造技术、数控机床技术未来存在较大的发展空间。

经过成长期的快速发展，微纳制造技术、高速加工技术、增材制造技术、再制造技术分别于 2011 年、2014 年、2018 年、2020 年进入成熟期。其中，增材制造已经在航空航天、汽车工业、医疗、工艺装备、产品原型、文物保护、建筑设计、工艺饰品等多领域实现规模化应用，其技术发展处于成熟期末期。再制造技术则处于成熟期开端，其深入到汽车、工程机械、国防装备、电子电器等领域，并在国际上形成完善的技术发展体系，但是该技术在绿色清洗、无损检测方面仍有进步空间。微纳制造技术已成熟应用于半导体制造工艺、机械微加工、扫描探针显微镜制造中。高速加工技术因现有的切削力低、热变形小、材料切除率高等技术特征，普遍应用于飞机零件制造、汽车制造、模具制造等领域。正是由于这 4 类技术已达到成熟期，技术性能实现质的飞跃，并在重要的制造业领域实现大规模应用，使得产品质量提升从而改善人类生活质量。但是这 4 类技术将在 2021—2034 年进入衰退期，意味着技术创新的极值点将至，因此在这 4 类技术的衰退期到来前应该加快新技术的萌芽以保持该领域的持续创新发展。

（三）双 S 曲线技术生命周期

计算机辅助设计技术、工业机器人、企业资源计划的技术生命周期拟合结果见表 2-3，其决定系数 R^2 值均在 0.9 以上，显示出拟合效果理想。从第一条 S 曲线技术生命周期特征看，计算机辅助设计技术的饱和值（655）最大，说明该领域的技术创新活动较为活跃；工业机器人的成长时间（6.83 年）最短，反映出前期该领域技术发展存在后劲不足的问题。观察第二条 S 曲线技术生命周期的特征，发现工业机器人的饱和值（3 314）最大、成长时间(15.00年)最长，表明该领域新技术的出现带来了强劲的技术创新发展动力。

表 2-3 双 S 曲线先进制造技术生命周期拟合结果

S 曲线	技术生命周期	计算机辅助设计技术	工业机器人	企业资源计划
第一条 S 曲线	R^2	0.910	0.958	0.959
	K	655	332	132
	t_m/a	1994	1984	2003
	$t_{0.1\sim0.9}/a$	9.69	6.83	7.34
	r	0.453	0.644	0.599
	萌芽期	1984—1989 年	1975—1979 年	1995—1999 年
	成长期	1990—1994 年	1980—1984 年	2000—2003 年
	成熟期	1995—1999 年	1984—1989 年	2004—2007 年
	衰退期	2000—2013 年	1990—2010 年	2008—2011 年
第二条 S 曲线	R^2	0.972	0.993	0.961
	K	1402	3314	498
	t_m/a	2020	2018	2019
	$t_{0.1\sim0.9}/a$	6.05	15.00	7.69
	r	0.726	0.293	0.571
	萌芽期	2004—2017 年	2006—2014 年	2012—2015 年
	成长期	2018—2020 年	2015—2022 年	2016—2019 年
	成熟期	2021—2025 年	2023—2030 年	2020—2023 年
	衰退期	2026—2030 年	2031—2037 年	2024—2027 年
	目前阶段	成长期	成长期	成熟期

双 S 曲线的存在证明技术领域发展至今经历了新旧技术的交替，而计算机辅助设计技术发展速度从 0.453 跃升到 0.726，说明该领域新旧技术 S 曲线之间存在技术跳跃。20 世纪 90 年代是计算机辅助设计技术发展的黄金时期，新算法不断出现、各种功能模块基本形成促使该技术迅速实现商业化，但是发展后期计算机辅助设计软件系统功能较为单一，尚不能满足日益复杂的市场需求。21 世纪初，计算机操作系统以及网络环境的改进激发了新的计算机辅助设计技术萌芽，并在长期的新技术知识积累下突破集成化发展，对企业信息综合集成系统的构造至关重要。根据专利数据测量的技术生命周期显示，该技术领域正处于新技术成长期，预计在 2026 年进入衰退期，其未来存在较大的发展空间。

工业机器人第一条 S 曲线代表的技术生命周期从 1975 年开始萌芽，经过 20 世纪 80 年代的快速发展，至 2010 年被新技术取代。事实上，可将感知机器人与智能机器人的发展与技术生命周期联系起来，1979 年推出的多关节、全电机驱动、多 CPU 控制的感知机器人使得工业机器人在全球迅速发展，1980 年开始感知机器人技术的全球专利产出大量涌现进而促使不同用途的工业机器人在发达国家进入普及阶段。随着21世纪人工智能技术的发展，工业机器人迎来智能化的新时代，拥有感知能力、认知判断、执行能力的智能机器人成为智能生产的主要方式，并且更多应用场景等待着工业机器人技术的突破。根据第二条S曲线技术生命周期预测，工业机器人目前正处于新技术发展的成长期，技术创新活力充沛，可见新技术的发展为该技术领域带来了持续的技术增长。

企业资源计划（ERP）第一条S曲线代表的技术生命周期从1995年开始萌芽，第二条S曲线代表的技术生命周期从2012年开始萌芽，并且这两条S曲线是连续的，代表该领域新旧技术的交替具有连续性。在供应链管理、智能计算机盛行的20世纪90年代，将企业物流、资金流、信息流进行集成的ERP受到研究者的关注并逐渐在全球范围的企业推广。然而进入21世纪，企业群体之间的竞争愈加激烈，为企业内部管理服务的ERP发展已经不能满足当时的竞争要求，因此ERPⅡ在ERP的基础上进行提升和拓展。ERPⅡ发展至今可跨行业地进行外部联结，解决了先进商业模式与信息化能力之间的矛盾。根据专利数据预测，该技术领域目前正处于成熟期，技术难题逐个被击破的同时技术增长速度也会放慢。

综合以上分析，11类先进制造技术的发展特征存在差异，当下所处的技术生命周期阶段也不同。超精密加工技术、材料受迫成形工艺技术、仿生制造技术、数控机床技术、计算机辅助设计技术、工业机器人技术正处于成长期，市场需求增长且风险投资涌入技术研究领域，使得技术创新主体充满活力。此外，微纳制造技术、高速加工技术、增材制造技术、再制造技术、企业资源计划正处于成熟期，市场成长与增量创新交互作用将使技术效率达到峰值。

第二节 技术赶超的子领域选择

根据先进制造技术子领域的周期化演进特征，借助显性技术优势（RTA）指数与IPC分类号相结合的测度方法，比较分析美国、日本、德国、中国等主要工业国家在不同演进阶段的技术优势，进而从国际竞争版图中找出先进制造技术子领域的突破口，以重点子领域的技术赶超引领其他领域技术追赶。

一、显性技术优势指数与IPC分类号

（一）显性技术优势指数

显性技术优势（RTA）指数在国际技术水平的比较、区域技术先进性的测度上都能依托

专利数据给出定量描述,解决技术优劣势认识模糊的问题。因此本章采用 RTA 指数对主要工业国家在先进制造技术各子领域的静态空间分布进行刻画,其计算公式为

$$\mathrm{RTA}_{ijt} = \frac{\left(\dfrac{P_{ijt}}{\sum\limits_{j=1}^{m} P_{ijt}}\right)}{\left(\dfrac{\sum\limits_{i=1}^{n} P_{ijt}}{\sum\limits_{i=1}^{n}\sum\limits_{j=1}^{m} P_{ijt}}\right)} \tag{2-2}$$

式中,P_{ijt} 表示 j 国 i 技术领域在 t 时期的专利授权量;$P_{ijt}/\sum\limits_{j=1}^{m} P_{ijt}$ 表示 i 技术领域中 j 国的专利授权量占有比例;$\sum\limits_{i=1}^{n} P_{ijt}/\sum\limits_{i=1}^{n}\sum\limits_{j=1}^{m} P_{ijt}$ 表示 j 国所有技术领域在全球专利授权量的占有份额。在利用专利数据测量先进制造技术生命周期后,t 代表先进制造技术发展对应的萌芽期、成长期、成熟期、衰退期;j 代表美国、日本、德国、中国等主要工业国家;i 代表先进制造技术子领域的关键技术。当 RTA 指数大于 1 时,说明该国在特定技术领域相对于世界标准具有比较优势,且该数值越大则该国在此领域的比较优势越大;RTA 指数小于 1 时,意味着该国在特定技术领域处于技术比较劣势。

(二)IPC 分类号

IPC 分类号是标准化与统一化管理及使用专利文献的国际分类方法,能够反映专利的核心内容和主题,因此通过先进制造技术 IPC 分类号的统计分析可以了解子技术领域研发主体的重点动向,挖掘出该领域发展的关键技术,确定 RTA 指数计算中不同子领域的 i 技术领域。每项先进制造技术子领域中较高频率的主 IPC 分类号见表 2-4。通过主 IPC 分类号统计可以掌握以下三点信息:一是先进制造技术热点研究方向分布在 B(作业与运输)、G(物理)、F(机械工程)、C(化学)、H(电学)五个领域,这反映了先进制造技术对传统制造与新兴技术的融会贯通;二是子技术研究方向分布差异性大,某些子技术集中于特定领域,如材料受迫成形工艺技术聚焦于 B22(铸造、粉末冶金)技术领域,某些子技术非均衡地分布于不同领域,如工业机器人以机器操纵方向为主、控制系统为辅;三是先进制造技术发展中技术关联性强,如超精密加工技术、高速加工技术、数控机床技术在 B23Q(金属加工机床的组合或联合)技术领域密切联系,计算机辅助设计技术、数控机床技术、工业机器人技术在 G05B(控制或调节系统)技术领域相互关联,计算机辅助设计技术、企业资源计划在 G06F(电数字数据处理)技术领域均有涉及。

表 2-4 先进制造技术主 IPC 分类号

先进制造技术	IPC 分类号	占比/%	含义
计算机辅助设计技术	G06F	45.63	电数字数据处理
	G06T	18.54	图像数据处理或产生
	G05B	5.75	控制或调节系统；用于控制或调节系统的监视或测试装置
材料受迫成形工艺技术	B22C	61.52	铸造造型
	B22D	25.00	金属铸造；用相同工艺或设备的其他物质的铸造
	B22F	7.75	金属粉末的加工；由金属粉末制造制品；金属粉末的制造
超精密加工技术	B24B	22.12	用于磨削或抛光的机床、装置或工艺
	B23Q	15.84	金属加工机床的组合或联合
	F16C	3.29	轴；软轴；在挠性护套中传递运动的机械装置
高速加工技术	B23B	14.00	车削；镗削
	B23C	10.00	铣削
	B23Q	27.00	金属加工机床的组合或联合
增材制造技术	B33Y	64.00	增材制造工艺
	B23K	5.00	焊接；用钎焊或焊接方法包覆或镀敷；局部加热切割；用激光束加工
	B29C	7.00	塑料的成型或连接；塑性状态物质的一般成型；已成型产品的后处理
微纳制造技术	G03F	45.00	图纹面的照相制版工艺
	H01L	30.00	半导体器件；其他类目中不包括的电固体器件
再制造技术	G03G	15.37	电记录术；电照相；磁记录
	B23P	11.01	金属的其他加工；组合加工；万能机床
仿生制造技术	C12N	32.04	微生物或酶；其组合物
	C12Q	31.37	包含酶或微生物的测定或检验方法
	G01N	29.85	借助测定材料的化学或物理性质来测试或分析材料
数控机床技术	B23Q	36.88	金属加工机床的组合或联合
	G05B	9.64	控制或调节系统；用于控制或调节系统的监视或测试装置
	B24B	6.21	用于磨削或抛光的机床、装置或工艺
工业机器人技术	B25J	53.00	机械手；装有操纵装置的容器
	G05B	12.00	控制或调节系统；用于控制或调节系统的监视或测试装置
企业资源计划	G06Q	50.07	适用于行政、商业、金融、管理、监督或预测目的的数据处理系统
	G06F	29.14	电数字数据处理
	H04L	3.97	数字信息的传输

二、先进制造技术优势国际分布

(一)面向成长期的先进制造技术国际分布

面向正处于成长期的6类先进制造技术以及刚进入成熟期的再制造技术与企业资源计划,本章构建二维矩阵分析关键技术优势分布特征。横坐标 X 为萌芽期RTA指数,衡量先进制造技术发展初期各国的创新强度;纵坐标 Y 为成长期RTA指数,衡量先进制造技术跃升发展期各国的创新实力。以[$X=1$,$Y=1$]为中心点,运用坐标轴位置将二维矩阵划分为四个象限:萌芽期与成长期RTA指数均大于等于1的区域为第一象限,表明该国在子技术领域创新能力突出、技术领先地位加强;萌芽期RTA指数小于1且成长期RTA指数大于等于1的区域为第二象限,表明该国在子技术领域从萌芽期向成长期过渡期间,技术创新动力由弱变强并取得一定技术优势;萌芽期与成长期RTA指数均小于1的区域为第三象限,表明该国在子技术领域尚未取得创新突破;萌芽期RTA指数大于1但是成长期RTA指数小于1的区域为第四象限,表明该国在子技术领域从萌芽期向成长期的演进中,技术创新由强变弱。8类先进制造技术中各国关键技术优势分布特征如图2-1所示。

计算机辅助设计技术领域,各国的技术优势分布存在差异。美国和日本均处于第一象限,德国在G05B领域处于第一象限,而在G06T领域处于第四象限,中国除了G06F领域处于第二象限外其他均处于第三象限,表明美国与日本总体上领先优势加强、德国的技术创新动力不均衡分配、中国则在技术快速发展进程中展露出技术追赶的势头。在材料受迫成形工艺技术的第二象限仅有少数国家进入,反映了在这类技术的成长期很难实现技术创新突破。日本在局部关键技术领域处于第一象限,美国除了第四象限其他象限均有涉及,德国与中国集中分布在第三象限与第四象限,显示日本的核心技术领先优势加强,美国的技术发展呈现不平衡状态,中国与德国的技术创新动力不足。

数控机床技术领域,B23Q技术领域中尚未有国家进入第一象限,反映出该领域的核心技术竞争激烈。日本与德国在萌芽期均保持关键技术RTA指数大于1,但是进入成长期部分关键技术的RTA指数小于1,两国未能持续保持强劲的技术创新能力;美国仅有G05B处于第一象限,表明其在部分关键技术领域尚未取得竞争优势;中国在B23Q领域处于第二象限,反映中国在核心技术领域技术创新动力加强。在超精密加工技术领域,美国、日本、德国在B23Q与F16C领域均处于第一象限,中国在多数技术领域处于第一象限,表明工业强国在局部关键技术实现持续性领先的同时,中国的技术创新动力也在逐渐加强。

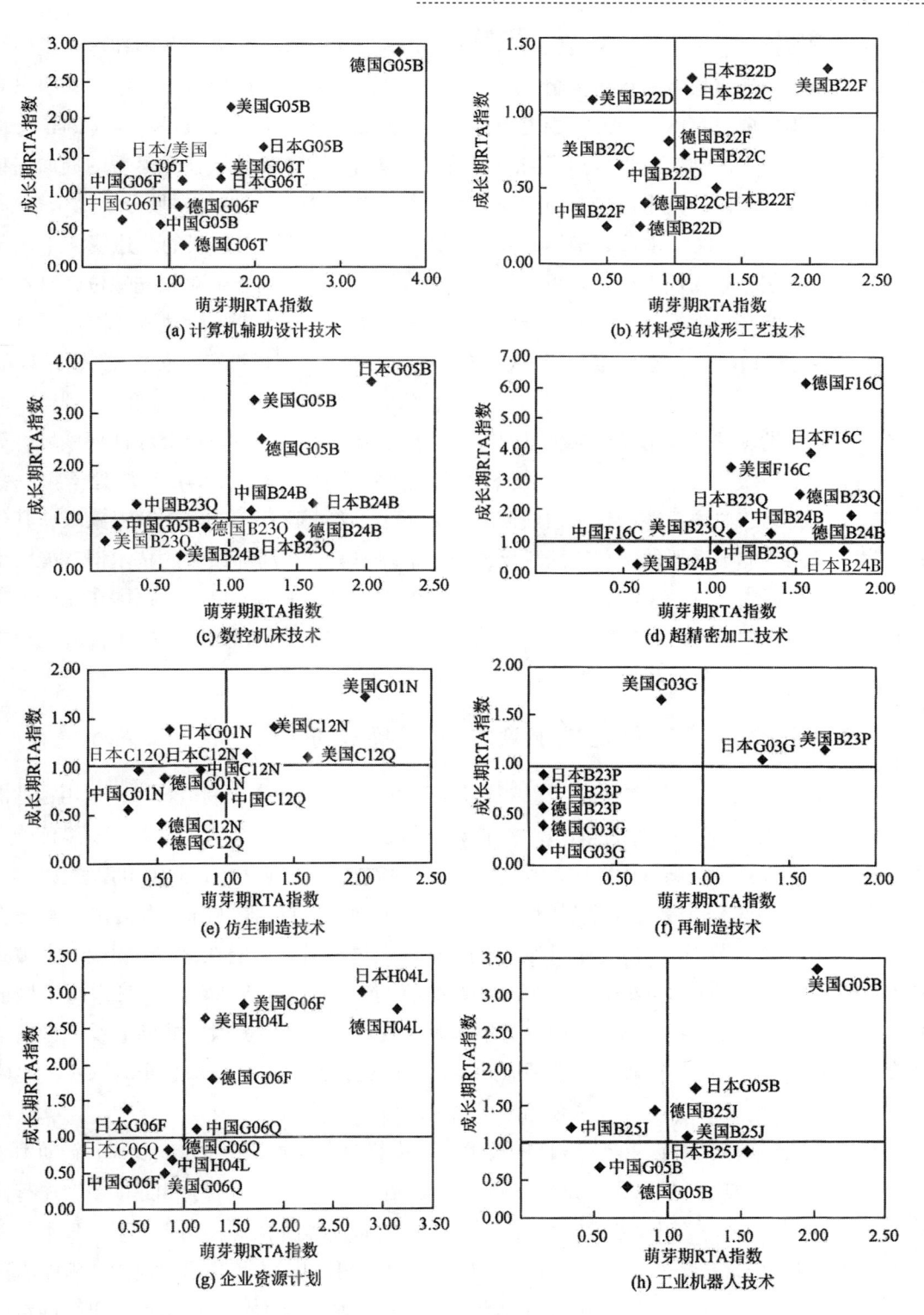

图 2-1 萌芽期至成长期的先进制造技术国际分布

仿生制造技术、再制造技术领域的第四象限均未有国家进入，表明各国在这两类领域的技术创新活动从未松懈。在仿生制造技术领域，第一象限只有美国进入，第二象限只有日本进入，第三象限日本、中国、德国均有进入，如此的技术优势分布显示美国的领先地位不可动摇，日本的创新能力得到了拓展和延伸，德国与中国尚处于技术落后的局面。再制造技术领域，四国的技术优势布局更为明晰，美国在B23P与G03G领域分别处于第一、第二象限，日本在G03G领域处于第一象限、B23P领域处于第三象限的左边缘，中国与德国均处于第三象限的左边缘。表明美国在再制造技术发展中处于绝对领先地位，日本逐渐关注该领域的技术发展并加强创新能力，而中国与德国的技术创新活动展开较晚。

企业资源计划与工业机器人技术领域的第二象限与第四象限均没有国家进入[图2-1(h)中，中国B25J与德国B25J均在象限交界处，暂认为分别归于第三象限、第一象限]，表明各国在这两类领域的技术发展取决于萌芽期的技术能力积累。在企业资源计划领域，德国在关键技术领域均处于第一象限，技术领先优势加强；日本在H04L领域处于第一象限，其他均在第三象限，核心技术领域创新动力不足；美国除了G06Q在第三象限，其他均在第一象限，而中国的情况与美国相反，表明中国与美国在局部领域的技术创新能力增强。在工业机器人领域，美国、日本处于第一象限，中国处于第三象限，德国在这两个象限均有涉及。表明美国与日本在该领域的技术领先，德国在局部领域取得技术优势，而中国与这三个国家相比仍有较大差距。

（二）面向成熟期的先进制造技术国际分布

面向高速加工技术、增材制造、微纳制造等正处于成熟期的先进制造技术，运用雷达图分析各国在技术生命周期不同阶段的RTA指数变化趋势，如图2-2所示。其中，黑色圆点表示萌芽期RTA指数、黑色正方形表示成长期RTA指数、三角形表示成熟期RTA指数。

在高速加工技术领域技术萌芽期，德国在B23Q领域的技术创新能力突出，美国在B23B及B23C领域取得领先优势；由萌芽期向成长期过渡后，美国在B23C领域有突破式技术创新优势，德国也在B23B及B23C领域加快创新研究；步入成熟期，日本与德国的技术实力在各领域都得到提升，两国的竞争愈演愈烈。可以发现美国在前期的技术创新动力充足，但是进入成熟期面临技术发展后劲不足的问题，而中国在技术起步时未投入足够的创新资源到竞争中以至于发展至今仍处于技术落后的局面。

在增材制造领域技术萌芽期，美国的技术创新优势明显，尤其在B33Y领域创新动力强劲，德国与日本在B23K领域获得先行优势；进入成长期后，德国在保持B23K领域先行优势的基础上开始在B29C领域进行技术创新能力拓展并取得竞争优势，相比之下，日本与美国技术创新动力弱化；步入成熟期，各国的技术竞争更为激烈，尤其是中国通过技术能力积累实现B23K领域的创新突破。在微纳制造领域技术萌芽期，日本较为全面地开启了创新研究并取得领先优势，德国与美国在某些关键技术领域创新成效明显，而中国尚未涉足该技术的创新发展；进入成长期，日本在 G03F 领域、美国在 G03B 领域、德国在 H01L 领域各自取得竞争优势；成熟期开始后，美国与日本的技术优势布局没有太大的改变，而德国始终保持局部领域的技术领先，中国在该领域的技术发展与其他国家相比仍有较大差距。

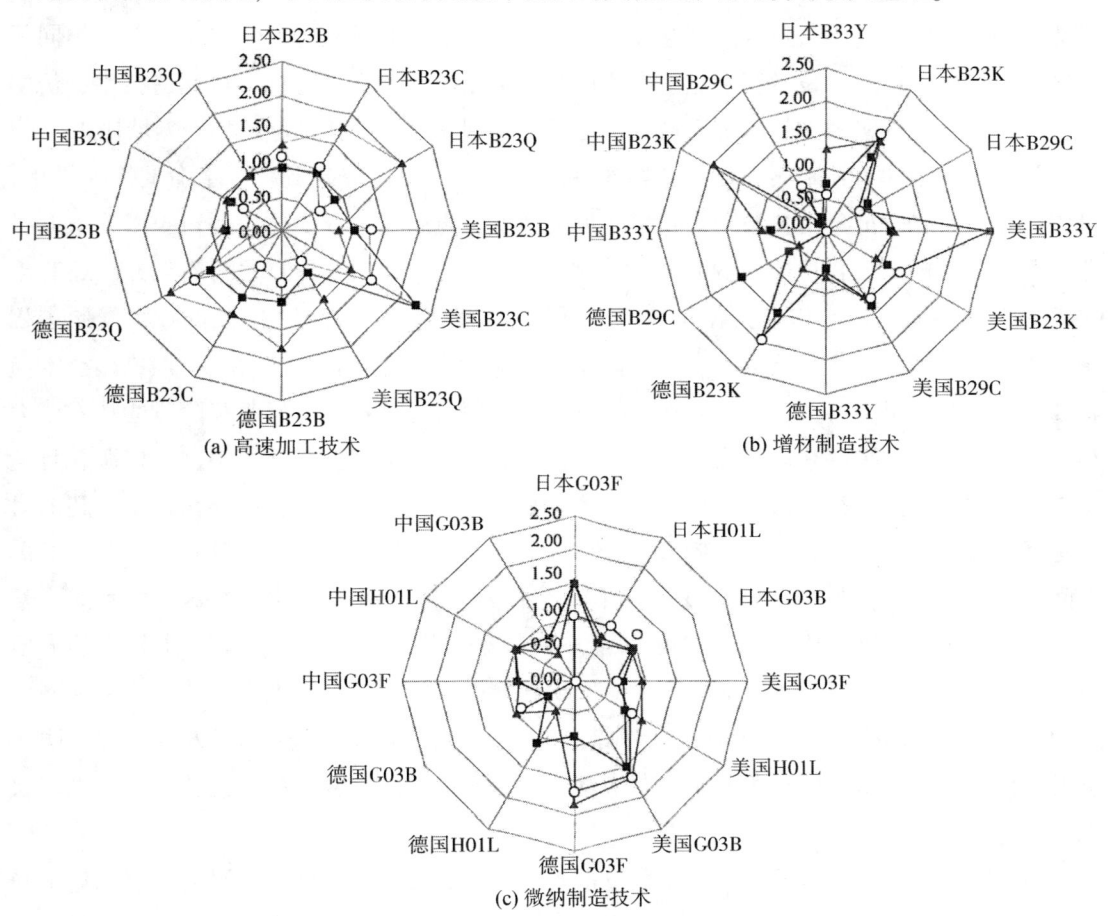

图 2-2 萌芽期至成熟期的先进制造技术国际分布雷达图

综合 11 项先进制造技术子领域的 RTA 指数分析，可以发现国家在萌芽期的技术能力积累对成长期技术领先优势的获得至关重要。新技术的萌芽本就是基础科学知识与概念性技术设想之间的碰撞而产生，在此阶段存在技术不确定性高、媒体曝光率低、创新扩散动力弱的特征，因而在萌芽期率先取得领先优势的创新主体进一步拥有隐性技术知识。进入新技术成长期，由于技术创新中形成的隐性知识使得竞争对手难以在短时间内模仿，因此创新主体借助萌芽期的技术领先优势更进一步攻克技术难题，持续保持技术竞争优势。

三、先进制造技术赶超子领域选择

从先进制造技术子领域的周期化演进看，美国在计算机辅助设计技术、仿生制造技术、工业机器人技术、增材制造技术的发展中保持领先优势,日本在材料受迫成形工艺技术、数控机床技术领域发展阶段中持续保持领先优势,德国在超精密加工技术、企业资源计划技术领域发展阶段中持续保持领先优势,在高速加工技术的成熟期突现出国家的技术优势,而中国因先进制造技术发展起步较晚,尚未拥有任意子领域的领先优势。从不同子领域的技术创新空间、技术国际竞争态势以及技术创新活动表现考虑,再制造技术、仿生制造技术以及工业机器人技术等领域或许可成为中国先进制造技术赶超的子领域切入口。

技术创新空间重在观察技术成长期的时间持续性。在先进制造技术生命周期演进中,可以发现材料受迫成形工艺技术、超精密加工技术、再制造技术、仿生制造技术、工业机器人技术的发展趋向物理极限的时间均在2030年左右,结合现在的时间节点看,还有近10年的技术突破时间,代表其在全球范围下技术创新后劲充足。在中国的技术发展进程中,再制造技术、仿生制造技术、工业机器人技术的萌芽持续时间比材料受迫成形技术与超精密加工技术更为持久,代表萌芽期的技术能力积累更为扎实,而萌芽阶段的技术能力积累对隐性技术知识的获取至关重要,隐性技术知识可以是创新突破的关键性资源并且竞争者无法在短期内进行模仿。并且这三类技术在中国均处于成长期,尚存在技术赶超的时间选择。另外,技术国际竞争态势重在观察技术成长期领先优势的国际分布。在技术突破空间较大的五类子领域中,材料受迫成形工艺技术、仿生制造技术、再制造技术的成长期,主IPC分类号在RTA指数小于1的区域内聚集,代表国家间在关键技术领域的竞争更为激烈,实现任意技术领域的领先都能推动其他子领域的技术发展。从技术萌芽期到成长期的RTA指数变化看,中国在仿生制造技术、再制造技术、工业机器人等领域,明显迸发出创新活力,从全球视角下萌芽期未参与状态或是低速发展转变到成长期高速创新状态,具有赶超潜力。

由此可见,再制造技术、仿生制造技术、工业机器人技术的创新空间大、国际竞争激烈、中国创新潜力迸发,适宜作为中国实现先进制造技术赶超的子领域切入口,以重点子领域的率先突破引领其他子领域的全面发展,进而保证先进制造技术优势的持久性。

第三节　技术赶超时机选择模型的构建

随着先进制造技术从萌芽期演进至衰退期以及新旧技术的交替演进,技术研发从高不确定性演变至低风险又上升至高风险,技术市场认可经历从低到高又回落至较低状态的过程。对此,企业在技术演进的特定阶段实施技术赶超,可能在短时期内出现低技术成本、高市场收益或者高技术成本、低市场收益的状态。但是从长周期的视角看,技术付出总成本与技术市场总收益可能并不具有此种规律性，或许呈现完全相反的结果。因此，企业在先进制造技术演进的不同阶段实施技术赶超后的绩效衡量需要考虑技术演进过程中的累积性。从工业国家的政策制定与技术创新主体角度观察，先进制造技术属于新兴技术，各国正开展技术研发试错，创新主体积极推进技术市场拓展，大部分技术领域尚未到达衰退期，因此现有数据难以衡量技术演进长周期下的企业赶超绩效。

模型构建与仿真分析一直被视为依托现有数据客观描述未来发展趋势的稳健方法。在难以获取先进制造技术周期化演进的完整数据情形下，建立具有技术演进特征的先进制造技术收益与成本模型并仿真分析不同阶段企业所能获得的长期性赶超绩效或许是可行的解决办法。因此，本节基于使用 Logistic 模型测度的 11 个先进制造技术子领域的技术生命周期和 RTA 指数，分析得到技术优势的国际分布，使用数理模型和仿真分析探讨企业在先进制造技术演化的不同阶段进行技术赶超存在的赶超绩效差异及形成原因，并尝试以此打开中国企业面向先进制造技术赶超的时机选择黑箱。

一、先进制造技术演化的收益与成本模型

根据技术创新的 A-U 模型，在先进制造技术的周期化演进中市场创新收益具有一定规律性。在技术萌芽期，新技术具有高度不确定性并且只有少数愿意承担风险的创新主体进行研发，关于新技术的交流限于研究组织与学术界，媒体曝光率低，市场创新收益微乎其微。经过萌芽期的技术酝酿，新技术的阶段性成果将吸引外界创新资源主动流入技术研发领域，技术发展进入成长期。在经过研发试错后，新技术显示出商业价值并逐步引入市场，由于新技术创新中隐性知识的存在，替代技术难以在短时间内出现，大量的风险投资涌入新技术研发领域使得市场曝光度加大，进而提升市场创新收益。随着新技术成长期吸纳充足的创新资源，前期无法解决的技术难题逐个被击破，从而形成主导设计技术。步入成熟期，主导设计技术的增量创新与市场成长的交互作用下，使用新技术的产品扩散速度加快，市场创新收益持续增加。进入衰退期，技术面临发展瓶颈，此时的新技术被纳入常规技术意识流，技术性能发展受到较大局限，一定程度上无法满足使用者日益提高的需求，这时市场上会出现明显的收益下降。

先进制造技术区别于传统制造技术跨学科、跨领域的技术特征，因此技术获取成本是技术赶超中的关键成本。在先进制造技术发展初期的极大不确定性与创新主体的稀缺性下，突显出技术创新需要大量投资以支撑难以实现的概念设想。随着技术试错阶段的渡过与主导技术的出现，应用新技术的产品规模化、技术扩散渠道多样化，进而使得新技术所拥有的隐性技术知识向常规公共知识转变，因此技术获取成本会呈下降趋势。

已有研究建立了具有时间特征的技术演化市场收益与技术获取成本模型，广泛应用于

核电技术、高新技术、战略性新兴技术阶段性演进的研究中。基于先进制造技术的国际发展现状，即在美国、日本、德国占领多数子领域技术领先高地的情境下，中国的技术创新活动明显增多、技术赶超劲头愈发明显，引起了工业强国的高度关注，进而对中国的科技创新进行阻碍，这在一定程度上影响了中国先进制造技术市场的收益与获取成本。基于成熟应用的技术演进市场收益与获取成本模型，考虑工业强国对中国施加的赶超压力，先进制造技术周期化演进中第t时期的市场收益$P(t)$与技术获取成本$C(t)$模型为

$$P(t) = \lambda\beta t e^{-\rho t} \tag{2-3}$$

$$C(t) = \lambda\beta e^{-\gamma t} \tag{2-4}$$

式中，λ表示先进制造技术所蕴含的技术价值；β表示中国与先进制造技术领先者的技术距离；ρ表示先进制造技术产品的扩散速度；γ表示先进制造技术扩散速度；t表示先进制造技术所处的技术生命周期时点。

二、先进制造技术演化的利润

由式(2-3)与式(2-4)可得到先进制造技术的周期化演进过程中第t时期市场所获得的利润为

$$\pi(t) = P(t) - C(t) = \lambda\beta t e^{-\rho t} - \lambda\beta e^{-\gamma t} \tag{2-5}$$

通过对t求导可得

$$\frac{d\pi}{dt} = \lambda\beta[(1-\rho t)e^{-\rho t} + \gamma e^{-\gamma t}]$$

在先进制造技术萌芽期开端，令$t=0$，可以得到市场利润$\pi=-\lambda\beta<0$，$d\pi/dt=\lambda\beta(1+\gamma)>0$，即新技术演化的较早阶段。虽然市场赶超利润为负值，但是技术创新亏损呈逐渐减少的趋势，并且随着技术曝光度加大，大量创新资源流向技术研发，新技术的商用价值突显，进而一定存在时间点t_1使得技术创新收益弥补技术获取成本。

$$\pi t_1 = \lambda\beta t_1 e^{-\rho t_1} - \lambda\beta e^{-\gamma t_1} = 0$$

$$t_1 = \frac{1}{\rho - \gamma}$$

其中，t_1代表先进制造技术发展萌芽期结束、成长期开始的时间点。因此当先进制造技术演化处于时间点$t\in(0, t_1)$时，$\pi<0$，$\frac{d\pi}{dt}>0$，这符合先进制造技术萌芽期高成本投入、低收益风险、技术创新动力渐进加强的特征。

进入先进制造技术成长期，技术阶段性成果的媒体曝光度加大，技术发展的产业环境逐步改善，进而吸引大量的风险投资涌入技术创新领域。投资主体各自特有的互补资源推动新技术研发进展，研发成果逐渐被消费者认可的同时技术所投放的市场呈现向荣态势。

新技术成长发展中主导技术的出现使得市场热度达到峰值，因此存在先进制造技术演化的时间点 t_2，使得 $\dfrac{d\pi}{dt_2}=0$。

$$\lambda\beta[(1-\rho t_2)e^{-\rho t_2}+\gamma e^{-\gamma t_2}]=0$$

$$t_2=\dfrac{2\rho-\gamma}{\rho(\rho-\gamma)}$$

其中，t_2 代表先进制造技术发展成长期结束、成熟期开始的时间点。因此当先进制造技术演化处于时间点 $t\in(t_1,t_2)$ 时，$\pi>0$，$\dfrac{d\pi}{dt}>0$，符合先进制造技术成长期创新动力足、高收益、低风险的特征。

随着先进制造技术进入成熟期，累积的技术知识与充沛的创新资源使得前期无法解决的技术难题逐个被击破。但是受限于物理特性，在此期间技术进步的空间逐渐缩小，进而社会各界转向探索主导技术所适用的组织原理与行为规则，市场成长空间也继而缩小。另外，由于成熟期的技术扩散渠道多样化，技术所蕴含的隐形专有知识转化为具有公众属性的技术知识，技术市场准入门槛相继降低。因此当时间点 t 趋于无穷大时，市场创新利润又有新的变动趋势。

$$\lim_{t\to+\infty}(\lambda\beta te^{-\rho t}-\lambda\beta e^{-\gamma t})=0$$

$$\lim_{t\to+\infty}\{\lambda\beta[(1-\rho t)e^{-\rho t}+\gamma e^{-\gamma t}]\}<0$$

当先进制造技术演进的时期为 $t\in(t_2,+\infty)$ 时，虽然市场创新利润为正值，但是总体呈现下降的趋势。此时技术经历成熟期迈向衰退后面临成长空间受限、创新利润下降的困境，不能满足公众日益增长的物质需求，继而引发新一轮技术的萌芽。

三、技术赶超者长期总利润

（一）模型假设

先进制造技术在演化各阶段的风险和收益具有差异性，对不同阶段的赶超者在创新能力、组织规范行为、市场渗透力等方面也有不同要求。先进制造技术萌芽期存在技术试错成本，不具备市场认可度，具有风险高且收益低甚至是负收益的特征，资源基础厚实且拥有多元学科基础知识资源、创新组织规范尚未固化的企业具有较高的赶超适配性。成长期因隐性技术知识获取风险高、风险投资涌入下收益回暖等特征，赶超企业需要进行高效组织管理创新以构建隐性技术知识获取的灵活网络。成熟期的赶超者必然面对主导技术出现后市场竞争激烈的风险，需要借助异质性资源建立独特的市场定位以拓展市场空间。赶超企业除了将自身拥有的赶超资源与技术演化的阶段性特征进行匹配外，还需要结合不同阶段技术扩散、产品扩散、产业支持、政府引导等外部环境的影响理性选择赶超时机，从而推进企业的技术赶超与市场突围。

企业选择合适的赶超时机后，需要采取适宜的赶超路径，以获取资源累积与赶超时机的交互效应，进而实现创新资源与技术能力的持续积累，为下一次技术轨道的变革做好准备。在先进制造技术的主导设计形成前，赶超企业以突破式技术创新战略为主、中心市场战略为辅，通过突破性技术来先占市场的中心位置，进而构筑主导型价值网络、获取可靠创新收益。主导设计技术确定后，赶超企业以边缘市场战略为主、颠覆式创新战略为辅，通过边缘市场的赶超渗透进中心市场获取技术溢出进而触发颠覆式创新，推进技术轨道的变革，提高企业在价值网络的中心性。反之，如果赶超企业盲目选择赶超时机，或者在适宜时机下进行赶超但是没有匹配合适的赶超路径，不仅容易受到领先企业的压制，还可能陷入赶超泥泞状态。因此，为建立赶超企业在不同阶段实施技术赶超所获得的理想利润模型，提出如下假设。

假设1：企业能够根据技术演化的阶段性特征与外部环境，结合自身赶超资源理性选择赶超时机。

假设2：企业理性选择赶超时机后能实施适配性的赶超战略，谋取最大化赶超绩效。

（二）赶超者的长期总利润模型

企业的技术赶超是时期性行为，并且赶超绩效具有时滞性，赶超时点以后的累积性收益与成本变化能较好地展现企业所获得的赶超总利润特征，并且企业在技术演化的不同时点进行技术赶超后所占领的市场份额具有差异性，因此，不同的技术机会窗口宽度以及占领的市场份额影响企业赶超收益。定义先进制造技术正处于本轮演化的时间长度为 T，企业在进行技术赶超后所占领的市场份额为 α。企业在先进制造技术演化的第 t 时点进行赶超的总收益为

$$P(t) = \int_t^T \alpha\lambda\beta t e^{-\rho t} dt \tag{2-6}$$

企业在先进制造技术演化的第 t 时点进行赶超的总技术获取成本为

$$C(t) = \int_t^T \lambda\beta e^{-\gamma t} dt \tag{2-7}$$

根据式（2-6）与式（2-7）可知，企业在先进制造技术演化的第 t 时点进行赶超的总利润模型为

$$\pi(t) = \int_t^T \alpha\lambda\beta t e^{-\rho t} dt - \int_t^T \lambda\beta e^{-\gamma t} dt \tag{2-8}$$

在模型仿真中，先进制造技术萌芽期至成长期发展的时间阈值点为 t_1、成长期向成熟期过渡的时间阈值点为 t_2，假设先进制造技术特定子领域仅存在 A_1、A_2、A_3 三个理性企业

进行技术赶超，并且企业一旦实施技术赶超将会在技术演化的全过程中持续存在。企业 A_1 在 $t\in[0,t_1)$ 时段实施赶超，即先进制造技术演化的萌芽期进行赶超，所占的市场份额为 α_{A_1}；企业 A_2 在 $t\in[t_1,t_2)$ 时段实施赶超，即先进制造技术演化的成长期进行赶超，所占的市场份额为 α_{A_2}；企业 A_3 在 $t\in[t_2,+\infty)$ 时段实施赶超，即先进制造技术演化的成长期进行赶超，所占的市场份额为 α_{A_3}。

模型建立的前提是企业是理性赶超者，能够在适宜的赶超时机下实施合适的赶超战略，因此在技术演化的不同阶段进行赶超，企业所占的市场份额具有规律性。在技术萌芽期进行赶超的企业，可以较早掌握技术创新的隐性知识，推动主导设计技术的形成，占据创新价值网络的中心地位，并且影响市场的消费行为，进而抢占更多的市场份额。技术成长期进行赶超的企业可能会面临先发企业的技术压制以及创新价值链的低端锁定困境，因此先发企业在技术演化进程中继续保持理性决策的情境下，赶超企业所占的市场份额相对较少。而在技术成熟期进行赶超的企业，在先发企业主导中心市场下，消费者行为具有黏性，因而赶超企业将受到市场劣势的影响。对此，在先进制造技术不同阶段赶超的企业，市场份额遵循以下规律，即 $\alpha_{A_1}>\alpha_{A_2}>\alpha_{A_3}$，并可假设 $\alpha_{A_1}=0.6$，$\alpha_{A_2}=0.3$，$\alpha_{A_3}=0.1$。

第四节 技术赶超时机选择模型的仿真分析

运用 MATLAB 软件并借助积分图形法，对再制造技术、仿生制造技术和工业机器人等子领域中企业在不同时机实施技术赶超所能获得的长期总利润进行仿真，探究不同时机下赶超总利润差异形成的原因，并分析企业面向特定技术领域实施赶超的适宜时机。

一、参数赋值

在解析先进制造技术子领域赶超的模型之前，需要对模型的相关参数进行初始的赋值。通过整合现有以专利为来源的数据，且采用实证研究、案例分析对新兴技术价值进行定量化描述的研究成果，并基于上述先进制造技术生命周期的测度，分别对先进制造技术价值 λ、技术距离 β、产品扩散速度 ρ 与技术扩散速度 γ 进行参数赋值。

（一）技术价值

根据先进制造技术 IPC 分类号可知，不同技术子领域链接同一技术主题的情形显示 11 类技术子领域具有强技术关联性，并且技术本身存在承接关系，即一种技术的获得与使用需要以另一种技术的获得为前提，在技术关联与技术承接关系中越靠近中心地位则表明特定技术的价值越高。专利作为直接参与生产和市场交易的技术产权承载物，引用是专利所代表技术嵌入价值链的方式，而专利引用网络中，特定技术主题的中介中心度越高意味特定技术嵌入先进制造技术价值链中辅助其他技术创造的程度越高，进而技术价值越高。

CiteSpace 专设德温特专利数据分析功能，利用专利引用网络分析将数量庞大、杂乱无章的题录信息通过引用分析、共被引分析绘制成科学知识图谱，以德温特专有编码表达技术主题，辅之以技术主题中介中心度来解读图谱。研究者们利用 CiteSpace 专利引用图谱，分析出国内外数字经济领域内人工智能、大数据、区块链等高中介中心度的技术前沿，识别出纳米技术领域内量子点、生物分子技术、自组装膜技术等高网络中心度的关键技术，可见 CiteSpace 专利引文网络中技术主题的中介中心度能较好地表达特定领域的技术价值。

本章数据来源于德温特专利数据库，因此利用 CiteSpace 专利引用图谱呈现的技术主题中介中心度测量再制造技术、仿生制造技术、工业机器人的技术价值。首先，将 11 类技术子领域的 82 938 件专利数据代入 CiteSpace 可以得到共计 70 项先进制造技术德温特专有编码以及每项编码的中介中心度（表 2-5）。其次，利用 CiteSpace 软件的主题词共现功能，解析再制造技术、仿生制造技术以及工业机器人领域的主题词共现网络，锁定高频德温特专有编码，从而在汇总结果中计算出相应子领域的中介中心度，以此代表子领域技术价值。再制造技术展现出 a88、m13、x25、t01、p53、s06、p84、p56、t04 的德温特专有编码，仿生制造技术突出 b04、d16、c06、s03、j04、a89 等技术主题，工业机器人含有 p62、x24、t06、s02、v06、q64、u11、w04 等技术主题，对应表 2-1 可得 λ 再制造 = 0.68、λ 仿生制造 = 0.23、λ 工业机器人 = 0.31。

表 2-5 先进制造技术主题中介中心性

编码	德温特专有编码	中介中心度
1	a14（polymers of other substituted mono-olefin）	0.05
2	a32（polymer fabrication）	0.05
3	a82（coatings, impregnations, polishes）	0.01
4	a85（electrical applications）	0.03
5	a88（mechanica lengineering）	0.27
6	a89（photographic, laboratory equipment, optical）	0.07
7	a92（packaging and containers-including ropes and nets）	0.03
8	a93（roads, building, construction flooring）	0.03
9	a95（transport-including vehicle parts, types and armaments）	0.01
10	a96（medical, dental, veterinary, cosmetic）	0.02
11	a97（miscellaneous goods not specified elsewhere）	0.12
12	b04（natural products and polymers, including testing of body fluids）	0.05

续表

编码	德温特专有编码	中介中心度
13	c06(biotechnology)	0.02
14	d16(fermentation industry)	0.03
15	e19(other organic compounds general)	0.01
16	g02(based paints)	0.02
17	g06(photosensitive compositions)	0.02
18	h07(lubricants and lubrication)	0.09
19	j01(separation)	0.08
20	j04(chemical/physical processes/apparatus)	0.02
21	l02(refractories, ceramics, cement)	0.06
22	l03(electro)	0.06
23	m13(coating material with metals, diffusion processes, enameling)	0.02
24	m22(casting)	0.02
25	m23(soldering)	0.01
26	m24(metallurgy of iron and steel)	0.04
27	m26(non-ferrous alloys)	0.06
28	p13(plant culture, dairy products)	0.04
29	p32(dentistry, bandages, veterinary, prosthesis)	0.01
30	p42(spraying, atomizing)	0.01
31	p52(metal punching, working, forging)	0.04
32	p53(metal casting, powder metallurgy)	0.05
33	p54(metal milling, machining, electro working)	0.02
34	p55(soldering, welding metal)	0.02
35	p56(machine tools)	0.03
36	p61(grinding, polishing)	0.05
37	p62(hand tools, cutting)	0.07
38	p64(working cement, clay, stone)	0.05
39	p73(layered products)	0.02
40	p75(typewriters, stamps, duplicators)	0.01
41	p81(optics)	0.04
42	p84(other photographic)	0.05
43	q35(refuse collection, conveyors)	0.01
44	q42(hydraulic engineering, soil shifting and sewerage)	0.02
45	q52(reaction engines)	0.01
46	q56(non-positive displacement fluid machines/pumps/compressors)	0.02
47	q62(shafts and bearings)	0.09

续表

编码	德温特专有编码	中介中心度
48	q64(belts, chains, gearing)	0.01
49	q66(valves, taps cocks, vents)	0.01
50	q68(engineering elements)	0.08
51	s01(electrical instruments)	0.01
52	s02(engineering instrumentation)	0.06
53	s03(scientific instrumentation)	0.04
54	s05(electrical medical equipment)	0.02
55	s06(electrophotography and photography)	0.05
56	t01(digital computers)	0.12
57	t04(computer peripheral equipment)	0.07
58	t06(process and machine control)	0.01
59	u11(semiconductor materials and processes)	0.03
60	u14(memories film and hybrid circuits)	0.03
61	v04(printed circuits and connectors)	0.02
62	v06(electromechanical transducers and small machines)	0.04
63	v07(fiber-optics and light control)	0.02
64	w01(telephone and data transmission systems)	0.04
65	w04(audio/video recording and systems)	0.04
66	w06(aviation, marine and radar systems)	0.03
67	x11(power generation and high power machines)	0.06
68	x24(electric welding)	0.05
69	x25(industrial electric equipment)	0.07
70	x27(domestic electric appliancesin)	0.05

(二)技术距离

基于先进制造技术专利数据计算的 RTA 指数可知,中国在多数子领域的关键核心技术实力与美国、日本、德国等工业强国相比具有一定差距,而中国向西方国家大量进口生产高精度芯片的光刻机、加工高精度金属零件的精密机床以及高精度工业机器人等客观事实也验证了中国在先进制造高精尖领域存在技术短板,正是技术差距使得相关国家对中国设置政策性壁垒,阻碍中国获取关键技术研发资源与参与高端产品市场竞争。因此,本章接下来借助 RTA 指数定量分析在特定子领域中国与领先国家的技术距离。先进制造技术多数子领域处于成长期,而成长期是主导技术形成的关键阶段,该阶段的技术距离反映技术落后者需要付出的赶超努力与可开拓的市场空间,也一定程度上反映技术领先者施加的赶超压力，所以采用中国在再制造技术、仿生制造技术、工业机器人的成长阶段与领先国家的 RTA 指数差距作为技术距离赋值依据。

(三) 产品扩散速度与技术扩散速度

根据式(2-5)推导可知，技术萌芽向成长期的转折点以及技术成长期迈向成熟期的时点 t_2 均是产品扩散速度 ρ 与技术扩散速度 γ 的函数。因此借助子领域技术生命周期的测度结果，将萌芽期视为本轮技术演化的零时点，使得 t_1 与 t_2 定量化求解，进而得到技术生命周期拟合下子领域的相关参数赋值。工业机器人已经进入第二轮技术演进，为了对最新技术发展进行赶超探究，采用工业机器人第二条 S 曲线的拟合结果。预测再制造技术分别在 1991—2005 年、2006—2019 年、2020—2033 年、2034—2048 年四个时段经历萌芽、成长、成熟以及衰退，而 2006 年与 2020 年分别是再制造技术演化对应的 t_1 与 t_2 时点，根据式(2-5)推导可得

$$t_1 = \frac{1}{\rho - \gamma} = 15 \tag{2-9}$$

$$t_2 = \frac{2\rho - \gamma}{\rho(\rho - \gamma)} = 28 \tag{2-10}$$

联立式(2-9)与式(2-10)可得：$\rho_{再制造} = 0.08$，$\gamma_{再制造} = 0.02$。

预测仿生制造技术在 1999—2014 年、2015—2021 年、2022—2028 年、2029—2034 年等时段经历技术演进，其中 2015 年与 2022 年分别是仿生制造技术演化对应的 t_1 与 t_2 时点，根据式(2-5)推导可得

$$t_1 = \frac{1}{\rho - \gamma} = 16 \tag{2-11}$$

$$t_2 = \frac{2\rho - \gamma}{\rho(\rho - \gamma)} = 23 \tag{2-12}$$

联立式(2-11)与式(2-12)可得：$\rho_{仿生制造} = 0.14$，$\gamma_{仿生制造} = 0.08$。

预测工业机器人技术在 2006—2014 年、2015—2022 年、2023—2030 年、2031—2037 年等时段经历第二轮技术演进，其中 2015 年与 2023 年分别是工业机器人第二轮技术演化对应的 t_1 与 t_2 时点，根据式(2-5)推导可得：

$$t_1 = \frac{1}{\rho - \gamma} = 9 \tag{2-13}$$

$$t_2 = \frac{2\rho - \gamma}{\rho(\rho - \gamma)} = 17 \tag{2-14}$$

联立式(2-13)与式(2-14)可得：$\rho_{工业机器人} = 0.125$，$\gamma_{工业机器人} = 0.01$。

综上所述，再制造技术、仿生制造技术和工业机器人技术等特定子领域在技术赶超总

利润模型的相关参数赋值见表 2-6。

表 2-6 参数赋值

先进制造技术子领域	技术价值 λ	技术距离 β	产品扩散速度 ρ	技术扩散速度 γ
再制造技术	0.68	1.98	0.08	0.02
仿生制造技术	0.23	1.77	0.14	0.08
工业机器人技术	0.31	2.86	0.125	0.01

二、仿真分析

(一)再制造技术

根据技术生命周期的预测,再制造技术的第一轮技术演进将历时 57 年($T=57$),企业 A_1、A_2、A_3 分别在萌芽、成长、成熟阶段进行技术赶超,不同时机下企业在再制造技术领域进行技术赶超获得的总市场收益及总技术获取成本模拟结果如图 2-3 所示。

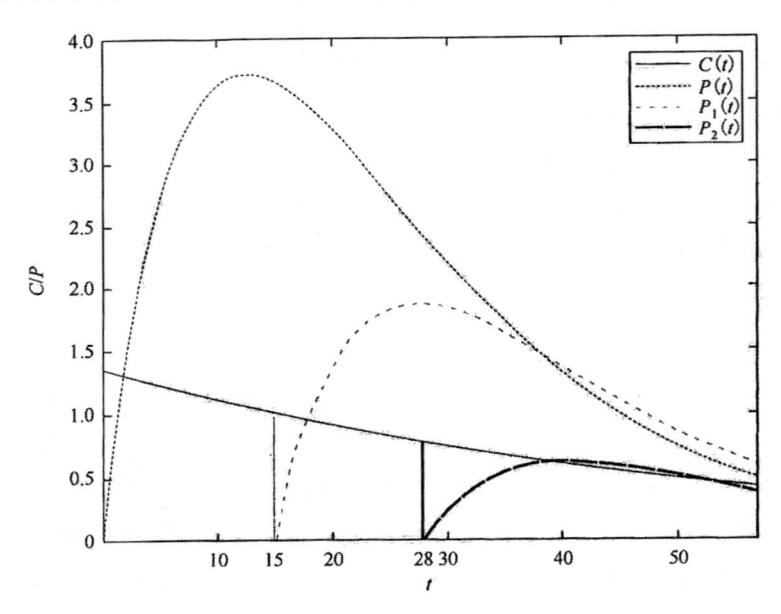

图 2-3 再制造技术赶超时机仿真分析

1. 萌芽阶段进行技术赶超

企业 A_1 在再制造技术演化的萌芽阶段初期进入($t_{A_1}=0$),技术演化的总收益为 $P(t)=\int_{t_{A_1}}^{T}\alpha_{A_1}\lambda\beta t e^{-\rho t}dt=\int_{0}^{57}0.6\times1.35 t e^{-0.08t}dt$,技术获取总成本为 $C(t)=\int_{0}^{57}1.35 e^{-0.02t}dt$。由模拟

结果可知，企业 A_1 在再制造技术萌芽阶段进行技术赶超，可能获得充足的赶超利润。由于技术萌芽的阶段特性，赶超者兼任技术开发和市场拓展双重角色，企业 A_1 在后期的技术演进中保持竞争状态，需要付出较高的技术获取总成本。从技术属性角度观察，再制造技术致力于实现工业制造低成本、低消耗、低污染的目标，具有重要的环境资源效益。当再制造主导设计技术形成并应用于市场，再制造产品规模生产将带动地区就业，提升地区生态和社会效益。在此情境下，政策制定将大力支持再制造技术创新主体，促进技术进步与传播，企业 A_1 将得到较高的技术市场总收益。另外，再制造技术从萌芽到成熟愈发体现循环经济发展理念，企业 A_1 将在这段过程中累积技术能力并发挥优质品牌形象优势，获得显著的经济效益，使其在竞争者增多的情境下持续获得赶超利润。

2. 成长阶段进行技术赶超

企业 A_2 在再制造技术演化的成长阶段初期进入（$t_{A_2}=15$），技术演化的总收益为 $P_1(t) = \int_{t_{A_2}}^{T} \alpha_{A_2} \lambda \beta t e^{-\rho t} \mathrm{d}t = \int_{15}^{57} 0.3 \times 1.35 t e^{-0.08t} \mathrm{d}t$，技术获取总成本为 $C_1(t) = \int_{15}^{57} 1.35 e^{-0.02t} \mathrm{d}t$。由模拟结果可知，企业 A_2 所获得的赶超利润有所下降。经过再制造技术的萌芽发展，成长阶段的技术创新不确定性降低，政府因技术呈现出的生态效益加大对技术发展的扶持力度，使得企业 A_2 所付出的技术获取总成本较企业 A_1 有所下降。需要注意的是，企业 A_1 在再制造技术萌芽阶段，经历了概念构想、技术研发和试点推进的过程，后期逐步构建以其为中心的创新价值网络，极大地阻击了技术成长阶段的赶超者向创新价值中心靠近。在此情境下，企业 A_2 难以占据高市场份额，进而无法达到理性在位者在再制造技术生命周期演进中所能实现的总利润。其次，再制造技术成长期是主导设计技术形成的关键阶段，尤其是无损拆解与绿色清洗技术、无损检测与寿命评估以及再制造修复成形与加工技术的主导设计形成，对提高再制造产品质量与增加环境保护效益至关重要，企业 A_2 因为参与这一重要过程，仍然能够在后续的技术演进中获得明显的市场收益。因此，在再制造技术成长阶段进行赶超的企业，通过占据主导设计技术形成的重要位置，也能获得赶超利润。

3. 成熟阶段进行技术赶超

企业 A_3 在再制造技术演化的成熟阶段初期进入（$t_{A_3}=28$），技术演化的总收益为 $P_2(t) = \int_{t_{A_3}}^{T} \alpha_{A_3} \lambda \beta t e^{-\rho t} \mathrm{d}t = \int_{28}^{57} 0.1 \times 1.35 t e^{-0.08t} \mathrm{d}t$，技术获取总成本为 $C_2(t) = \int_{28}^{57} 1.35 e^{-0.02t} \mathrm{d}t$。由模拟结果可知，企业 A_3 在技术收益下降幅度超过技术获取总成本下降幅度的情况下，未能获取赶超利润。再制造技术经历成长期形成成熟的技术标准，企业 A_3 此时通过技术外溢效应降低关键核心技术的获取难度，在技术显现的高生态效益刺激下，即使低市场占有率仍可获得市场收益，但这种正向市场收益性不是持续存在的，这是因为技术市场在存续企业对潜在顾客挖掘、完善技术体系、规模化应用的影响下而逐渐饱和，且技术演进紧邻衰退期，市场空间发展停滞明显，可能面临市场收益不足以弥补技术成本的问题，进而产生负向赶超利润。

由再制造技术不同时机进行技术赶超的总利润仿真分析可知，萌芽阶段进行技术赶超能获得最大的赶超总利润，而成熟期的技术赶超则可能因市场困境而出现负向赶超绩效。根据技术生命周期的预测，现在再制造技术处于成熟期可能不利于企业的技术赶超；但是从另一个角度思考，赶超者可以不局限于已有的技术标准，拓宽新技术创新空间，促进再制造技术新一轮的技术演进，进行新技术萌芽阶段赶超，争取最大化赶超利润。

(二) 仿生制造技术

仿生制造技术领域的企业 A_1、A_2、A_3 分别在技术演进 ($T=35$) 的萌芽、成长、成熟阶段进行技术赶超。

1. 萌芽阶段进行技术赶超

企业 A_1 在仿生制造技术演化的萌芽阶段初期进入 ($t_{A_1}=0$)，相应的技术演化的总收益为 $P(t)=\int_{t_{A_1}}^{T}\alpha_{A_1}\lambda\beta t e^{-\rho t}dt=\int_{0}^{35}0.6\times0.41t e^{-0.14t}dt$，技术获取总成本为 $C(t)=\int_{0}^{35}0.41e^{-0.08t}dt$。由模拟结果可知，企业 A_1 需要付出高技术成本，面临赶超利润的不确定性。由于传统制造是"他成形"的，即通过机械、物理方式强制成形，而生物的生命过程是"自成形"的，依靠生物本身的自我生长、发展组织与遗传，仿生制造技术体现出由"他成形"向"自成形"转变的技术特性。这使传统制造与生命科学、信息科学、材料科学出现挑战性结合，开辟制造技术创新的新领域，因此企业 A_1 在严格的技术特性要求下需要承担更高的试错成本。正是因为仿生制造技术特性延伸了人类自身组织结构和进化过程，在人口老龄化以及交通事故和自然灾害频发的情境下具有更高的应用价值，如仿生制造产品植入体内可替代缺损组织或器官的部分生理功能。仿生制造技术早期，在试错成本较高且后期市场收益不明显的情况下，企业 A_1 所获取的总利润可能具有不确定性。

2. 成长阶段进行技术赶超

企业 A_2 在仿生制造技术演化的成长阶段初期进入 ($t_{A_2}=16$)，相应的技术演化的总收益为 $P_1(t)=\int_{t_{A_2}}^{T}\alpha_{A_2}\lambda\beta t e^{-\rho t}dt=\int_{16}^{35}0.3\times0.41t e^{-0.14t}dt$，技术获取总成本为 $C_1(t)=\int_{16}^{35}0.41e^{-0.08t}dt$。由模拟结果可知，企业 A_2 付出的技术总成本大幅下降，赶超利润有所上升。因为仿生制造技术历时较长的萌芽期技术积累，初步实现新型制造工具研发，受到制造体决策者的高度重视。随着仿生制造技术社会效益的突显，技术创新陆续得到国家力量的支持，企业 A_2

的技术获取总成本存在明显下降的情形。等到成长期仿生制造技术主导设计形成，技术应用场景可在医药业、化工业、生物技术业等更多的领域得到推广。企业 A_2 在技术演进的后续发展中，虽然所获取的市场收益相较于萌芽阶段有所下降，但是技术总成本下降幅度更大，可能获取更多的赶超利润。

3. 成熟阶段进行技术赶超

企业 A_3 在仿生制造技术演化的成熟阶段初期进入（$t_{A_3} = 23$），相应的技术演化的总收益为 $P_2(t) = \int_{t_{A_3}}^{T} \alpha_{A_3} \lambda \beta t e^{-\rho t} dt = \int_{23}^{35} 0.1 \times 0.41 t e^{-0.14t} dt$，技术获取总成本为 $C_2(t) = \int_{23}^{35} 0.41 e^{-0.08t} dt$。由模拟结果可知，虽然企业 A_3 所获取的技术总收益与技术总成本均呈现下降趋势，但总体上仍能获取正向赶超利润。仿生制造技术经历成长期发展，利于仿生制造技术发展的基础研究与应用研究大力开展、扩大市场化应用的价值网络搭建形成，进而仿生制造技术体系取得关键突破与重大创新。进入仿生制造技术成熟期，研发成果实现市场化应用、产业配套设施持续完善，使得企业 A_3 在关键核心技术获取上"搭便车"，持续降低技术总成本。另外，仿生制造技术因其颠覆传统制造过程、践行可持续发展理念，市场容量随着技术成熟愈发扩张，使得企业 A_3 在市场份额较少的情形下，仍能获取正向市场收益。因此，在技术获取总成本较低、后期市场收益明显的情境下，企业 A_3 具有一定利润空间。

由仿生制造技术不同时机进行技术赶超的总利润仿真分析可知，成长阶段进行技术赶超能获得最大的赶超利润，而萌芽期的赶超利润则具有较高不确定性。根据技术生命周期预测，仿生制造技术目前处于成长期，赶超企业应当抓住这个重要的机会窗口期，实施以技术主导的复合战略，加强稀缺创新资源投入，加快关键核心技术的创新突破，构筑以自我为中心的创新价值网络，积极拓展技术应用领域，加速技术赶超的实现。

（三）工业机器人

在工业机器人最新一轮技术演进预测中，新技术从萌芽至衰退将经历31年（$T = 31$），该技术领域的企业 A_1、A_2、A_3 分别在 $t_{A_1} = 0$、$t_{A_2} = 9$、$t_{A_3} = 17$ 时点进行技术赶超，不同赶超时机下企业所获得的总市场收益及总技术获取成本模拟结果如图2-4所示。

1. 萌芽阶段进行技术赶超

企业 A_1 在工业机器人技术最新演化的萌芽阶段初期进入（$t_{A_1} = 0$），相应的技术演化的总收益为 $P(t) = \int_{t_{A_1}}^{T} \alpha_{A_1} \lambda \beta t e^{-\rho t} dt = \int_{0}^{31} 0.6 \times 0.89 t e^{-0.125t} dt$，技术获取总成本为 $C(t) = \int_{0}^{31} 0.89 e^{-0.01t} dt$。由模拟结果可知，在工业机器人技术演进至衰退期，出现明显的负向赶超利润，但从整个周期演进观察仍能获得最大化赶超利润。早期工业机器人定义在固定地点以固定程序工作，对象单一且无控制系统，不被视作独立的整体，而更像是附设在机器上的机械手。智能化时代，新技术演进赋予工业机器人更加强大的技能属性，即具有视觉、听觉以及触觉等多感觉功能，通过比较识别可以自主决策和规划以及实时信息反馈，达到高效作业。技术进步势必会打破原有的应用界限，最初工业机器人满足以汽车制造为代表的资本密集型产业中繁重操作程序和危害性环境下的工作需求，在新技术的支持下，以服饰、食品加工为代表的劳动密集型产业逐步使用工业机器人，进而拓宽其应用场景，大幅提高技术市场收益。值得注意的是，工业机器人替代了低技能劳动力，短期内对就业的破坏效应未显现，但是随着越来越多追求高生产率的企业加入其应用队伍，失业问题将愈加明显。如果工业机器人技术演进后期，竞争者涌入分割市场份额且带来的失业现象未得到缓解，极有可能出现负向赶超利润。

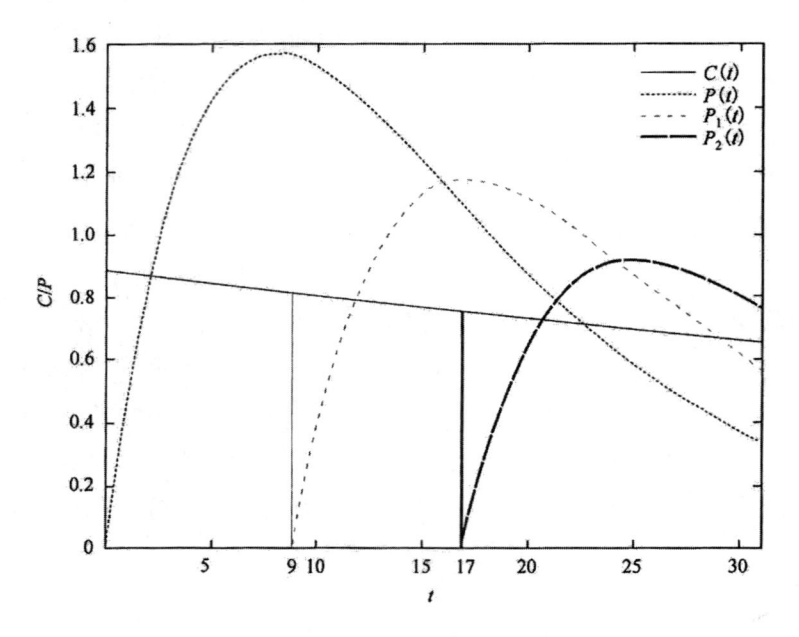

图 2-4 工业机器人赶超时机仿真分析

2. 成长阶段进行技术赶超

企业 A_2 在工业机器人技术最新演化的成长阶段初期进入（$t_{A_2}=9$），相应的技术演化的总收益为 $P_1(t) = \int_{t_{A_2}}^{T} \alpha_{A_2} \lambda \beta t e^{-\rho t} dt = \int_{9}^{31} 0.3 \times 0.89 t e^{-0.125t} dt$，技术获取总成本为 $C_1(t) = \int_{9}^{31} 0.89 e^{-0.01t} dt$。由模拟结果可知，企业 A_2 在技术演进衰退期呈现的负向赶超利润明显下降，相较于企业 A_1，总体赶超利润减少。工业机器人基于第一轮的技术演进及新技术萌芽后，技术领先者加大对关键核心技术的保护，并形成牢固的研发网络，坚守主导设计技术形成的中心地位，所以企业 A_2 不仅难以获取关键技术初始资料，也难以突破在位者技术链的垄断优势。但是工业机器人是利于制造业转型升级的前沿性技术产业，国家高度重视其技术发展，因而在新技术主导设计形成阶段，政策引导工业机器人技术领域的有序竞争和规范发展，这些因素使得企业 A_2 付出较低的技术获取总成本。因工业机器人的应用场景在技术演进中逐步扩大，企业 A_2 拥有明显的技术市场收益。面对技术演进后期工业机器人带来的失业问题，企业 A_2 相较于企业 A_1 并不具备高品牌效应与价值中心性，因而负向利润空间有所缩小。

3. 成熟阶段进行技术赶超

企业 A_3 在工业机器人技术最新演化的成熟阶段初期进入（$t_{A_3} = 17$），相应的技术演化的总收益为 $P_2(t) = \int_{t_{A_3}}^{T} \alpha_{A_3} \lambda \beta t e^{-\rho t} dt = \int_{17}^{31} 0.1 \times 0.89 t e^{-0.125t} dt$，技术获取总成本为 $C_2(t) = \int_{17}^{31} 0.89 e^{-0.01t} dt$。由模拟结果可知，企业 A_3 并未出现衰退期负向赶超利润的情形，但是技术市场收益和技术总成本的双重下降，带来赶超总利润的不确定性。通过工业机器人新技术成长期的高速发展，其自由度、工作空间、提取重力、运动速度以及位置精度等重要性能指标得到优化，技术效率及可靠性的大幅提高将推动相关产业结构升级。虽然作为高新技术，工业机器人的研发和使用成本较高，但是技术成熟阶段，其应用的软环境逐步扩大和开放，产业集聚效应形成，企业 A_3 可进一步降低技术总成本。尽管企业 A_3 可能遭受市场份额劣势的影响，但是工业机器人成熟阶段的规模应用降低制造成本，促进市场竞争并使得资源从低效率组织流向高效率组织，这使得企业 A_3 仍能获得正向技术市场收益。

由工业机器人不同时机进行技术赶超的总利润仿真分析可知，赶超者越早进行技术赶超所需承担的技术总成本越高，相应获取的技术市场收益也越多，可能得到更大的赶超利润空间。根据技术生命周期预测，工业机器人领域目前处于成长期发展，关键核心技术得到严格保护的同时应用市场空间扩大，赶超企业需要抓紧投入更多的创新资源加快技术研发的步伐，争取在关键技术、品牌、市场等方面具备强劲竞争力。

第三章

中国企业先进制造技术赶超路径：基础研究推动

从技术追赶视角看，先进制造不同子领域技术演进轨道、技术迭代速度均具有高度的不确定性，这为中国企业应用后发优势及技术创新轨道演变带来的创新范式转换等特征寻找机会窗口，进而实现技术创新能力升级与追赶，提供了重要的场景。事实上，在过去相当长的时间中，推进先进制造技术升级与后发追赶都是中国实施经济创新转型战略的重要措施；在部分国家采取技术出口限制等封锁与切割措施，以及国际产业链分工中中国先进制造领域仍面临着低端锁定困境的情况下，探讨先进制造技术实现"最后一公里"跨越的决定性要素，寻找避免陷入"技术追赶陷阱"的可能策略，是研究者们尤其关注的热点问题，且已关注到基础研究可能起着独特作用。这些研究主要从两个方面展开：一是从技术自身属性出发，以先进制造技术轨道演变复杂、产业化过程存在高度不确定性为前提，探讨其技术差距收敛对内生资源及外部政策性干预等因素的依赖性；二是从技术追赶过程视角，解析政府通过强化基础研究提供技术追赶的持续性源动力、加大高校科研投入提升人力资源水平、侧重企业技术研发支持布局高梯级技术，进而跳出引进—落后—再引进—再落后的"技术追赶陷阱"等问题。

值得注意的是，后发经济体技术追赶具有显著的阶段性特征，多重驱动因素在不同时域内的互动可能导致先进制造技术差距收敛存在高度的因果模糊与不对称性。虽然诸如高效的规模化战略、广阔的市场资源、较低的知识产权保护壁垒和技术学习成本等后发优势在追赶阶段会带来显著的边际收益，进而快速缩减技术距离，但在后追赶阶段，由于面临尖端技术难以得、后发优势边际效益递减、前沿国家的技术限制和前沿企业的技术壁垒等窘境，市场环境、政策干预和基础研究等因素的作用效果仍不明确。在纵向上基础研究推动先进制造技术收敛的进程在时间序列上是否具有阶段性差异，在横向上这种推动作用在先进制造的不同子领域是否存在结构化差异，均需要进一步探索。基于此，本章拟构建先进制造技术差距收敛的影响机制，探究基础研究对先进制造不同追赶阶段、不同技术子领域技术差距收敛影响的潜在效果，以及相应的前提条件，以期寻找中国先进制造技术差距收敛中基础研究投入的机会窗口和最优路径。

第一节 研究假设

一、中国企业先进制造技术追赶的阶段性

后发经济体的技术追赶进程具有显著的阶段性特征，根据后发优势边际收益递减、对探索式创新的依赖程度差异等特征可分为快速靠近的追赶阶段和缓慢靠近的后追赶阶段。后发经济体在追赶阶段的主要表现为利用后发优势，通过规模化战略形成产品市场竞争力，跟随先发国家的技术路径实现技术距离的快速缩减。随着技术的不断成熟，后发经济体在后追赶阶段的主要特征体现在技术追赶速度放缓，与先发国家的技术差距在到达一定区间后呈现长达数年的稳定态势。即后发国家在向技术前沿收敛的过程中，由于技术追赶的"马太效应"，其后发优势随着技术距离缩减而减弱，以及先发国家的知识产权保护限制先进技术向后发国家的转移，导致后发国家的技术水平即使能趋近技术前沿，也无法跨越后发经济赶超的"最后最小距离"。作为先进制造领域起步较晚的后发国家，中国的先进制造技术追赶在历史进程和发展内涵上都具有较强的阶段性，发掘追赶阶段变迁过程中蕴含的技术赶超机会是避免陷入"技术引进陷阱"的重要方式。

二、基础研究与中国先进制造技术差距收敛

追赶阶段中国先进制造产业内企业为了规避研发风险、成本压力以及达成快速缩减技术距离的战略目标，更倾向于应用技术引进策略充分发挥资源可得性、比较成本优势等后发优势以实现知识与技术能力的快速积累。这一过程中，特定技术领域内的知识资源既有存量足、流动性强，因此对新知识、前沿科学发现的依赖性低。在企业层面，过度关注基础研究无法在短期内推动技术距离收敛，甚至可能制约技术发展。随着技术发展步入后追赶阶段，中国先进制造产业的后发优势实现过程黏滞性增强，进一步地，技术发展策略由于前沿企业的技术壁垒和前沿国家的技术限制，也由向国外引进前沿技术转向对国内基础

研究的高度依赖。

首先,作为知识生产部门的重要活动,基础研究产出的部分知识成果与应用技术的距离较近,直接推动着先进制造技术差距收敛。例如,对半导体的基础研究发现了晶体管的放大效应,推动了半导体技术革命。这类基础研究产出的知识和科学发现在技术突变频发的先进技术领域中起到了引导和助推新兴技术轨道形成、支撑新技术范式建立的作用,甚至能直接产出新技术。其次,基础研究能提升先进制造企业的学习能力和吸收能力,有助于解析先发国家在特定技术领域内的隐性知识,推动隐性知识向显性知识转换,助力后发国家高效地嵌入全球知识网络,并进一步通过"搭便车"行为吸收先发国家的公共知识产出,进而解决企业内部技术问题,推动先进制造技术差距收敛。再次,基础研究能促进先进制造产业内高质量人力资源的汇集,并促进先进制造技术差距收敛。科学知识的长期增长会提升人力资本存量,进而对经济长期增长产生积极作用。高质量的人力资源能帮助产业快速找到应用研究的最佳方向,以应对可能出现的技术轨道转换机会窗口。随着先进制造技术轨道转换机会窗口的及时切入,实现先进制造技术追赶。

基于上述分析,基础研究在中国先进制造技术差距收敛过程中作用显著,在后追赶阶段,基础研究是促进中国先进制造技术向国际前沿收敛的可能途径,而对于追赶阶段,这一策略的作用效果相对疲软。因此,本章提出以下假设。

H1:基础研究在中国先进制造技术向国际前沿收敛的过程中具有促进作用。

H2:基础研究在追赶阶段对中国先进制造技术向国际前沿收敛的作用相对较弱,在后追赶阶段对中国先进制造技术向国际前沿收敛的作用更显著。

三、研发企业数量的中介效应

先进制造技术领域内的研发企业是指在已有知识基础上进行强有力的研究活动,对技术进行改进、整合进而产生新技术的企业,是先进制造产品链上的应用技术生产部门。作为研发活动的直接参与方,研发企业将基础研究产出的知识成果进一步转换为技术产出,促进先进制造技术差距收敛。这一技术影响机制决定了研发企业数量的中介作用会从两个方面体现。一是基础研究所建立的良好知识基础吸引企业参与相关研发活动。研究发现,区域内丰富的知识禀赋能为企业计划的创新活动提供技术机会,促进区域内开展研发活动的企业数量增加。进一步延伸到技术领域,基础研究成果吸引企业进入领域进行研发活动以获得先发技术优势和行业领先地位。二是将先进制造技术子领域看作一个整体,企业研发活动反映子领域内部进行自主研发的努力程度,影响先进制造技术差距收敛。进一步地,在研发企业数量大幅增加的特定领域,丰富的技术经验和内部知识能提升对基础研究成果的吸收和理解能力,进而促进先进知识快速向成熟技术转换。故基础研究对先进制造技术差距收敛的作用机理可解释为"基础研究—研发企业—技术产出"。

对技术追赶过程进行分析，在追赶阶段，知识资源丰富、后发优势明显。企业利用已有的知识资源通过研发活动实现技术的整合改进和二次创新，以便快速抢占低端市场。在后追赶阶段，一方面企业研发活动能推动基础研究成果转化产生新技术，另一方面基础研究产出的新知识也能体现为先进制造领域内的新技术。因此提出以下假设。

H3：研发企业数量与基础研究呈正相关关系，研发企业数量是基础研究与中国先进制造技术差距收敛之间的中介变量。

H4：研发企业数量对中国先进制造技术向国际前沿追赶的作用在追赶阶段和后追赶阶段均显著。

第二节 模型与变量

一、模型设定

由理论分析可知，基础研究成果能通过技术领域内研发型企业的知识吸收实现技术产出，也能直接产出新兴技术，完成从"0"到"1"的转变，进而推动先进制造技术向国际前沿收敛。进一步探索发现，这一技术差距收敛效应可能因为阶段性和技术领域结构化特征的交互作用存在一定差异。基于此，本章将科学度量中国先进制造技术与国际前沿的差距，分析技术差距变化趋势，探究先进制造技术差距收敛的内在要素和作用机制；同时结合面板数据，将基础研究水平、研发型企业、结构优势和技术差距纳入一个分析框架中，通过实证研究揭示基础研究在中国先进制造技术差距收敛过程中的作用，尝试回答如下问题：基础研究是否促进了中国先进制造技术向国际前沿收敛？基础研究作用效果在不同追赶阶段是否有差异？技术领域的结构化特征是否对技术差距收敛效应产生异质性影响？基于上述问题，建立的概念模型如图3-1所示。

以中国与国际前沿的技术差距作为被解释变量，基础研究作为核心解释变量，设定计量模型。考虑到研发企业数量的中介作用，依次构建如下三个回归模型。

$$\text{TECHGAP}_{i,t} = \alpha_0 + \alpha_1 \text{KI}_{i,t} + \gamma_0 \vec{X}_{i,t} + u_i + v_t + \varepsilon_{i,t} \quad (3-1)$$

$$N_{i,t} = \beta_0 + \beta_1 \text{KI}_{i,t} + \gamma_1 \vec{X}_{i,t} + u_i + v_t + \varepsilon_{i,t} \quad (3-2)$$

$$\text{TECHGAP}_{i,t} = \varepsilon_0 + \varepsilon_1 \text{KI}_{i,t} + \varepsilon_2 N_{i,t} + \gamma_2 \vec{X}_{i,t} + u_i + v_t + \varepsilon_{i,t} \quad (3-3)$$

式中，α、β、γ表示不同系数；i 和 t 分别表示技术子领域和年份；因变量为技术差距 $\text{TECHGAP}_{i,t}$；主要解释变量为基础研究 KI；N 表示技术子领域研发企业数量；$\vec{X}$ 表示控制变量集合；u 表示技术子领域固定效应；v 表示时间固定效应；ε 为误差。

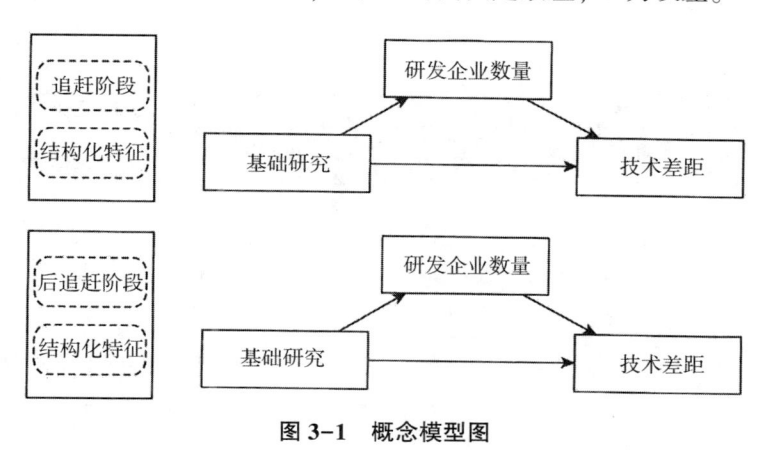

图 3-1 概念模型图

二、数据及变量测量

（一）数据收集与处理

作为一个庞大的技术体系，先进制造内部技术领域繁杂。要进行研究必须从技术角度对其进行详尽划分：首先根据美国机械科学研究院的三层次体系，将先进制造技术分为 11 个技术子领域：①微纳制造；②高速加工；③材料受迫成形；④增材制造；⑤计算机辅助设计；⑥超精密加工；⑦再制造；⑧数控机床；⑨工业机器人；⑩企业资源计划；⑪仿生制造。其次从技术属性的维度衡量 11 个子领域的结构化差异，数据来源为德温特专利索引数据库（Derwent Innovations Index，DII）、世界科技论文权威数据库 WOS 核心合集。

基于上述 11 个技术子领域的划分，从技术属性的角度讨论先进制造技术的结构化特征，有利于识别中国先进制造技术实现创新能力升级与追赶的最优情境。中国先进制造技术的结构化特征表现为子领域的结构优势差异。结构优势采用 RTA 指数来识别，计算方法见式（2-2）。

中国先进制造技术 11 个子领域 2004—2019 年的结构优势如图 3-2 和图 3-3 所示。由直观数据刻画可知，首先，11 个技术子领域在技术属性上存在两个方向的差异：在横向上，不同技术子领域显性技术比较优势存在较大差异，部分子领域长期处于显性技术比较优势落后状态；在纵向上，同一技术子领域在不同时期显现出动态变化。其次，先进制造技术的结构化特征可能影响技术差距收敛效果，尤其是微纳制造、企业资源计划、超精密加工、仿生制造等显性技术比较优势常年处于低端位置的子领域与前沿技术差距较大，而再制造、数控机床、材料受迫成形、高速加工领域显性技术比较优势较强的子领域技术已接近国际前沿。

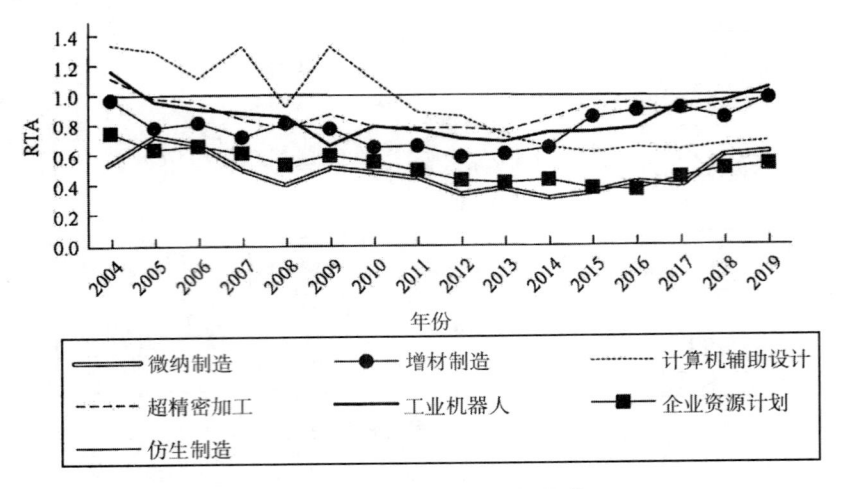

图 3-2 我国先进制造技术子领域结构优势（RTA<1）

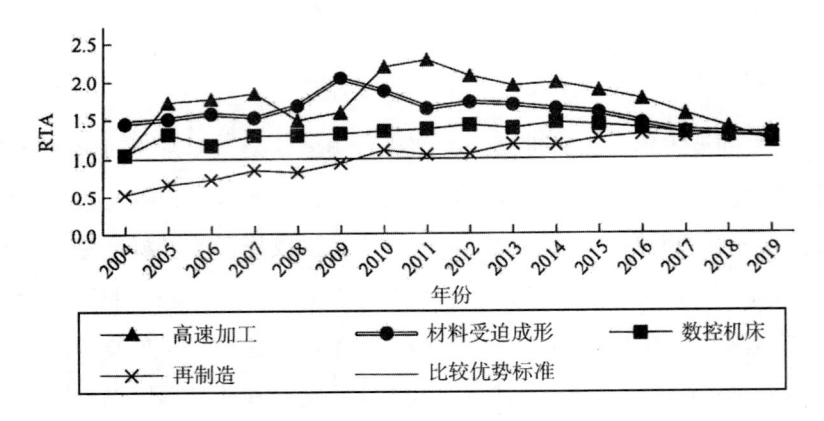

图 3-3 我国先进制造技术子领域结构优势（RTA>1）

（注：根据理论分析，基础研究对技术差距的影响在后追赶阶段更显著，因此先进制造技术结构化特征的作用也只考虑这一阶段。）

（二）变量测度

1. 被解释变量

技术差距。技术差距的衡量方式多样，全要素生产率能从经济角度给予一定的解释，但不能准确真实地反映先进制造技术的创新产出。专利数据是衡量技术领域激烈竞争下创新产出的较好指标，能直接反映技术创新能力且已经得到了充分的论证。故本章沿用这一方法，用专利产出衡量技术差距。

图 3-4 列举了中国与世界 7 个主要工业国家先进制造技术专利授权总量。中国、美国、日本、德国处在先进制造技术领域专利授权量的第一梯队，韩国、加拿大、英国、法国专利授权量较少，处于第二梯队。基于此，将美国、日本和德国的先进制造技术水平视为国际前沿，选取更能代表技术实力的发明专利授权量作为技术产出的衡量指标。技术差距计算公式为

$$\mathrm{TECHGAP}_{it} = \frac{\mathrm{PAT}_{bit}}{\mathrm{PAT}_{ait}} \tag{3-4}$$

式中，$\mathrm{TECHGAP}_{it}$ 代表第 t 年 i 技术领域中国与国际前沿水平之间的技术差距；PAT_{ait} 代表第 t 年 i 技术领域中国每千万人口发明专利数；PAT_{bit} 代表第 t 年 i 技术领域国际前沿的每千万人口平均发明专利数。$\mathrm{TECHGAP}_{it}$ 值越大，中国先进制造技术与前沿技术的差距越大；反之，则越接近技术前沿水平。

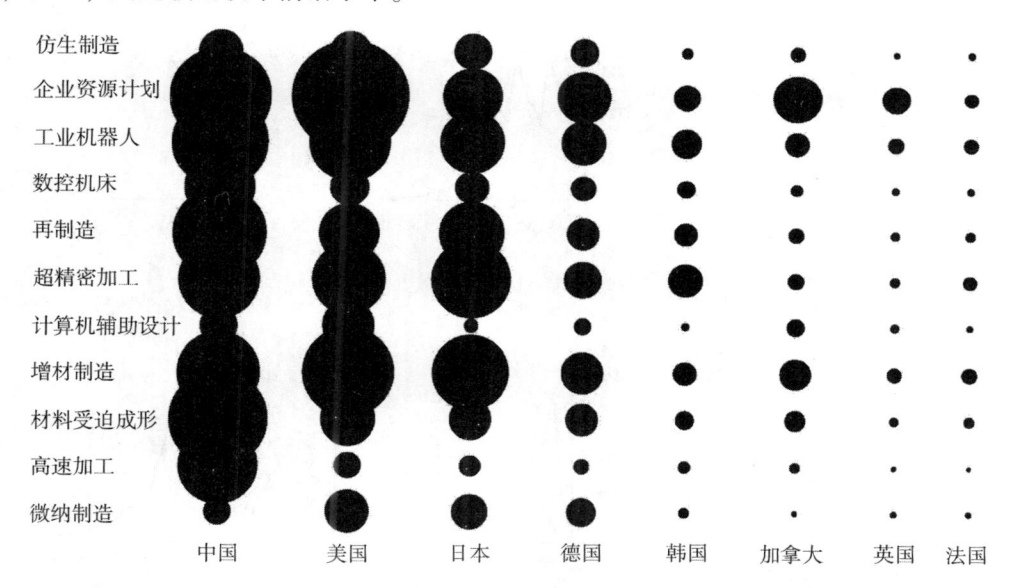

图 3-4 中国与世界 7 个主要工业国家先进制造技术专利授权总量

结果发现，中国与主要工业国家的先进制造技术差距正在动态缩小(表 3-1)，用全要素生产率作为技术差距衡量指标的分析也证实了该结果。值得注意的是，在追赶初期，中国先进制造技术总体水平仅为国际前沿水平的 1/10，甚至更低。这一阶段技术差距变动剧烈，处于技术快速追赶阶段。2004 年后中国先进制造技术水平达到国际前沿水平的 1/5~1/2，技术差距平滑缩小，追赶速度逐步放缓，开始迈入缓慢靠近的后追赶阶段。图 3-5 所示的技术差距收敛趋势也印证了这一点。故定义中国先进制造技术追赶阶段为 1994—2004 年，后追赶阶段为 2004—2019 年。

表 3-1　2019 年中国与国际前沿技术差距测算结果

子领域	技术差距
微纳制造	6.07
高速加工	1.08
材料受迫成形	0.68
增材制造	1.99
计算机辅助设计	2.22
超精密加工	2.26
再制造	0.62
数控机床	0.95
工业机器人	1.84
企业资源计划	3.42
仿生制造	2.28

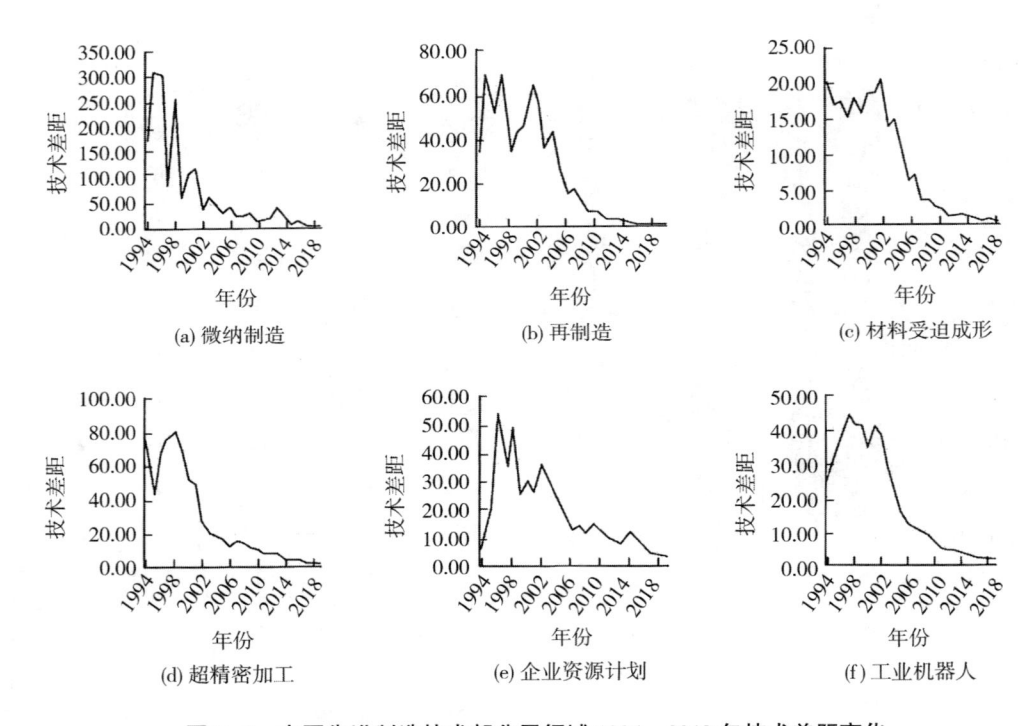

图 3-5　中国先进制造技术部分子领域 1994—2019 年技术差距变化

2. 解释变量

基础研究。采用 WOS 核心数据库中科研机构发表的科技论文数量作为基础研究的衡量指标，先进制造技术各领域 1994—2019 年基础研究水平如图 3-6 所示。其中基础研究最强的是工业机器人，微纳制造技术处于微弱地位。

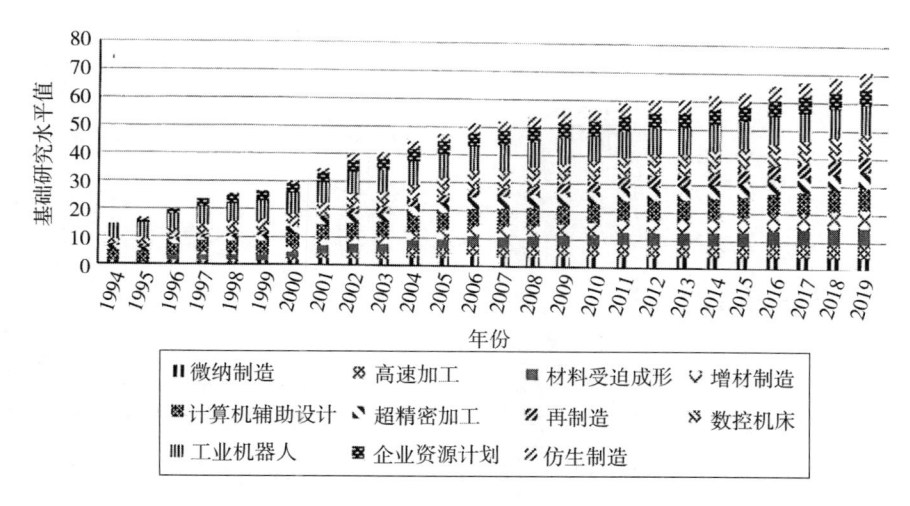

图 3-6　先进制造技术各领域 1994—2019 年基础研究水平

3. 中介变量

研发企业数量。企业进行研发活动吸收基础研究成果，进而实现技术快速转换。由于技术子领域研发企业数据缺失，采用技术领域专利发明权人数量作为其代理变量。搜集专利权人数据后根据第一专利权人属性进行清洗，剔除高校、科研院所、个人及外资企业控股中国子公司，最后获得先进制造技术特定子领域参与研发活动的企业数量。

4. 控制变量

研究年限。技术子领域萌芽越早，领域内的知识积累和技术经验越丰富，影响技术差距收敛。采用"面板数据当年 - 技术子领域萌芽时间"的自然对数作为研究年限的代理变量。

前沿创新。跨国技术差距收敛要同时考虑国外和国内影响技术产出的重要因素，国际前沿创新采用国际前沿技术子领域每年的科技论文数量作为代理变量。

上述指标的详细说明见表 3-2。

表 3-2　变量定义表

变量类型	变量名称	符号	变量定义
被解释变量	技术差距	$TECHGAP_{it}$	$TECHGAP_{it} = \dfrac{PAT_{bit}}{PAT_{ait}}$
解释变量	基础研究水平	KI	技术领域每年的科技论文数量，通过 WOS 核心数据库搜索
中介变量	研发企业数量	N	技术领域的研发企业数量，DII 检索、数据清洗
控制变量	研究年限	AGE	面板数据当年 - 技术子领域萌芽时间
控制变量	前沿创新	Q	前沿技术子领域每年的科技论文数量

第三节 实证分析

一、描述性统计

对中国先进制造技术 11 个子领域 1994—2019 年的面板数据进行描述性分析可得，各变量的标准差、偏度都在正常范围内（表 3-3），进行标准化和自然对数化处理后，能进行接下来的分析。所有变量的方差膨胀因子（variance inflation factor，VIF）均小于 10，说明变量之间不存在多重共线性干预。

表 3-3 变量描述性统计

变量	样本数	平均值	标准差	最小值	最大值
lnTECHGAP	286	2.317	1.067	0.223	5.529
lnKI	286	4.703	2.160	0	10.267
lnN	286	2.912	2.007	0	9.401
lnAGE	286	2.703	0.710	0	3.806
lnQ	286	1.864	0.297	0.959	2.429

二、实证结果

（一）全阶段整体效应分析

如表 3-4 所示，模型 1 为中介效应检验步骤一，检验解释变量基础研究对被解释变量技术差距的作用。结果显示变量基础研究系数显著为负，表明随着基础研究增强，中国先进制造与国际前沿的技术差距缩减，H1 得到了验证。模型 2 为中介效应检验步骤二，检验解释变量基础研究对中介变量研发企业数量的影响，结果在 1% 的水平上显著为正，表明基础研究越强，领域内倾向于进行研发活动的企业越多。模型 3 为中介效应检验步骤三，研发企业数量和基础研究的系数都显著为负，但对比模型 1，基础研究系数和显著性下降。结果表明，研发企业数量在基础研究和先进制造技术差距之间存在部分中介效应，H3 得到了验证。以上结论在一定程度上证明了基础研究对中国先进制造技术差距收敛的作用机理，即"基础研究—研发企业—技术产出"。

表 3-4　中国先进制造技术追赶全阶段分析

变量	模型 1	模型 2	模型 3
基础研究	-0.497 9*** (0.061 4)	0.484 3*** (0.074 6)	-0.307 7*** (0.058 9)
研发企业数量	—	—	-0.392 6*** (0.048 0)
控制变量	是	是	是
时间效应	是	是	是
行业效应	是	是	是
常数项	2.251 4** (0.996 6)	1.632 5* (1.210 3)	2.892 4*** (0.881 4)
R^2	0.668 2	0.610 5	0.743 6

注：括号内为 t 值，*、**、*** 分别表示统计量在 10%、5% 和 1% 的水平下显著。

(二) 追赶阶段主效应分析

由于技术追赶全阶段整体分析效果显著，进一步对追赶阶段和后追赶阶段进行实证分析。追赶阶段效应分析结果见表 3-5。模型 1 基础研究在 5% 的水平上负向影响技术差距，表明追赶阶段基础研究对中国先进制造技术差距收敛起到一定作用，但相对较弱。可能的原因在于，追赶阶段中国后发优势强劲，可利用的外部知识资源较多，中国基础研究实力和企业自主创新意愿较弱，制约了先进制造技术产出。模型 2 是中介效应检验步骤二，基础研究同样在 1% 的水平上正向影响研发企业数量。模型 3 显示基础研究和研发企业数量在 1% 的水平上显著负向影响技术差距，再次证明了研发企业数量在基础研究和技术差距关系中的中介效应。

表 3-5　中国先进制造技术追赶阶段分析

变量	模型 1	模型 2	模型 3
基础研究	-0.171 5** (0.069 2)	0.355 3*** (0.080 3)	-0.329 8*** (0.074 3)
研发企业数量	—	—	-0.453 1*** (0.151 7)
控制变量	是	是	是
时间效应	是	是	是
行业效应	是	是	是
常数项	3.322 2** (1.319 0)	4.606 5** (1.578 9)	1.270 6 (1.461 9)
R^2	0.612 5	0.485 9	0.495 9

注：括号内为 t 值，**、*** 分别表示统计量在 5% 和 1% 的水平下显著。

(三)后追赶阶段主效应分析

后追赶阶段的效应结果见表3-6。由模型1可知，基础研究在1%的水平上显著影响技术差距，系数为负。表示后追赶阶段基础研究对中国先进制造技术差距收敛有显著影响，有利于中国先进制造技术向国际前沿靠拢。同样地，模型2和模型3检验了研发企业数量的中介效应，结果显示基础研究在1%的水平上正向影响研发企业数量；基础研究和研发企业数量在1%的水平上负向影响技术差距。与表3-5模型1对比发现，表3-6模型1显示后追赶阶段基础研究对技术差距影响系数更大，显著性更好。表明基础研究对技术差距收敛的影响具有阶段性，其作用在后追赶阶段相较于追赶阶段更为显著。H2得到了证明。这很好地验证了先进制造技术差距收敛的"最后一公里"对科学积累的依赖性，拓展了以往关于基础研究与技术差距收敛关系的讨论。对比表3-5和表3-6的模型3发现，研发企业数量在追赶阶段和后追赶阶段都具有良好的中介效应，表明领域内研发企业对基础研究的吸收能促进次生知识的产出，推动了基础研究成果向前沿技术转换。H4得到了验证。

表3-6　中国先进制造技术后追赶阶段分析

变量	模型1	模型2	模型3
基础研究	-0.6174*** (0.0820)	0.1823*** (0.1044)	-0.5581*** (0.0756)
研发企业数量	—	—	-0.3254*** (0.0563)
控制变量	是	是	是
时间效应	是	是	是
行业效应	是	是	是
常数项	6.5096*** (0.4693)	-1.6661*** (0.5974)	5.9674*** (0.4386)
R^2	0.8339	0.7382	0.8624

注：括号内为t值，***表示统计量在1%的水平下显著。

三、稳健性检验

计算中国与美国、日本、德国三国间的技术差距，分样本分析后追赶阶段基础研究与技术差距之间的关系；选取国内技术产出作为新的因变量，讨论基础研究在后追赶阶段的影响。结果均表明，相较于追赶阶段，基础研究在后追赶阶段对中国先进制造技术差距收敛的促进作用更为显著，证明数据分析结果具有稳健性。

四、进一步讨论

基于先进制造技术结构化特征，将中国先进制造技术 11 个子领域划分为两个子样本，分别表示不具有结构优势（RTA<1）和具有结构优势（RTA>1），如图 3-2 和图 3-3 所示。对以上两个子样本进行实证分析，讨论先进制造技术的结构优势特征对基础研究与技术差距收敛之间关系的影响。根据表 3-7，相较于 RTA<1 的子样本，RTA>1 的子样本中基础研究对技术差距收敛的影响系数更大，模型拟合更好。说明在具备结构优势的子领域进行基础研究对技术差距收敛的影响更显著。

表 3-7 后追赶阶段是否具有结构优势对技术子领域差距收敛的影响

变量	RTA>1 模型1	RTA>1 模型2	RTA>1 模型3	RTA<1 模型1	RTA<1 模型2	RTA<1 模型3
基础研究	-0.6621*** (0.1169)	0.3242*** (0.1420)	-0.5498*** (0.1118)	-0.5305*** (0.1062)	0.1906*** (0.1036)	-0.4881*** (0.1043)
研发企业数量	—	—	-0.3462*** (0.0998)	—	—	-0.2219*** (0.0826)
控制变量	是	是	是	是	是	是
时间效应	是	是	是	是	是	是
行业效应	是	是	是	是	是	是
常数项	5.4181*** (0.5412)	-2.5449*** (0.6573)	4.5370*** (0.5568)	6.7907*** (0.6681)	-0.2340 (0.7771)	6.7387*** (0.6489)
R^2	0.9256	0.9115	0.9388	0.7838	0.6262	0.7982

注：括号内为 t 值，*** 表示统计量在 1% 的水平下显著。

第四章

中国先进制造技术赶超的政策路径：以移动通信技术为例

本章以先进制造技术中的移动通信技术为例，分析研究中国先进制造业政策对先进制造技术创新发展的激励效用，旨在探究中国先进制造技术在赶超过程中的政策因素。将使用 K 均值聚类和层次聚类的方法对移动通信技术产业层面的政策进行文本分析，使用显性技术比较优势（RTA）指数和变异系数（Coeffcient of Variation，CV）来刻画技术赶超过程中的创新效果，分析中国产业政策与自主创新成果之间的联系与作用机理在移动通信技术这一领域的体现。深入探讨在技术演化轨迹已经确定、资金等生产要素充足的情境下，政策的排他性保护、反垄断干预、引资性培育、税收优惠以及政府补贴等一系列政策因素对于移动通信技术创新的发展效果以及作用机理。这些讨论对于中国在先进制造业中的关键核心技术、通用共性技术等特定技术领域制定并实施激励性产业政策、有效参与全球前沿技术竞争并最终实现技术赶超具有重要的启示意义。

第一节 新兴技术创新中政策的有效性讨论

20 世纪 80 年代末，为推动技术的自主创新，中国开始对技术创新依赖性较高的部分产业领域实施刺激性产业政策。目前，中国经济已进入依赖自主创新的新常态，产业政策被视作推动经济创新驱动、转型升级的重要抓手。其中，针对高新技术产业颁布的产业政策更是被寄予能够提升企业乃至国家核心创新竞争力的厚望。因此，研究者们一直重点关注如何才能正确发挥产业政策效应,以达到提高产业政策的技术创新效果。然而研究者们却在产业政策驱动技术创新的有效性、过程机理等问题上均存在较大分歧。有研究认为产业政策在推动技术演化、促进经济高速发展方面起到的作用不可或缺,也有研究出于信息获取劣势的限制和激励机制的不完善,认为产业政策是无效的。还有一些研究认为,产业政策对创新的效果与施政目标、施政手段等有关,不能一言以蔽之。但对于长期处于追赶状态,且承载着有效参与国际关键核心技术和共性技术竞争的通信技术而言,政府政策一直在尝试着发挥主体激发的重要作用。在中国,"九五"科技攻关计划首次为参与 3G 时代技术竞争打开了大门,自主研发的 TD-SCDMA 标准得到了全世界的认可,《中国制造 2025》也对 4G 技术开发与商用、5G 技术研发创新产生了强烈的影响。然而,在此过程中,不同形式及结构的产业政策是否真的有效?如果有效,其有效性及作用机理等方面是否存在明显差异,这都是值得进一步研究探讨的问题。

回顾过去三十多年,尽管中国移动通信技术领域的产业政策中存在持续激励技术创新的举措,但一部分研究仍然认为其激励效果难以判断,既有促进效应也有抑制效应。在实证研究中,衡量产业政策也具有一定的难度。从更宽泛的视角看,在我国,产业政策对技术创新的激励效果在不同的技术领域、不同的技术演化阶段、不同政策内容方面存在差异而难以取得一致结论。

无论是对于新兴产业还是成熟产业,产业政策均有可能推动企业的技术创新。尤其是在经济进入新常态、国际技术竞争面临新格局、中国部分关键核心技术的创新追赶仍面临技术门槛较高或技术切割的情境下,产业政策仍是中国实现创新突破的关键要素与催化剂。同时,部分领域中的产业政策也引起了"寻扶持"、套利或者寻租等负面现象,形成虚假的技术创新或专利泡沫,难以带来真正的技术创新。因此需要进一步探索产业政策发挥作用的技术演化阶段、技术演变轨道、产业技术生态等约束情境,以及产业政策形式、结构与这些约束情境间的一致性,以探究政策中可能蕴含的激励效果,从而实现精准施策,切实应用产业政策这一工具来高效驱动关键领域的技术创新。基于此,本章在中国移动通信技术面向世界前沿的追赶与超越历程中的产业政策序列基础上,通过聚类分析方法分析不同阶段政策的类别结构,同时,用显性技术比较优势(RTA)指数和变异系数(CV)来刻画中国移动通信技术在不同阶段的创新效果,探究技术演化的不同阶段、产业政策的不同类别结构与技术创新效果之间的关联,以探究中国移动通信产业对技术创新的作用机理,为在科技驱动型产业领域中选择合理的产业政策形式,有效参与全球科技热点领域的国际竞争提供一定的决策意见。

第二节 研究设计

一、数据来源

本章的数据来源有两个：一是基于中华人民共和国工业和信息化部公开发布的1 029个有关通信产业的重大政策文件，聚类得出多个关键词，用于研究通信产业各个阶段的政策演变；二是利用德温特专利数据库(Derwent Innovations Index)中1987—2020年发布的各国专利数据，分时分类地整理后用于RTA指数计算。

二、聚类分析

(一)层次聚类法

层次聚类法是一种利用递归方法对数据对象进行合并或者分裂，直到某种终止条件得到满足而最终获得聚类分析结果的分析方法。层次聚类法的基本思想是，利用某种相似性测度计算节点之间的相似性，并按相似度由高到低进行排序，逐步重新连接节点。该方法的优点是可以随时停止划分。主要步骤如下。

(1)移除网络中的所有边，得到有 n 个孤立节点的初始状态。

(2)计算网络中每对节点的相似度。

(3)根据相似度从强到弱依次连接相应节点对，形成树状图。

(4)根据实际的需求横切树状图，获得社区结构。

根据层次分解的方式，层次聚类法具体又可分为"自底向上"和"自顶向下"两种方案。本章采用"自底向上"的合并方法，通过设定其最小出现频数(min_df)，使词频超过最小出现频数的关键词进行聚类计算。导入Pandas库，将词篇矩阵转化为Data Frame，使用距离 $corr(x, y)$ 相关系数，表示二维随机变量两个分量间相互的关联程度。引入Scipy库，使用Ward聚类预先计算的距离定义链接矩阵，最终结果通过Matplotlib进行呈现。

(二) K 均值聚类算法

通过对分词结果进行分析，由于所使用的政策同属于通信行业的政策文本，且考虑到其各阶段政策数量基数较小，各阶段的定簇数(clusters)需要经过多次的聚类才能最终得出合适簇数，为提高聚类准确度，因此选择 K 均值聚类算法。该方法使用时无须知道所要搜寻的目标，直接通过算法来得到数据的共同特征。其具体实现步骤如下。

（1）从样本中随机选取 k 个样本点作为初始的均值向量 $\{u_1, u_2, \cdots, u_k\}$。

（2）循环以下几步直到达到停止条件。

（3）对于每个样本 x_i，将其标记为距离类别中心最近的类别，即：

$$\text{label}_i = \arg \lim_{1 \leqslant j \leqslant k} \| x_i - u_i \| \tag{4-1}$$

（4）对所有样本点计算它们到 k 个均值向量之间的距离，取其中距离最短的距离对应的均值向量的标记作为该点的簇标记，将该点加入相应的簇 C_i；对于每一个簇，将每个类别中心更新为隶属于该类别的所有样本的均值，分别计算其均值向量：

$$u_j = \frac{1}{|C_j|} \sum_{i \in C_j} x_i \tag{4-2}$$

如果相比之前的向量有改变则更新，将其作为新的均值向量，反之，则通过找到合适的 k 值和合适的中心点，来实现目标的聚类，如图 4-1 所示。

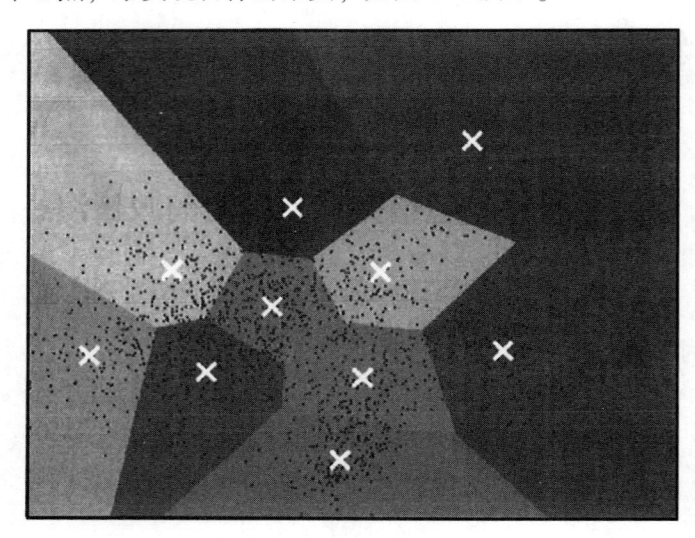

图 4-1　K 均值聚类实现概念图

K 均值聚类算法能够保证收敛，但不能保证收敛于全局最优点，当初始中心点选取不好时，只能达到局部最优点，整个聚类的效果也会比较差，因此本章在数据训练过程中通过多次比较以选取恰当的 k 值，以获取全局最优点。

三、技术创新效果

（一）显性技术优势指数

对显性技术优势（RTA）指数及其计算公式的说明见本书第二章第二节。

（二）变异系数

变异系数（CV）是概率分布离散程度的一个归一化量度，其定义为标准差与平均值之比，将其建立在 RTA 之上。公式如下：

$$\mathrm{CV}_j^T = \frac{\sigma_{TS_{ij}}}{\mu_{TS_{ij}}} \tag{4-3}$$

式中，CV_j^T、$\sigma_{TS_{ij}}$、$\mu_{TS_{ij}}$ 分别指 j 国的技术比较优势指数的变异系数、标准差和算术平均数。将其每个阶段以及每个国家的变异系数算出，进行横纵向比较，以得出不同阶段的比较优势国家以及同一国家的比较优势阶段。当其 RTA 大于 CV_j^T 时，则表明有比较优势，且高出越多表明比较优势越突出，反之则处于劣势。

第三节 中国移动通信技术发展中的政策演进

在通信技术发展史中，由于技术演化轨迹和生产要素完备情况之间存在差异，中国在各个阶段发布了针对不同情境的创新激励政策。本章利用层次聚类和 K 均值聚类方法将不同阶段的政策文件进行聚类分析，阐述产业政策在不同阶段的结构差异。

一、层次聚类与 K 均值聚类

以每一代移动通信技术商用时刻为依据，划分其主要的商用时间段，即：1G，1987—1992 年；2G，1993—2008 年；3G，2009—2014 年；4G，2015—2018 年；5G，2019 年至今。对通过爬取得到的 1 029 个通信产业的政策文件进行聚类分析。因分析的对象政策同属通信产业大类下的政策，考虑到部分年份文件的缺损以及政策文件基数对于聚类结果精准度的影响，1G、2G 阶段缺少的政策文件通过后期大量遍历相关文献报道归纳整理获取，3G 以及 4G 阶段采用 K 均值聚类分析，5G 阶段采用层次聚类分析，由此分阶段得出影响通信产业创新效果的主要政策类别。

（1）去除文本噪声。基于 Selenium 中 WebDriver 自动控制网页工具，利用 X-path、JS-path、CSS-selector 等精准定位元素，同时去除"&""//"等特殊符号，然后提取所需信息，通过 XlsxWriter 写入文本文件以及 Excel 文件以便后期数据处理。

（2）Jieba 分词和数据清洗。采取 Jieba 精准分词模式且空格拼接，避免出现重复词语。为便于之后的计算中对接 Sklearn 等工具，将结果存储在同一个 txt 中，每行表示一个政策文本的分词结果。同时加载停用词表，去除"通知""年度""项目"等与研究内容关联度不大的词语，最终完成数据清洗，达到细化分词结果，提高词频特征提取精度的目的。

（3）TF-IDF 词频特征提取（构建向量空间模型）。TF-IDF（term frequency - inverse document frequency）即词频-逆文本频率，是一种统计方法，多用于评估一个词对于一个语料库中一份文件的重要程度。词的重要性随着它在文件中出现的次数正比增加，同时随着它在语料库其他文件中出现的频率反比下降。如果多个文件中各个单词的重要程度相似，则认为这些文件是相似的。采用二者的欧几里得距离作为相异度，欧几里得距离公式如下：

$$d(X, Y) = \sqrt{(x_1 - y_1)^2 + (x_2 - y_2)^2 + \cdots + (x_n - y_n)^2} \tag{4-4}$$

通过将文件聚类的问题转化为一般性的聚类过程，样本空间中两点的距离描述即转变为欧式距离描述。其具体数学算法为 TF-IDF 与一个词在文档中出现的次数成正比，与该词在整个语言中出现的次数成反比。其中 TF 与 IDF 的计算公式分别为

$$\text{TF}_{i, j} = \frac{n_{i, k}}{\sum_k n_{k, j}} \tag{4-5}$$

$$\text{IDF}_i = \log \frac{D}{|\{j: t_i \in d_j\}|} \tag{4-6}$$

通过引入 Sklearn 库中的 Tfidf Transformer 和 Count Vectorizer 来获取每个短文本的特征向量，从而组成整个样本特征 X，构建其向量空间模型（vector space model，VSM）。由于1G、2G阶段相关政策文件数量过少、基数较小，难以通过聚类分析出主要的政策类别，为使得政策类型的确定相对精准，1G、2G阶段缺少的政策文件通过直接查询相关文献归纳整理获取。

（4）结果调试。聚类过程概述：因 K 均值聚类算法隶属于无监督学习，其聚类数 k 值需要预先确定，通过其聚类散点图以及 clf. inertia_指标进行效果判定。散点图中各类别交叉重合部分的范围面积越小，则聚类效果越好。clf. inertia_指标进行相对比较，聚类数不同其数值也会随之变动，即使确定了聚类数，由于其无监督学习的特性，每次聚类结果的指标也会有所差异。最终实际聚类散点图效果能够达到各类别基本无重合部分，且 clf. inertia_指标在聚类数确定为 3 时稳定在 15.667 左右，聚类效果相对较好。对于层次聚类而言，基于对聚类精度以及关键词可合并性的考虑，经过多次调试，最终确定将词频出现 6 次以上的关键词进行聚类，所得结果簇间相似度低，簇内相似度高，且关键词能够被归并为一个政策大类。

聚类所得结果包括"融合""培育""体系"等关键词，经过数据分析，清洗掉"行业标准""奖励""人才""购买""委托采购""自行采购"等出现频次最低、关联度最小的关键词，最终得出影响通信产业创新效果的六个主要政策类别，分别为政府补贴、税收优惠、扶持

国有企业、政策排他性保护、反垄断干预和引资性培育。

二、聚类结果分析

通信产业具有更新换代快的特点,某一阶段的研发工作通常是在前一阶段研究成果投入商用后就开始布局,所以激励创新研发类产业政策的制定与实施对象通常是下一阶段的研发工作。因此,本章分阶段聚类出具有显著影响力的政策类型(表4-1),以讨论产业政策推动移动通信技术创新的效果。

表4-1 中国通信产业各阶段政策类型聚类结果

通信产业主要商用时间段	代表政策类型	作用阶段
导入前准备阶段:1987年前	扶持国有企业	1G研发阶段
1G:1987—1992年	扶持国有企业	2G研发阶段
2G:1993—2008年	扶持国有企业、政府补贴	3G研发阶段
3G:2009—2013年	政策排他性保护、政府补贴、反垄断干预	4G研发阶段
4G:2014—2018年	政策排他性保护、引资性培育、税收优惠	5G研发阶段
5G:2019年至今	政策排他性保护、政府补贴	—

(1)导入前准备阶段和第一代移动通信产业主要商用阶段(1987—1992年)的技术、设备与移动通信的运营方式均依赖国外进口。为聚集本土产业生产要素并实现对欧美国家的技术追赶,中国加大了对通信产业国有企业的扶持力度,以中国电子信息产业集团有限公司、中国移动通信集团、中国联通集团公司与中国电信集团公司为代表的一批国有企业先后在政府的支持引导下成立。在1999—2001年这三年间,政府资助通信产业的资金总计达到12.1034亿元,上百家骨干企业得到政府支持。截至2008年,全国范围内电子及通信设备制造业的国有及国有控股企业数多达699个。在国有及国有控股企业得到发展的基础上,2008年中国移动电话交换机容量达114 531.4万户,光缆线路长度达6 778 495.61公里;中国移动用户总数超过4.5亿,中国联通月增长用户42.4万,中国电信"天翼计划"初见成效。

(2)第二代移动通信产业主要商用阶段(1993—2008年)有关激励3G研发的主要政策类型为扶持国有企业和政府补贴。为了鼓励时分同步码分多址(time division-synchronous code division multiple access, TD-SCMDA)的发展,国家工信部将TD-SCMDA产品和应用纳入政府的采购扶持范围,计入《政府采购自主创新产品目录》中。在《2006—2020年国家信息化发展战略》等文件的指导下,截至2008年,全国范围内电子及通信设备制造业科技活动经费筹集到的政府资金为211 172万元,有效提升了中国通信产业的核心竞争力与国际地位。在产业政策的推动下,截至2013年10月,TD-SCDMA用户数突破了1.8亿,占据国内3G市场份额45.9%，成为全球发展最快的3G国际标准。

（3）第三代移动通信产业主要商用阶段（2009—2013年）有关激励4G研发的主要政策类型为反垄断干预、政策排他性保护和政府补贴，3G阶段K均值聚类结果如图4-2所示。《中华人民共和国反垄断法》的颁布加快了反垄断干预产业政策的落地，《国务院关于鼓励和引导民间投资健康发展的若干意见》《"宽带中国"战略及实施方案》中有关反垄断条例的实施帮助改变了三大通信运营商的格局，鼓励中小企业协同发展，引导通信产业建立良好的竞争机制与共同发展的竞争格局。为了整治市场中不正当竞争行为所导致的"虚假创新"，《国务院关于加快培育和发展战略性新兴产业的决定》《国务院关于促进信息消费扩大内需的若干意见》等排他性保护政策相继出台，通过法律法规和标准体系建设来加强对通信产业创新的保护和增加对创新者知识产权的收益分配，从而达到激励产业创新的目的。在政府补贴方面，《电子信息产业调整和振兴规划》《国务院关于加快培育和发展战略性新兴产业的决定》的实施加大了对研发投入的财政支持力度。2015年，中国信息通信服务收入达到1.7万亿元，超额完成"十二五"规划目标，增值电信企业收入达到5 444亿元，年均增长34.8%，促进转型升级并稳步推进。中国自主研发的分时长期演进（time division-long term evolution，TD-LTE）成为国际4G主流标准，形成一个完整的产业链，国际化水平全面提升。

图4-2　3G阶段K均值聚类示意图

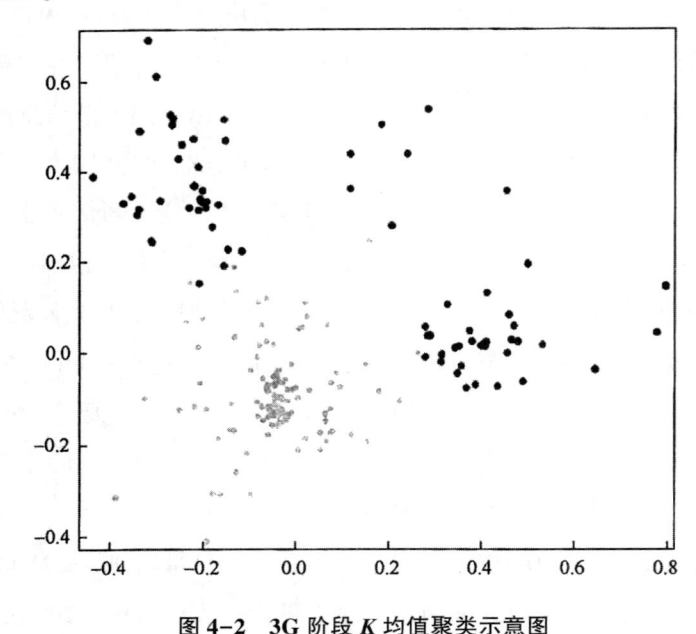

（4）第四代移动通信产业主要商用阶段（2014—2018年）有关激励5G研发的主要政策类型是税收优惠、引资性培育和政策排他性保护，4G阶段K均值聚类结果如图4-3所示。

在此阶段，通信产业中小企业普遍存在融资能力不足、创新产出不确定等问题，《中国制造2025》《"十三五"国家信息化规划》等规划纲领中有关税收优惠条例的实施确实有效地减轻了企业的经济负担，促进了企业加大研发投入。引资性培育政策通过改善区域投资环境，利用富有优势的土地资源、政策资源和劳动力资源达到吸引资本的效果，从而为通信产业创新提供资金与人才保障，《"十三五"国家信息化规划》《"十三五"国家战略性新兴产业发展规划》的实施积极探索政府和社会资本合作（public-private partnership，PPP）模式，加大了资金投入支持信息化重点领域、重大工程和薄弱环节，此外政府还推动建立了与5G相关的市场驱动型专利交易和许可平台，给技术的转让和许可提供了便利。通信产业属于知识产权密集型产业，《中国制造2025》《国家信息化发展战略纲要》中排他性保护类条例的实施不仅加强了对国内通信产业创新知识产权的保护力度，也增强了企业处理国际知识产权诉讼的应对能力。

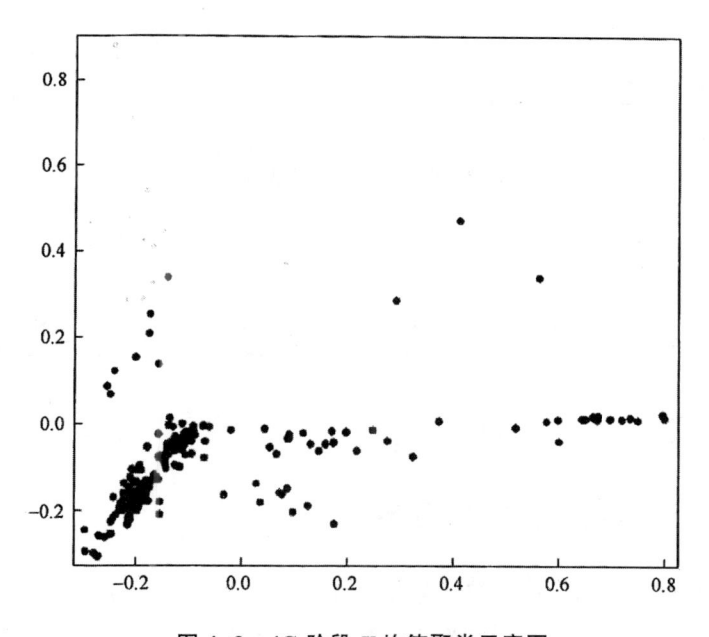

图 4-3　4G 阶段 K 均值聚类示意图

（5）第五代移动通信产业主要商用阶段（2019年至今）有关激励6G研发的主要政策类型是政府补贴和政策排他性保护，5G阶段层次聚类结果如图4-4所示。《扩大和升级信息消费三年行动计划（2018—2020年）》鼓励各地设立信息消费专项资金，进一步加大对通信产业资金的支持力度。《工业互联网发展行动计划（2018—2020年）》安排开展工业互联网立法工作，保护通信网络安全；《专利代理条例》的修订、《关于进一步推进"一带一路"国家知识产权务实合作的联合声明》《第一届中国—中亚知识产权局局长会议联合声明》等有关知识产权保护的联合声明的发布不仅注重专利质量提升、加强了行政执法力度，还促进了国际的知识交流与合作。

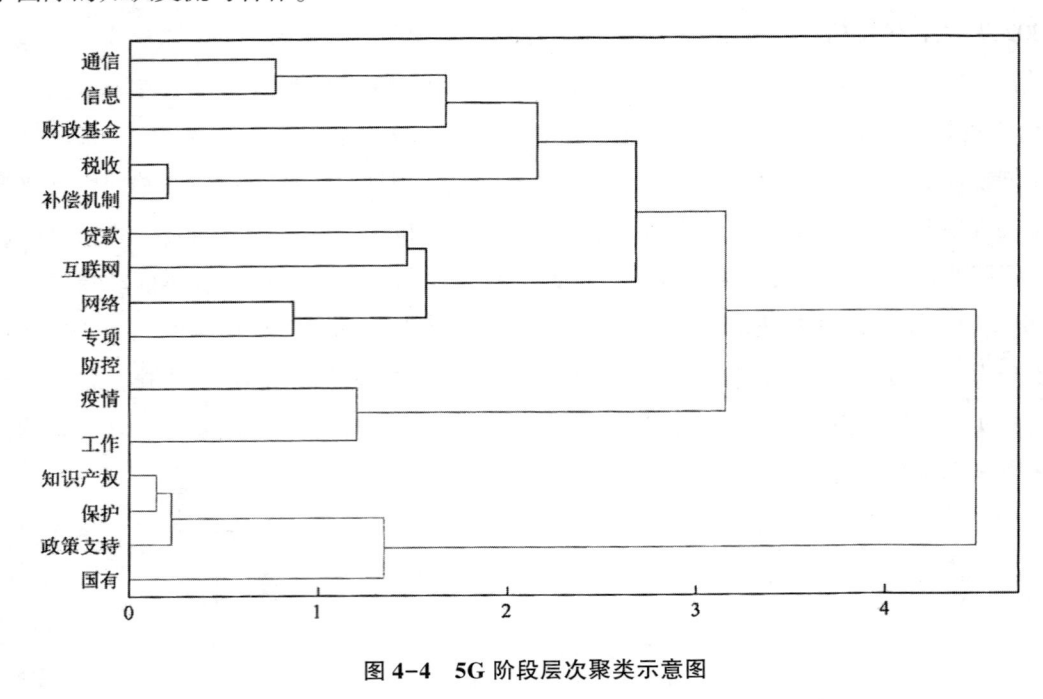

图 4-4　5G 阶段层次聚类示意图

第四节　中国移动通信技术产业政策的创新激励效果

一、显性技术优势指数与变异系数

为检验中国不同产业的政策在移动通信技术领域是否存在显著的创新激励效应，首先利用专利数据计算出不同国家的显性技术优势（RTA）指数，并在各国间分阶段进行横向比较，再基于比较优势指数的变异系数（CV）来进行横向和纵向的数据趋势分析，以探究中国在移动通信领域的创新效果是否显著。1987—2020 年显性技术优势（RTA）指数计算结果见表 4-2。

表 4-2　1987—2020 年各国移动通信技术领域 RTA 指数

国家	1987—1992 年	1993—2008 年	2009—2013 年	2014—2018 年	2019—2020 年	CV_j^T
美国	1.641	1.671	2.058	2.443	2.572	0.206
中国	0.352	0.498	1.651	1.787	2.101	0.624
德国	0.946	1.094	0.808	0.826	1.081	0.142

续表

国家	1987—1992 年	1993—2008 年	2009—2013 年	2014—2018 年	2019—2020 年	CV_j^T
日本	1.107	1.114	1.813	1.293	1.198	0.225
法国	1.126	0.998	1.017	0.812	0.623	0.217
韩国	0.493	0.764	1.106	1.017	0.807	0.286
加拿大	0.723	0.982	0.829	0.722	0.959	0.148
澳大利亚	0.939	1.059	0.317	0.429	0.367	0.561
比利时	1.043	0.845	0.436	0.414	0.686	0.393
巴西	0.336	0.484	0.266	0.366	0.289	0.245
瑞士	1.079	0.922	0.741	0.913	0.304	0.376
英国	1.316	1.527	1.627	1.275	1.396	0.103
西班牙	0.941	0.783	1.058	0.875	0.717	0.153
芬兰	0.411	0.581	0.388	0.662	0.531	0.224
荷兰	0.665	0.745	0.569	1.126	1.023	0.289
新加坡	0.771	0.565	0.805	1.013	0.966	0.216
俄罗斯	1.416	1.379	1.735	1.454	1.852	0.135
墨西哥	0.556	0.372	0.746	0.247	0.365	0.428
匈牙利	0.239	0.232	0.471	0.391	0	0.677
挪威	0.286	0.346	0.508	0.639	0	0.681
CV_j^T	0.491	0.463	0.580	0.571	0.761	—

从表4-2可以看到，从第一代到第五代移动通信技术阶段，美国、英国、俄罗斯和日本始终处于比较优势地位。上述国家在移动通信领域的知识基础更宽，技术更新迭代速度比较快，创新研发能力更强。

在第一代和第二代移动通信技术中，中国处于比较劣势地位。但在第三代演化阶段时，相比第一代和第二代移动通信技术创新一直处于领先的法国、英国、比利时来说，中国在一定程度上实现了技术追赶，并且在第四代和第五代移动通信技术阶段不断发展，将这种比较优势持续扩大。

基于表4-2中变异系数的横向比较，各技术演化阶段的CV分别为：0.491、0.463、0.580、0.571、0.761。这表明1G、2G阶段的美国、英国、俄罗斯，3G阶段的美国、日本、俄罗斯，4G、5G阶段的美国、中国、俄罗斯，相对于其他国家来说比较优势显著。再纵向观察同一国家不同阶段的技术比较优势指数的变异系数，从同一领域进行比较。

为了更好地探究中国在通信产业不同演化阶段创新效应的显著程度，选取日本、德国作为代表国家进行比较。中国和日本在第三代移动通信技术时代都实现了技术赶超，虽然日本的赶超程度明显高于中国，但在第四代和第五代的发展中，创新力度均不如中国，甚至处于退步状态。德国1G到5G时代，虽然基本上维持在比较优势地位，占据移动通信领域的领跑地位，但是始终未冲破更高的界线。

二、中国移动通信技术产业政策与创新效果

综合中国移动通信技术发展阶段、政策文本分析、显性技术优势指数计算，基本可以得出三者之间的关联。

(一)扶持国有企业

扶持国有企业是第一、二代移动通信技术主要商用阶段的标志性产业政策之一。在1G主要商用阶段，美国、法国、英国、俄罗斯处于领先地位，中国的RTA水平低于变异系数。在2G主要商用阶段，虽然中国的RTA指数高于变异系数，但中国仍处于劣势地位。中国急需发展自己的通信产业，因为企业自有资金生产要素难以支持通信产业的发展，从而被迫向摩托罗拉、爱立信等国外企业开放通信市场。

在此阶段，中国将鼓励、扶持、引导企业进入战略性新兴产业作为未来较长时期推进企业自主创新、转型升级的一项主要政策。如政府通过组织运营商订货协调会的方式，帮助国有企业打造大容量数字程控交换机的市场。欧美国家通过采用上线通信标准的方式来加强技术壁垒，使中国通信标准的形成受到限制。以处在萌芽阶段的中兴、大唐等企业为例，企业主要生产程控交换机设备，在移动通信方面缺乏经验，所以扶持这类国有企业的效果并不显著，但这一举动为通信产业的发展奠定了基础。2000年5月，国际电信联盟正式宣布TD-SCDMA成为第三代移动通信标准。2005年中国的信息产业增加值占国内生产总值的比重达到7.2%，对经济增长的贡献度达到16.6%，信息产业对经济增长贡献度稳步上升，扶持国有企业的效应显著。

(二)政府补贴

政府补贴是第二、三、五代移动通信技术主要商用阶段的标志性产业政策之一。在2G主要商用阶段，华为、中兴、大唐成功研制出了大容量数字程控交换机，证明了部分国有企业已经具备自主研发的能力，但由于外界投资少，缺乏足够资金进行下一步创新，此时政府补贴就显得尤为关键。

在3G主要商用阶段，TD-SCDMA成为中国自主研发的通信标准，而且各企业的资金水平和研发能力相对比较完备。在此背景下，政府宏观调控反而比高额的财政补贴产生的作用更好。有研究者曾提出国家制度的完善能够减少企业寻租活动的发生从而提高政策的实施效果。过多的财政补贴会使企业产生"寻扶持"、套利寻租等"虚假创新"的想法，降低产业的创新效率。研究表明，中国产业政策的有效性还受到中央与地方政府两方面的影

响。一方面，中央政府与企业间存在信息不对称的情况。另一方面，地方政府的部分官员为提高创新绩效，倾向于将资金流入短期经济效益大的项目，因此产业政策的实施效果偏离了预期目标，造成资源的严重浪费。

在5G主要商用阶段，中国已经掌握通信产业的核心技术专利，并且大多数的通信企业已有足够的资金进行自主研发。例如：华为披露数据称其2018年的政府补贴只占其收入的千分之二，运营资金主要来自企业自身经营积累及外部融资，而不是政府补贴。以上数据表明在5G阶段，政府补贴的效果并不显著，但继续实施财政补贴政策，却未产生类似于3G阶段的抑制效果，原因很有可能是国家对知识产权保护的愈发重视和监管体系逐渐趋于完善。

（三）排他性政策保护

排他性政策保护是第三、四、五代移动通信技术主要商用阶段的标志性产业政策之一。通信产业是知识产权密集型产业，具有发展速度较快、专利技术更新换代快、侵权成本相对较低等特点，所以排他性政策保护对此产业发挥着重要作用。虽然中国已经建立了属于自己的通信标准，但其核心技术相对掌握得较少，专利申请数量也相对不多。中国的第一个自主通信专利申请时间是在1997年，落后美国整整8年。而且与发达国家相比，中国的知识产权管理水平相对比较落后，自从中国正式加入世贸组织之后，中国企业不断遭到与国外有关知识产权的诉讼。部分中国通信企业由于缺乏相关的应对经验，其合法权益遭受侵害。政策排他性保护对产业创新有着不明显的正向作用。

在第四、五代移动通信技术主要商用阶段，中国通信企业的核心专利技术有了进一步突破，通信产业的专利申请数量明显增加，企业管理知识产权的能力得到明显增强；政策排他性保护力度进一步提升，权威、高效的国家知识产权保护协调机构建立，为通信产业营造了一个良好的知识产权法制环境与市场环境，政策排他性保护对通信产业技术创新起到显著的正向作用。

（四）反垄断干预

反垄断干预是第三代移动通信技术主要商用阶段的代表性产业政策之一。中国移动通信技术起步时间较晚，大部分通信标准所需要的专利都集中在高通、爱立信、诺基亚等公司手中，而中国市场如果需要获得被垄断的专利技术的使用权，必须要得到国外公司的域外授权。由于长期被欧美企业知识产权滥用和高额专利费所压制，中国通信产业的附加值和利润大幅度降低。

在国内外反垄断法逐步完善的情况下，华为公司在2014年起诉美国交互数字公司构成垄断，法院判定交互数字公司存在垄断，支付华为公司两千万元的赔偿，打破了美国交互数字公司的技术壁垒。国家发改委在2013年对高通公司展开反垄断调查,于2015年责令其停止违法行为并处以数十亿美元的罚款,为中国通信产业赢得了发展空间。从国内情况看,中国通信业呈现出几家公司独大的局面,在政府反垄断政策的全面实施下,展现出良好的竞争格局。例如,2002年成立的TD-SCDMA产业联盟打破了大唐公司在TD发展中"一家独大"的局面,截至2010年2月,TD联盟的企业成员已达78家。同时,政府严格把控通信资费的管理,杜绝发生企业垄断操纵定价的现象。自从改革开放以来,通信资费不断降低,2008年用户平均每分钟通话费用还不到2000年的一半,因此反垄断干预政策对通信产业技术创新起到显著的正向作用。

(五)税收优惠、引资性培育

税收优惠是第四代移动通信技术主要商用阶段的代表性产业政策之一。在此阶段,中国针对通信重点研发领域实施了税收减免和研发费用加计扣除两大措施,大大减少了企业研发的资金压力,刺激企业不断增加研发投入。现有研究表明,税收优惠与政府补贴的影响存在替代关系,并且税收优惠对企业创新的促进作用弱于政府补贴的作用,但是过多的税收优惠与政府补贴都可能导致企业产生"寻扶持"的现象。总体来说,税收优惠对企业创新有正向却不显著的促进作用。

引资性培育同样是第四代移动通信技术主要商用阶段的代表性产业政策之一。中国自主研发的4G技术标准TD-LTE被确认为国际电联4G国际标准之一,并已建成全球规模最大的4G网络。2019年《中华人民共和国外商投资法》的颁布极大地提高了外商投资的积极性,在此阶段中国大力建设招商组织机构,组织招商引资活动。以高速度、低功耗、低时延为特点的5G技术在新型冠状病毒感染疫情中作为关键技术在医院网络建设、远程会诊、药物研发、疫情管控等场景中得到广泛应用,显著体现了政府引资性培育的激励作用。

综上,在1G、2G阶段,中国移动通信产业技术演化轨迹尚未明确,自有资金等生产要素的匮乏以及政府的扶持和补贴政策能弥补自有资金的不足,有效激励企业加大研发投入,促进创新产出;在3G阶段,虽然已经掌握到基础技术,但核心技术仍然缺乏,而反垄断干预政策可有效避免掌握核心技术的国内外企业对国内企业的技术压制,但由于此时企业的自有资金相对比较充裕,政府补贴更容易导致创新泡沫;在4G、5G阶段,中国移动通信技术创新如火如荼,专利产权急需得到政策保护,研发更需要资本投入,因此,此时资本的吸纳、政策的保护对于创新驱动显得相当重要。

第五章

先进制造业内涵特征与演化轨迹

制造业是国民经济的主体，是立国之本、兴国之器、强国之基。先进制造业作为制造业为适应时代发展趋势的最新前沿的产业形态，被称作"人类社会的首席产业"。先进制造业的发展水平关乎一国产业能否占据行业制高点，其发展水平关乎一国发展的竞争优势和经济安全。中国已成为世界第一制造业大国，要想从制造业大国向制造业强国迈进，首先需要对先进制造业内涵进行全面、系统的界定，探究其演进规律，为先进制造业后续研究夯实基础。

改革开放以来，我国的制造业持续快速发展，逐渐建成了门类齐全、独立完整的产业体系，制造业总体规模已经跃居世界第一位，特别是在高铁、核电、航空等领域已达到世界先进水平。然而，与发达国家的先进制造业水平相比，我国制造业仍然大而不强，在产业结构水平、自主创新能力、资源利用效率、信息化程度、质量效益等方面还有较大差距，特别是大多数制造业企业的自主创新能力和国际品牌影响力仍然较弱，还不足以满足居民生活水平日益提高所要求的消费升级和经济社会高质量发展要求。[1] 同时，我国制造业发展所面临的资源环境约束不容乐观，产业结构调整的任务非常艰巨，产业转型升级和供给侧结构性改革面临诸多困难。要实现由制造大国向制造强国的转变，加快发展先进制造业势在必行。在此背景下，准确分析先进制造业的内涵和特征对于把握我国先进制造业的发展方向具有重要的基础作用，也为进一步探寻我国先进制造业快速稳定发展路径提供了借鉴与保障。

---

[1] 国家制造强国建设战略咨询委员会. 中国制造 2025 蓝皮书[M]. 北京：电子工业出版社，2016.

第一节 先进制造业内涵解读与特征分析

一、先进制造业概念界定与内涵解读

（一）先进制造业理论追溯与前沿

国外学者对先进制造业的界定主要围绕着先进制造技术这一因素展开，并通过用技术的细分加深对"先进"概念的认知。"先进制造业"这一概念最早是在20世纪90年代工厂技术广泛应用到制造业的背景下被提出的。扎木托（Zammuto）第一次提出先进制造技术（AMT）的定义："以计算机技术为基础的技术群，包括计算机辅助设计、机器人技术等"。后来学者对先进制造业进行了不同标准的划分。先进制造业按照实体形态可以划分成硬件和软件；按照AMT的三个维度划分又可以分为设计AMT、制造AMT和管理AMT；同时，按照四维定义又可以分为产品设计技术、加工技术、物流计划技术、信息交换技术。

相比国外，国内对"先进制造业"内涵展开的研究和论述相对较晚，但却丰富了其内涵。从现实情况来看，我国先进制造业的构成大致分为两种情况：一是传统制造业吸纳信息技术、网络技术等先进制造业技术后提升为先进制造业，以数控机床、海洋工程装备、航天装备、航空装备等为代表；二是新兴技术成果产业化后形成的新产业，以增量制造、生物制造、微纳制造等战略新兴产业为代表。国内学者主要从先进制造业的技术、生产模式、管理和产业等多个角度对先进制造业的概念和内涵进行了阐述和研究，总体上可以归纳为技术核心论、多因素融合论、生产模式论等几种观点。

技术核心论观点是沿袭国外的主导思想，主张先进制造业技术是先进制造业发展和出现的原因。先进制造业技术是先进制造业最显著的特征，这种技术处于制造业的核心地位，并在吸收和综合其他环节成果的同时，指导各环节运作，达到提升经济效益、改善软硬环境的目的。先进制造业的"先进"一词具有很强的动态性，不同时期被赋予了不同内涵。出于环境和资源利用等方面考虑，先进制造业必须是利用先进技术来实现节能减排、环境保护和高附加值目的的国际化制造业。王国平提出先进制造业是一种适应时代变迁的产业形态，具有双重结构、梯度演进和差异性状态等丰富内涵。

多因素融合论修正了技术核心论的观点，不断在研究中发现技术、管理和产业三者间的关联关系。首先，一些学者从产业或者行业的层面对先进制造业进行了界定。黄晖，吴晓波等、陈瑛等、王志华、陈圻、郭巍、林汉川、牛颖超、张婷、商黎等认为先进制造业是指依靠科技创新、降低能源消耗、减少环境污染、增加就业、提高经济效益、提升竞争能力，能够实现可持续发展的制造业行业的统称，主张使用技术水平、管理水平、经济效益、社会责任等指标体系对先进制造业进行测度。其次，一些学者从先进技术、先进管理模式以及创新能力角度，深化了先进制造业的概念。陈宝明将先进技术和先进管理模式进行融合，认为先进制造业是采用现代管理技术或先进管理模式，将计算机、电子信息领域的最新研究成果运用于企业的研究、生产、销售过程以实现生产的清洁性、高效性的制造业总称。先进制造业体现在"先进"能力上，不仅体现为先进技术能力，更应该表现为创新能力、市场竞争能力、适应能力以及嵌入能力。最后，一些学者针对其他因素的融合也进行了论证，刘卓聪、刘蕲冈、吴芳、张向前、吉亚辉、刘明达、顾强、商黎、甄炳禧、席枫等学者就从工业生产系统的角度，在强调先进制造业本质上是一种先进的生产方式的基础上对此概念进一步深化，将其视为应用先进制造技术、采用先进制造模式、拥有先进市场网络组织的工业生产系统，主张从企业内部技术研发的先进性、先进技术商业化过程、社会责任、产业市场网络联系紧密性等方面对先进制造业进行测度。

生产模式论主要是指企业在生产过程中，依据环境因素，通过有效地组织各种生产要素来达到良好制造效果的先进生产方法。部分学者从先进生产模式的角度定义先进制造业。门田安弘，孙杰，高鹏程，黄烨菁、丁伯慧、张付英、费志敏、席俊杰、黄敏纯、陶永、伍乃骐、于兆勤、费志敏等诸多学者分别从精益生产、敏捷制造、绿色制造、大规模定制等先进生产模式来界定先进制造业；崔建双等从虚拟制造模式的视角来界定先进制造业，认为虚拟制造模式主要是依计算机技术形成虚拟的环境、虚拟的过程、虚拟的产品、虚拟的企业、虚拟的产业集群进行生产经营活动的制造模式。

(二) 概念界定与内涵解读

学术界对先进制造业的概念界定大体可以分为两类：

第一类是单纯从先进技术的视角，认为先进制造业就是指采用先进技术为主要生产手段的制造业。很明显，这种界定不够全面和准确。先进制造技术可以说是先进制造业的必要条件，正是在先进制造技术的基础之上，先进制造业才能实现智能化、柔性化、自动化和信息化。但仅仅从先进技术的角度来界定先进制造业，不足以将先进制造业与同样使用先进技术的高新技术产业区分开来。许多传统产业也在追求技术进步和技术改造，还有那些掌握了先进技术但处于初创期的中小企业，都难以称为先进制造业。

第二类是从产业链或者产业网络的视角，认为先进制造业是将先进制造技术和现代管理技术广泛应用于制造业产品的研发、设计、生产制造、营销、服务等全过程，具有能耗低、技术水平高、产品品牌质量领先、信息化水平高、经济效益好、系统服务能力强等特点的制造业。这类对先进制造业的概念界定已经非常接近现实中先进制造业的发展特征，但忽略了先进制造业中的生产模式，诸如精益生产模式、计算机集成制造系统、清洁生产模式、柔性制造系统、高效快速重组生产系统、虚拟制造模式。这些先进制造模式不仅是先进技术的集成，更反映了现代制造业的生产和经营理念，反映出企业与生态、社会环境的和谐共处。

《中国制造2025》中从创新能力、质量效益、两化融合和绿色发展四个方面提出了我国制造业先进水平的评价指标体系，创新能力和两化融合体现的是先进制造业技术和先进制造业模式，质量效益的提升反映出的是制造业企业的市场势力和国际竞争力，绿色发展则与企业的可持续发展能力紧密相关。综合并且吸收诸多学者之前对先进制造业的界定和定义，结合当前及未来先进制造业的发展实践特征，本章将先进制造业的概念界定为：先进制造业是指使用先进制造技术和先进制造模式，具有较强的市场势力、国际竞争力和可持续发展能力的制造业的总称。先进制造业的内涵可以从以下几个方面进行解读：

第一，先进制造业虽然以制造技术的先进性为首要特征，但先进技术与制造业的契合存在两种不同的类型：第一种是主要依靠信息技术、新材料、生物技术等高精尖技术发展起来的高新技术制造业，这类制造业成长速度快，产品附加值高，在产业结构中处于塔尖的位置。对一个国家来讲，高新技术制造业的比重越高说明这个国家的制造业实力越强。第二种是通过先进制造技术与传统制造业相结合，通过技术改造和工艺革新形成的先进制造业，相比发达国家，发展中国家传统制造业转型升级的比重更高一些。

第二，先进制造业在不同的时期具有不同的内涵。先进制造技术本身就随着人类社会的发展和科技的进步在不断地更新和完善，所以先进制造技术的内涵不是一成不变的。所有的先进制造技术随着时间都会被新技术替代而成为历史，所以，对于一个国家来讲，要想保持先进制造业的优势，需要在一个相当长的时期内，通过持续的技术创新保持在先进制造技术领域的领先地位。因为在不同的国家和地区技术创新的基础和优势不同，所以先进制造技术的研发和创新要有其重点发展的目标和内容，通过重点技术的研发实现这个国家和地区先进制造技术的跨越式发展。我国把航空航天装备制造业、先进轨道交通装备制造业等行业列为制造业强国战略的重点领域是与我国在这些行业的技术优势分不开的。

第三，先进制造业虽然从概念上来讲首先属于制造业的范畴，但随着信息化与工业化的融合以及生产模式和管理理念的进步，制造业更多地向智能制造、虚拟制造等新型的制造模式发展而打破原有的制造业实体经济的范围，特别是制造业与服务业的深度融合使得二者的界限变得更加模糊。先进制造业虽然在一定时间和范围内特指某些具体的制造业部门，但是一个国家先进制造业发展更是一个整体的概念。所以，比起通过技术创新发展具有某些技术优势或技术领先的制造业部门，建立一个完善而具有整体竞争力的制造业产业体系具有更重要的意义。

二、先进制造业特征分析

发展先进制造业，必须正确把握先进制造业的特征。"先进"的特征含义不仅指技术上的先进性，而且表现在产业组织先进性、管理先进性和发展模式先进性。本部分结合新科技革命的技术变革和国内外制造业的演化趋势，将先进制造业的特征从三个层面进行分类：从产业组织和企业组织形式上概括为集群化、服务化、垂直化三个特征，从制造技术水平上概括为数字化、智能化、虚拟化、高端化四个特征，从生产模式上概括为平台化、模块化、绿色化三个特征。

（一）先进制造业产业组织特征

1. 集群化

先进制造业作为带动我国经济发展的中心产业要实行集群化发展，集群化是先进制造业建设基本特点和发展的趋势。先进制造业实行集群化发展的原因在于这样的发展模式可以给公司带来更大的销量。公司进入集群后的收益减去没加入时的收益，得到的数值便是集群剩余，即集群里所有公司全部的多余收益。集群化可以帮助企业不断精进、改进先进制造业的生产工艺与生产程序，而生产工艺与生产程序的改进可以使企业的科技水平不断提高，从而使集群里的各个企业在生产中能更好地发挥自身的优势技能，提升专业水平，使企业的生产工艺得以不停地研发与创造，这种方式带来的技术更新效果促进了整个区域的发展，所带来的效益远远超过了垂直一体化模式下单独企业的发展。集群化可以使政府的职能得到更大限度的发挥，政府通过帮助企业构建技术交流的平台，使企业之间的技术探讨与合作机会大大增加，对集群的内部革新与发展起到了积极作用。

2. 服务化

服务化将制造业和服务业联合起来进行发展，企业可以从通过产品获得收益转变为利用服务获得收益。制造业和服务业的界限越来越模糊，两个行业的行业特色逐渐同化，行业技能逐渐融合，制造业和服务业不断相互融合。制造业的服务化趋势一共由两部分构成：服务型制造和制造型服务。使用大量劳动力进行生产经营的公司，为了使公司的经营效益更高，生产速度更快，学习其他企业的生产工艺，不断创新出自身的生产技术，来联合进行生产经营活动，使企业从通过大量使用劳动力获得收益，转变成通过提高效率与技术获得经营收益。服务型企业在制造与生产过程中，大量使用制造型公司的生产模式与生产工艺，因此服务型企业的内部生产与组织构造越来越与制造业趋同。制造型服务的生产中心为生产制造，生产制造在企业的发展过程中与服务相互贯通，但是工作主体仍为生产制造。制造型服务有三部分内容：首先，制造业企业为了扩大生产链，获得更大的企业利润，将公司的发展方向转移为制造型服务，使企业的市场竞争力逐渐加强，集群效益实现最大化。其次，该种类型的企业的产品特性出现了转变，原有的企业产品仅为有形的、具体的商品，而如今的企业产品加入了服务，已转变为仅生产服务商品，主要提供市场服务。最后，制造公司的结构特征转变明显，企业产业链的中间商品加入的服务越来越多，生产内容越来越庞杂，消费者的参与越来越多。

3. 垂直化

1980年以前，国内外的生产加工与制造的行业模式均为垂直一体化。随着市场经济的逐渐发展，全球化经济联系的逐渐紧密，1990年后国内外制造领域的生产模式发生了巨大变化，逐渐变成垂直非一体化。著名的国际性大企业在进行制造生产时，不仅从公司内进行生产活动，也常常利用外包手段进行生产经营。越来越多的制造业公司在生产经营中发现，"外包"业务虽没有被当成公司的核心产业进行经营，但是其收益却比主业更多，发展前景更好。因此，原有的垂直一体化的经营模式逐渐被"外包"取代，垂直非一体化的生产模式得到了更大范围的推广与普及，制造业垂直分离化趋势越来越显著。世界上有许多企业家十分重视垂直分离的生产模式，并向外界大力宣传。他们认为这样的生产方式具有许多优于传统的方面，可称为"中间品贸易"。

（二）先进制造业制造技术特征

1. 数字化

数字化主要指公司在进行基础的数字产生、生产、运送、应用、完善保存时，重点使用数字样机，进行对某一数据源的管理，在产品制造的准备过程、加工过程和使用及管理时将模拟额具体化，使用数字量进行代替，传统的生产工艺替换为数字工艺，将具体的数字作为生产全过程的唯一内容。先进制造业的生产趋势是数字化，该生产特征的广泛应用符合生产制造科技水平的发展，顺应了网络化和管理技术的发展趋势，实现了多种科学技术的融合与创新，也是制造公司的加工流程、生产结构不断走向数字化的必经之路。数字化的生产趋势加快了制造业企业生产技术的创新与发展，提高了生产效率，使网络信息技术不断与制造工艺相结合，物流管理与物流信息得到了改进。随着制造领域数字化的大范围应用，制造的科技与信息的科技不断结合与创新，数字化的具体操作与应用已经成为企业升级的重中之重。不仅如此，数字化制造同样可以应用到独特的、小规模生产的制造业中，给企业注入新的生产活力，极大地提高了市场竞争力。

2. 智能化

智能化即在进行生产加工的某一工序中，将信息技术、网络技术和该领域的管理技能进行统一的应用。智能化体现在先进制造业中一般是通过人工，在企业的产品准备、生产、原料、能源、传输和绿色生产等生产阶段对科技和现代的管理制度进行统一应用，覆盖了从产品设计、制造到售后的整个过程，使生产的效率更高，耗能更低，质量更佳，更加环保与绿色，经济效益实现了最大化。国内外的智能化制造业的先进科技一般应用在新开发的加工工艺中，加工方式不断精确化，在生产中实现"定量分析"，将新型科技与原有的科技相结合，以创造出更好的方法应用到传统制造领域。

3. 虚拟化

虚拟化一般应用在计算元件上，为了提高工作效率，便于公司管理和资源配置，将计算在虚拟的数据上进行，并没有使用实体材料进行操作。许多先进的公司已经实现生产全过程的自动化经营，一般采用CAD、CAM、CAE和计算机仿真方式进行产品的制作，应用先进的科学手段对企业进行管理。现在这些公司重点通过制造设备自动化，建设新兴的生产结构，比如并行工程等方式。随着虚拟机从虚拟使用到越来越多地应用到实际工作中，并取得了更大的经济效益，大量的制造公司研究与使用虚拟化技术，对IT基础架构逐渐进行升级，实现业务的创造性变化，并将新技术与公司业务相结合，实现制造系统的改革与创新。虚拟化在制造业应用的最大优势在于IT的整合和生产费用降低，在其他的地方并没有较大的优势。结合虚拟化的具体特点，可以在远程办公、虚拟制造等领域进行应用并创造更高的价值。

4. 高端化

先进制造业在进行生产加工时，通过使用先进的信息、生物等新科技及独特的生产工艺，提高了产品附加值，符合社会经济的发展潮流与发展趋势，属于高端化产业，在国家或地区受到特别关注与重点投资。先进制造业对工人素质要求较高，需要具有较高的技能素养或道德素养，知识型和技术型的工人数量众多。先进制造业需要技术先进、资本投入高的企业，产业投资的基本要求高，资本数额巨大。先进制造业的高端化，主要体现了从低级向高级不断优化升级的过程，体现在先进制造业的市场竞争力逐渐提高，发展越来越快。先进制造业的生产与发展需要科技的大量投入，技术的不断革新与创新，这样先进制造业的技术才会不断精进，附加价值才会逐渐提高，市场竞争力才会逐渐增大。先进制造业的高端化从根本而言体现了技术和生产工艺的创新对市场竞争力巨大的带动作用，只有在生产中不断提高科技水平、精进生产工艺、增强创新意识，大力发挥创造精神，才能使先进制造业保持优势地位。

（三）先进制造业生产模式特征

1. 平台化

平台化相对于传统的制造模式来讲是一种新型的产业组织形式，它以大数据、信息技术和平台支撑为基础，是一种旨在整合业务流程和产业链、提高生产效率的新型制造模式。平台化搭建的网状价值链显著区别于传统价值链的直线交易模式。平台化模式整合了买方、卖方和消费者以及中间商，各方可以共享信息资源以便在平台上选择最优的交易方式，大大降低了交易成本。在"互联网+"和工业互联网的国家战略部署下，平台化对于推动制造业生产要素的整合、提升资源配置效率具有重要的现实意义。对于先进制造业的发展，平台化是未来一种重要的制造模式选择。制造业企业未来面对的是个性化、多样化和差异化的消费者需求，企业的生产方式必须由传统的大规模生产转向新型的大规模定制生产。平台化的制造模式能够基于大数据和工业互联网技术的迅速普及，最大限度降低企业和消费者之间的信息不对称，基于平台数据的优势，满足消费者个性化和柔性化的需求，提供最具市场竞争力的产品。到了那时，企业的核心竞争力一定程度上表现为其在平台上的资源整合能力以及响应用户需求的反应能力。

2. 模块化

模块化生产是一种新型的制造模式，基于分工理论和价值链理论将传统制造的生产过程拆分为若干相对独立的模块，这些模块可以由企业通过分工的细化和深化来设计和提供产品，也可以由全球最有竞争力的企业在全球价值链上提供产品，通过平台集成形成最终的产品。在整个供应链上，同质模块和异质模块呈现网络化的分布形态，通过激烈的市场竞争提供全球范围内高质量的产品，使得模块化企业更加注重市场细分和制造技术水平的提升，对于我国制造业嵌入全球价值链高端环节具有重要的现实意义。模块化制造模式相对于传统制造模式具有以下几个方面的优势：一是能够使得制造业企业专注于单个模块化的技术创新和产品设计，提高了生产效率和产品附加值；二是降低企业在创新环节的不确定性和风险，企业可以将技术创新导致的不确定性局限在模块内部，不会影响整个系统的稳定性；三是先进制造业企业可以将附加值较低的模块外包出去，在全球范围内选择高质量的产品供应商，将主要资源用在附加值较高的核心模块上，更有利于夯实企业在行业内的市场竞争力和市场领导地位，提高企业利润。

3. 绿色化

绿色制造模式是以绿色理念为指导，在产品加工、制造的整个过程当中综合考虑环境影响和资源利用效率，充分利用绿色设计、绿色工艺、绿色包装和绿色供应链等技术探索资源节约和环境友好的现代制造模式。绿色制造是科学发展观和可持续发展观在现代制造业的体现，旨在实现环境污染的减小、资源利用效率的提高以及社会效益和经济效益的最大化。在全球范围内，绿色制造作为先进制造业的重要特征，已经从一种生产理念转变为制造业发展的具体行动，也是构成企业核心竞争力的重要因素。先进制造业的绿色化制造模式主要是基于产品循环利用、再制造、回收利用和再设计等理念和先进技术，实现资源、能源的优化和绿色循环利用，是企业提升核心竞争力和履行社会责任的重要途径。

第二节 国际先进制造业演化轨迹分析

对单一地区或国家制造业发展的演化分析和研究主要集中于美国。学者试图勾勒出美国制造业演化的历程，分析出制造业的演化轨迹。美国经济曾有过两次"起飞"：一次是以新英格兰地区的棉纺织业大发展为代表的1815—1850年；另一次是1843—1870年以铁路修建、重工业发展为代表的"北方工业起飞"。这两次起飞为后来美国在全球经济的霸主地位奠定了基础。20世纪80年代，美国错误地将经济发展的重心由制造业转向以金融、房地产为主的第三产业，导致美国实体制造业不断萎缩，产业空心化问题严重，美国先进制造业的国际竞争力严重削弱。1993年美国政府为增强美国制造业的国际竞争力，出台了预算14亿美元的"先进制造技术计划"，重点推进智能制造系统、产品工艺的集成系统和制造基础设施。

许多学者对地区或国家间制造业演化进行横向比较分析，认为制造业发展演化路径与政策有着千丝万缕的关系。20世纪初期，日本和欧洲国家，尤其是德国等制定和实施了一系列战略和计划，加快了传统制造业走向先进制造业的步伐。"二战"以后，日本将发展制造业调整为发展重心，成功实现了对美国的赶超。20世纪70年代，亚洲四小龙和中国大陆制造业的崛起实现了对发达国家制造业的全面替代，这得益于正确的政策导向和战略定位。回顾世界先进制造业发展历程，不难发现，我国发展先进制造业必须坚定走创新发展之路、先进商业模式之路和产业集群之路。

关于先进制造业发展演化，国内外学者对政策和产业关联的影响做了梳理和分析，许多国内学者为了推动我国制造业发展，对国外产业发展进行比较分析，以得出可借鉴的国内外经验。但是很多学者的研究对象集中于工业发达国家，或是仅仅局限于某一区域。基于此，本章将对世界多国制造业的演化轨迹进行分析和探讨，力求从世界范围对先进制造业的发展历程及其规律进行全面而系统的解析和梳理。

一、美国制造业演化轨迹及促进策略

（一）美国的制造业演化轨迹

一般认为美国的工业化是从19世纪初的"禁运"或者英美战争结束后开始的，经过了大概100年的时间，在1890—1920年得以实现。19世纪初美国还是一个典型的农业国家，

通过对进口的棉纺织品征收25%的关税，促进了美国本土纺织业和轻工业的发展。

美国的工业发展演化轨迹大致可以分为三个阶段。第一个阶段为19世纪初到40年代，称为美国工业化的奠基阶段。在这个阶段，美国的工业化实际上还未成型，在这40年间美国的人口特别是劳动力人数迅速增加，农业和交通实现快速发展，为后期的工业化打下了良好的基础。第二个阶段为19世纪40年代到70年代，称为美国工业化的起步阶段。在这个阶段，主要是发展重工业、采掘业和交通运输业，特别是淘金热推动了交通运输条件的快速发展，出现了"北方工业起飞"，加快了美国快速进入工业化的步伐。第三个阶段为19世纪70年代到20世纪初，称为工业化鼎盛阶段。在这一阶段美国的制造业在整个经济中的比重达到80%以上，重工业的比重已经基本与轻工业持平，产业结构不断优化，美国的整体经济实力得到快速提升，也实现了由农业大国向制造业强国的转变，美国的工业化得到实现。

每个国家工业化进程中表现出来的特点各有差异。美国的工业化过程中表现出来的主要特点是工业发展与自然资源、人力资源及技术等有密切的相关关系，主要体现在以下几个方面：

（1）丰富的资源。美国工业化的实现离不开其丰富的自然资源。美国的矿产资源和木材都十分丰富，通过开采矿产和木材，美国工业获得了丰富的燃料和工业原材料，美国广袤的土地资源也为工业产品的生产提供了充足的原材料。在人力资源方面，美国本土的劳动力再加上大量的移民，为其提供了丰富的劳动力资源。资本资源方面主要来源于资本转化，移民带来的资本和发行债券。美国与欧洲的对外贸易发达，通过海外贸易美国实现了商业资本的转化，积累了大量的资本财富。美国还通过高税收政策和发行大量的政府债券，使得大量的社会资本转化为工业投入。

（2）技术创新和科学的管理方法。在美国实现工业化的约100年时间内，美国政府的专利总数接近30万项，是工业化之前的约1 000倍，工业化期间的年均专利数量也达到2 000多项，是工业化之前的约100倍。正是基于大量的发明创造，美国才能超过英国，在工业化之后成为世界经济强国。另外一个重要的原因，是在工业化期间，美国的技术创新和发明专利与工业化生产紧密结合，企业成为技术创新的直接参与者和研发的主体，发明专利有最大的动力转化为企业的经济效益。总的来说，技术创新和发明专利对工业发展起到了直接和有效的推动作用。

（3）经济政策。工业化期间，美国颁布了一系列推动工业发展的经济政策。在18世纪末，美国实行关税政策，对进口的纺织品征收关税，在限制原材料出口的同时加强对国内产品的补贴力度，这一政策大力推动了美国工业化初期纺织工业的发展。美国的移民政策、教育政策和人才引进政策为美国的工业化带来了丰富的人才资源，另外，美国还颁布了推动交通运输业发展的一些法案，为美国的工业化提供了重要支撑。

(二)美国先进制造业发展促进策略

2008年，由美国次贷危机引起的全球经济危机，对美国的实体经济造成了显著的负面影响，制造业出现了显著衰退。因此，美国亟待通过振兴实体经济实现经济复苏。由图5-1可以看出，美国自20世纪以来经历了大约11次经济危机，基本每次经济危机都对制造业产生了严重的冲击。从最近一次即2008年发端于美国次贷危机的全球金融危机的影响来看，美国的制造业在2009年出现了历史最严重的负增长，即使在之后的几年也只有3%左右的增长率，距离危机之前的水平还有一定的差距。2009年，美国从国家政策层面正式提出制造业振兴战略，通过陆续颁布《制造业促进法案》《重振美国制造业政策框架》《先进制造伙伴计划》《先进制造业国家战略计划》等一系列政策措施和战略部署来实现制造业回归。美国制造业振兴战略基于先进传感器与信息控制技术、可视化和数字化技术、先进材料技术锁定了可再生能源产业、新能源汽车、先进材料的设计、合成与加工，以及纳米制造、柔性电子制造等领域，主要定位包括互联网改造升级制造业、大数据对制造业的覆盖与塑造、培育先进技术模块化产品和复杂产品设计与开发三个方面。

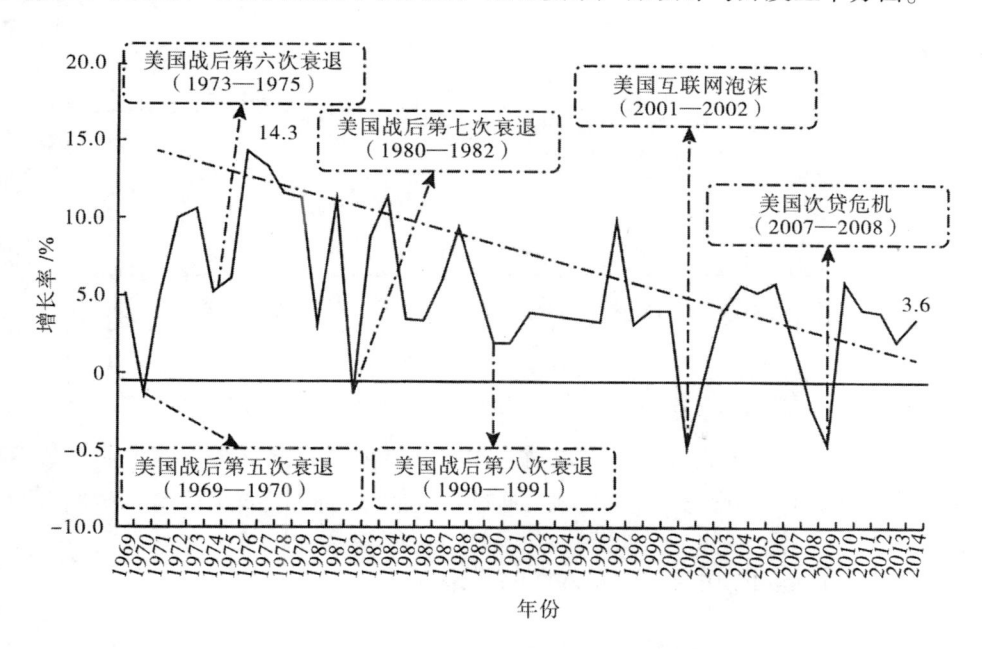

图 5-1　1969—2014年美国制造业增加值增速

美国提出制造业振兴战略主要有以下几个方面的战略意图：

一是提升美国的科学研究和技术创新能力。在20世纪90年代之后的20年间，美国的制造业大量向海外转移，不但在一定程度上影响了美国的本土就业，而且损害了美国的科技创新能力。因为科技创新与制造业发展有密不可分的联系，技术创新很大程度上是由企业生产的技术需求和消费者需求引致,所以通过实施制造业的回归计划能够推动美国本土的科技创新能力的提升。

二是提升美国经济的可持续发展能力。20世纪80年代之后,美国经济发展的重点由实体制造业转到房地产和金融领域,出现了比较严重的制造业空心化问题。2010年,美国的制造业总量被我国超越,特别是2008年经济危机之后美国在全球经济中的影响力下降,亟须通过制造业回归增强经济的持续增长能力。从图5-2来看,1969年以来,美国制造业增加值占GDP的比重呈现逐年下降的明显趋势。1969年,美国的制造业占经济总量的比重达到24.4%,接近1/4,到2009年降到12%的历史最低水平,到2014年的比重为12.1%,制造业在经济总量中的比重只有1969年的一半,振兴实体经济发展制造业已经成为美国经济发展战略的第一选择。

图5-2 1969—2014年美国制造业增加值占GDP比重

三是通过实施制造业振兴战略促进就业。2008年金融危机之后美国的失业人数不断增加,制造业发展对就业具有显著的正向影响,通过制造业回归能够降低失业率,解决就业问题。

二、德国制造业演化轨迹及促进策略

(一)德国制造业演化轨迹

德国与美国一样,也是传统的制造业强国,从19世纪初至今德国的制造业演化可以分为以下三个阶段:

1. 19世纪20年代至1945年

德国同英国和其他欧洲国家相比,工业化进程更晚。在1870年普法战争之前,德国的工业化水平并不高，工业相对于农业在国民经济中占的比重较低，与同期的英国和美国相比，德国在全球工业产出中的比重大约只有美国的一半，英国的1/3。在德意志国家统一之后，德国的工业化进入一个快车道，特别是第二次工业革命大大推动了德国向世界制造业强国的转变。其中一个重要原因就是德国利用英国和法国的现有技术，引进之后进行改良和创新，在炼钢、化工和电力等方面取得世界领先地位，到20世纪初德国不仅实现了工业化，而且工业发展超过了英国，成为仅次于美国的世界第二大制造中心和经济体。

2. 1945年至20世纪90年代

"二战"失败之后，德国被要求遵循非军事化和非工业化的原则进行生产，分裂之后的联邦德国在美国的支持下主要发展消费品制造业，特别是以模具、精密机床等为代表的小批量生产和小规模定制。到20世纪60年代德国的工业比重已经接近60%，而农业的比重已经降到4%以下。1970年之后，由于劳动力成本上升导致德国的劳动密集型制造业向其他国家转移，三次产业的比重也随之发生改变，服务业比重超过制造业，但由于德国的服务业与制造业紧密关联，服务业中金融业的比重较低，所以制造业向国外转移也对德国的服务业产生了一定的负面影响。然而，德国服务业比重上升、制造业比重下降的产业结构变动趋势仍然持续，到20世纪80年代，德国的服务业比重已经超过国民经济总量的一半。

3. 20世纪90年代至今

到20世纪90年代之后，德国通过采取一系列有效的措施对制造业比重下滑进行了干预，制造业比重有所回升，占到1/4。在这个时期，德国的制造业也面临着诸多挑战，特别是我国的劳动力成本的提升和日本、韩国制造业的崛起。德国通过选择发展具有技术优势的机械产品而放弃电子产品和纺织品等战略，逐渐巩固了自己在全球大型机械和医疗设备、机床、电气产品领域的霸主地位。到20世纪90年代初，德国在全球机械产品市场的比重占到1/5，超过美国和日本并且一直保持至今。德国制造已经成为德国经济的名片，德国的制造业从一开始的技术模仿到自主创新，从追求规模到关注工艺和品质，形成了以精专制造和高端制造为典型特征的德国制造模式。

德国与美国和其他欧洲国家的制造业发展历程相比，有相同点但又体现出显著的德国制造特征。从实现工业化到成长为制造业强国，技术创新、中小企业发展、政府政策支持等都是重要的原因，所以本部分从以下几个方面探讨德国发展成为制造业强国的特征和原因。

一是技术创新和发明创新是德国制造业发展的根本动力。德国在制造业演化的过程中涌现出许多发明创造的企业家，在内燃机、汽车等领域都具有奠基性的贡献。德国的技术创新对制造业的推动作用可以从发明专利数和企业研发投入两个指标来看，奔驰、大众、保时捷等著名汽车生产商和西门子、巴斯夫公司等汽车、电气、化工产业领域内的大型企业，每年的专利申请数在全球名列前茅；研发投入比重反映出一个国家技术创新的重要指标，大众、西门子、奔驰等企业都位居全球研发投入比重最多的25家企业。

二是小而精的中小企业在德国制造业中扮演了重要角色。在德国的机械制造和通讯行业中,90%的企业是中小企业。这些中小企业的员工一般在200人左右,具有较高的专业知识和技能水平。这些中小企业多是家族企业,生产的产品具有较高的科技含量和附加值,在各自行业内处于领先地位,具有很强的市场竞争力。许多家族企业历经100多年仍然是行业翘楚。

三是政府对制造业的政策支持。在20世纪之前,德国颁布了一系列社会保障政策,对早先的德国工业化的实现具有重要的推动作用。德国政策对制造业发展支持的一个重要体现就是政府牵头建立了基础研究的科学院所,还为一些大型的科研机构提供了资金支持。2010年德国成立了制造业企业责任部门,用以规范企业行为。

四是德国制造业标准化制度的形成。在经济竞争中,谁能制定标准谁就能拥有市场,所以制定标准的企业就相当于市场中的领导企业。德国制造业制定标准起源于20世纪初,在第一次世界大战期间工业零部件的标准化得到推广。在"二战"之后,德国制造业的标准化制度逐渐完善。德国标准化协会、德国电气、电子和信息工程协会、德国机床标准委员会等标准化组织成为德国标准化制度的主体,对德国制造业企业的发展起到了重要的推动作用。

(二)德国先进制造业发展促进策略

德国制造业在全球制造业中处于领头羊的地位,在高精尖的装备制造业等领域具有超强的竞争力,这与德国长期以来在制造业发展过程中十分重视制造技术的研发及应用,同时强调高度专业化管理在复杂工业生产系统中的应用是分不开的。德国在2006年推出了高科技战略,旨在促进研发和技术创新,确保德国制造业工艺在全球的领先地位;2010年德国又陆续推出了《2020高科技战略》,聚焦以人为本促进经济增长。伴随着新一代信息网络技术和数字化、智能化技术的发展及应用,德国基于其在世界信息技术领域拥有很高的能力水平以及在嵌入式系统和自动化工程方面的独特优势和发展基础,提出了以"互联网+制造业"为核心的"工业4.0"战略,以求实现制造业新的转型升级和国际竞争力的不断提升,继续保持德国作为世界制造业强国的地位。德国政府在2013年4月正式推出的工业4.0也被称为第四次工业革命,标志着全球进入了以智能制造为核心的智能经济时代。德国政府共计划投入2亿欧元,在全球范围内引发了新一轮的制造业振兴高潮。

三、日本制造业演化轨迹及促进策略

(一)日本制造业的演化轨迹

1. 战后迅速恢复阶段(1946—1955年)

第二次世界大战对日本的制造业造成了毁灭性的打击,1946年日本的制造业总量不到战前的一半，且主要的工业设备和工业产品都不到战前的一半。日本战后首先通过倾斜式的经济政策恢复制造业，把重心放在煤炭等基础原料工业上。在战后的5年间日本大力发展煤炭产业，煤炭产量大约以每年30%的速度增长。其把增产的煤炭用于生产电力和钢铁，粗钢产量的年均增长速度接近80%。钢铁、煤炭和电力的快速发展为日本其他制造业提供了重要的原料和能源条件，从而推动了战后日本制造业的复苏。

在煤炭、钢铁恢复之后，日本又把重点放到制造业设备的更新上。通过从美国和欧洲国家引进先进生产技术和生产设备，日本的造船等工业也得到快速发展。特别是朝鲜战争期间，美国从日本订购了大量的物资，不仅帮助日本解决了过剩的库存，还有效地促进了日本轻工业的发展。到1955年，日本的电子、石化等工业部门已经超过了"二战"之前的水平。日本通过有序的恢复计划和重点投资的战略实现了经济的快速复苏。

2. 重化学工业阶段（1956—1973年）

钢铁、石化工业的快速发展为日本制造业的振兴提供了坚实的基础。在这个阶段，日本确立了以重工业和化学工业以及加工贸易立国为重要战略的经济发展方向，得益于对国外先进技术和重化工设备的大力引进，通过实施持续的大规模投资和低成本战略，到20世纪70年代，日本的重化工业占经济总量的比重接近80%，年均增长率也超过20%，重化工业超过轻工业成为日本制造业的支柱。在世界市场中，日本的机械产品和金属制品的出口额也大幅提升，使得日本快速步入制造业强国的行列。日本重化工业的发展一方面提高了农业的现代化水平，使得农业在日本经济中的比重进一步下降；另一方面有力地推动了服务业的发展，优化了日本的三次产业结构。在这个阶段，日本的诸多工业产品在全球处于领先水平，电器机械、汽车、造船、机械产品都具有很强的国际竞争力，日本发展成为仅次于美国的第二大经济体。

3. 制造业持续低速增长阶段（1974—1991年）

20世纪70年代世界范围内的两次石油危机使日本意识到经济发展依赖海外资源的脆弱和危机，日本转而实施技术立国的战略，通过大力自主创新发展新材料、微电子和生物技术等产业，推动产业结构向高端化和高技术化层次发展。在这个阶段，日本继续巩固其制造业领域的优势，其经济保持在3%~5%的增速，虽然低于高速增长时期10%的增长率，但与其他国家3%的增长率相比仍然处于一个较高的水平。在整个20世纪90年代，日本制造业出口额占世界出口总额的比重一直稳定在10%左右，而且在与美国的对外贸易中实现了贸易顺差并且不断扩大，在汽车、机器人、半导体市场中，日本都击败美国成为最大的生产国，日本制造业的国际竞争力不断提高。这一时期的日本成为世界第二大超级经济大国。

4. 制造业停滞阶段（1992—2002年）

1989年年末，日本股市的黑色星期一成为日本20世纪90现代泡沫经济开始崩溃的起点，企业的土地资产和股票大幅贬值，企业规模有所减小，贷款变得更加困难。由于日本政府的产业政策失误等原因，日本企业没有应对这次国内的经济危机做出迅速调整，企业生产效率下降，破产企业数量增多。日本在20世纪90年代的经济增长率只有1%左右，居民消费水平和社会投资总额也是呈现负增长的状态，经济停滞不前。从1991年开始，经济泡沫破灭带来的后果越发严重，许多制造业企业效益恶化，就业人数严重下滑，许多企业不得不破产。到1993年，美国在汽车、半导体领域又重新超过日本夺回世界第一的宝座，日本经济进入长达10年的调整期。在这10年间，日本的居民生活水平和企业发展水平基本没有提高，勉强依靠公共投资和出口额的增加来维持低水平的经济增长。

5. 波动发展阶段（2003年以后）

到2002年，日本的经济逐渐结束10年的经济停滞期进入到复苏阶段，2002年的经济增长率大约为0.3%，到2007年日本的经济增长率已经达到2.4%，与20世纪90年代平均1%的经济增长率相比已经有了明显提高。同时，日本的制造业也进入新的发展阶段，伴随着主要工业产品产量和出口额的增长，企业经济效益水平也在不断提高。但2008年由美国次贷危机引发的全球金融危机对日本也造成了巨大的冲击，日本经济的名义增长率和实际增长率出现双负增长。伴随着经济危机，日本的制造业又进入新一轮的衰退。

（二）日本的先进制造业发展促进策略

2008年的金融危机给日本的制造业带来了强烈的冲击，许多中小企业破产。2013年，日本提出重振战略制造业的目标，并配套其他税收和人才政策体系，旨在提升制造业生产要素水平，增加劳动力供给，为制造业的振兴发展提供条件。日本的先进制造业战略措施主要体现在以下几个方面：

一是相关政策法案的颁布。2013年日本相继颁布了《产业竞争力强化法案》《国家战略特别区域法》等一系列经济政策法案。《产业竞争力强化法案》主要是放宽对新成立企业的限制和企业新业务审核的限制，推动有潜力的企业快速发展。该法案还对企业重组和风险投资实施了税制优惠措施。

二是推动制造业回归与高端创新的结合。日本在大力推动大数据、机器人、3D打印等新型工业技术创新的同时，更加强调技术创新与制造业的结合，特别是像电子与汽车、能源与信息等不同行业间的融合，以提升日本在高精尖产业领域的竞争力，巩固其竞争优势。

从图5-3中可以看出，2006—2016年，日本制造业在我国和日本之间呈现明显的回归趋势，日本在我国设立生产基地的步伐在明显减缓，而制造业回归日本本土的步伐却在明显加快。近些年，日本的制造业也存在海外转移的问题。在日本的制造业振兴战略中，日本政府一方面在倡导制造业回归本土，另一方面倡导将设计企业技术研发、人才培训等关键环节的"母体"留在本土，推动"母体"与海外生产的有机结合，既在日本本土保留了企业的命脉，又能有效推动海外生产企业的发展。

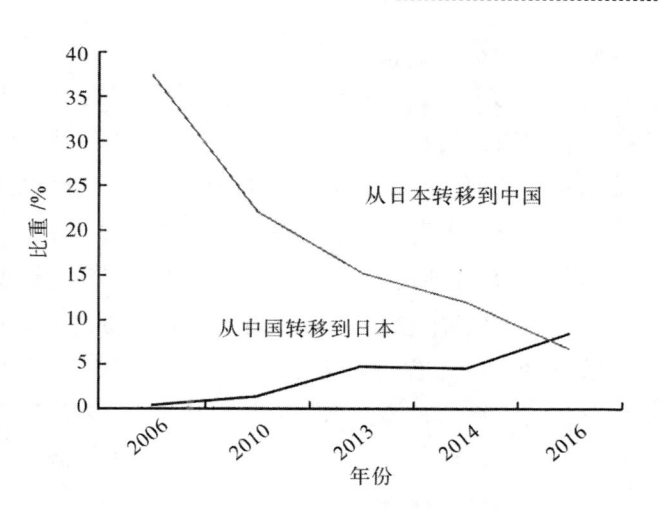

图 5-3 近 10 年日本制造业在中日之间的转移趋势

四、发达国家制造业演化规律和启示

2008年金融危机之后，美国、日本、德国等发达国家把发展中心重新转移到实体经济上，因此，先进制造业必将成为未来世界经济争夺的制高点。发展先进制造业直接关系到我国国民经济的控制力和影响力，集中体现了我国的综合竞争力和工业发展的技术水平。从世界制造业的发展历程来看，虽然欧美发达国家的制造业发展处于领先地位，但由于我国与发达国家的制造业演化在某些阶段有一定的相似性，特别是工业4.0阶段，发达国家先进制造业的重振和重塑经验对我国发展先进制造业有重要的启示作用。因此，正确认识、充分学习工业发达国家先进制造业的演化规律，对于我国建设制造强国的战略目标具有重要的借鉴意义。通过对美国、日本、德国等发达国家推动先进制造业发展的战略和政策分析，这些规律和启示主要体现在以下几个方面：

第一，拥有领先、专有的制造技术是制造业长期处于国际先进水平的关键因素。从制造业的演化历程来看，技术革新是推动工业革命和制造业高速发展的源动力，所以，拥有制造技术优势的国家也就是制造业发展水平领先的国家。这些发达国家在技术上的领先不仅与其研发经费投入的高比例相关，更与这些制造业发达国家长期以来特别是在基础制造领域的技术积累密切相关。我国制造业发展所依赖的技术创新主要依靠企业的研发投入，技术创新能力较弱的现状并没有根本改变。虽然高校和科研院所也在技术创新方面做出了重要贡献，但产学研的结合以及科研成果的有效利用水平不高还是制约了技术创新转化为生产力。这方面美国的技术创新机制和体系构建为我国提供了一定的借鉴。美国在技术创新上的优势来源于其由大量的全球顶尖研究型大学所支撑的企业前沿技术创新能力，特别是与市场需求紧密结合的复杂产品和模块化产品的一体化设计开发能力，形成了顶尖大学、大型企业集团和专业化中小企业构成的完善的技术创新体系，美国从而具有了强大的基础研究能力和前沿技术的开发能力，这也是美国制造业长期处于世界领先水平的根本原因。虽然我国在世界顶尖高校的数量和发展水平上与美国具有较大差距，但一些高校和科研院所也具备了世界一流水平的科研实力，如何推动高校、科研院所与企业的合作研发，构建具有我国现阶段特色的产学研技术创新体系是亟待解决的问题。

第二，强调大企业的引领和示范作用。大型企业集团在技术创新、规模经济和抵御风险等方面具有中小企业难以比拟的优势。在一个行业内，具有市场领导地位或者较大竞争优势的大企业，是这个国家制造业处于先进水平的重要标志。像日本的丰田、本田、日产、索尼、松下，美国的苹果、福特、波音，德国的大众、宝马、西门子都是在各自的市场中处于行业领导者的地位，具有较强的市场势力和竞争优势。先进制造业的发展相比较传统的制造业更需要大企业，因为只有自动化水平高、技术创新能力强、资金实力雄厚的大企业才能提供发展先进制造业所需要的高精尖的智能制造装备、信息集成技术以及一体化的智能制造生态系统。从发达国家制造业的发展历程看，大型的制造业企业集团是其制造业整体实力处于国际领先地位的基础和保障；而在严重的经济危机时期，实体制造业企业保证了这些发达国家能够走出低谷迅速实现经济复苏。具有行业领先水平的大型制造业企业正是我国先进制造业发展的一大短板，世界500强的中国企业中，制造业企业的比例较低，培育在全球处于领先地位的大型制造业企业还任重道远。

第三，重视高附加值产品和高端制造业。美国、日本和德国在许多制造业领域都把战略重点放在高附加值产品上，逐渐放弃或者向国外转移中低端产品的制造。虽然近些年美国等发达国家陆续实施了制造业回归战略来重振实体经济，但低端制造业不在此行列，发展高附加值和高端制造业的战略目标，在发达国家的制造业回归战略中不仅没有弱化，反而得到进一步的加强。在很多高精尖领域，发达国家不仅长期拥有全球领先的先进制造技术，而且能够获得高利润。高附加值产品的源泉还是技术优势带来的市场势力和高价格，对于我国的先进制造业发展，一是要加快提升技术创新能力尽快占领全球价值链的中高端；二是优化企业增值模式，实现生产性服务与产品制造过程的深度融合，提升产品附加值和市场竞争力。

第四，具有较高的制造业服务化水平。随着信息化、网络化、智能化与先进制造技术的融合，制造业产品和服务的集成化和系统化将成为先进制造业未来主要的制造模式。先进制造业很多产品领域将来提供的不再是单一产品，而是提供产品设计、生产、售后服务的整个系统方案，为客户提供全生命周期的服务。专门从事汽车设计、发动机设计、风力发电设备设计等一系列制造业产品设计和服务的企业在发达国家的制造业发展历程中起了重要的推动作用，而且许多大型集团已经形成了系统的制造服务化模式。以软件和互联网发展见长的美国就非常重视制造业的软服务，强调大数据分析，信息系统集成和先进制造业服务行业。

第五，重视对制造业人才的培养。不管是美国、德国还是日本，制造业的长盛不衰都离不开充足的制造业人才。即使是在"二战"之后,德国和日本能够实现制造业的复兴,制造业人才也是主要的原因。德国对制造业人才的培养主要是采取"双轨制"的教育体系。所谓"双轨制"一方面指的是以产业发展需求为导向,职业资格标准和课程开发严格根据产业现实需求变化做出及时调整;另一方面是成熟的校企合作培养模式,在学校学习理论知识与在企业接受培训相结合,特别是在企业培训期间由经验丰富的工程师进行直接指导,使得德国的制造业人才不仅具有较高的技术水平和实践能力,更重要的是具有较强的延续性。可以说德国制造业振兴离不开制造人才的突出贡献。而美国对于制造业人才的培养主要依赖于其世界一流的高等教育和职业教育水平,特别是对制造业人才创新能力的培养在全球首屈一指。相比较而言,我国的制造业人才的培养主要依赖于职业教育和工厂的学徒制。从适应先进制造业未来发展的需求来看,我国制造业人才的培养水平还远远不能满足先进制造业的发展要求。要解决这个问题,一方面对于高精尖的研发人才要加大引进力度,另一方面要完善职业教育体系,重视理论与实践的融合,建立校企合作的有效机制,提高制造业人才的培养质量。

第三节 我国先进制造业演化轨迹分析

一、我国制造业演化轨迹

从新中国成立以来我国制造业的发展历程来看大致可以分成三个阶段:第一个阶段是"起步"阶段(1949—1978年);第二个阶段是"成长"阶段(1979—2007年);第三个阶段是"调整复苏"阶段(2008年至今)。本部分的研究主要是以技术演化和制度演化的视角对我国制造业的发展阶段进行归纳和比较,总结我国制造业发展的历史规律,对我国制造业不同发展阶段的战略进行评价,展望我国先进制造业发展的未来方向,为我国先进制造业发展战略的制定和实施提供一个历史视角的规律借鉴。

(一)"起步"阶段(1949—1978年)

新中国成立初期,工业基础非常薄弱,新中国的工业化走过了一条非常艰难的道路。欧美资本主义国家对新中国的经济进行封锁和打压,我国亟须通过振兴制造业维护国家经济安全,促进新中国的经济发展。苏联当时作为社会主义阵营之首,通过优先发展重工业实现了经济的快速崛起,所以第一个五年计划期间(1953—1957年)我国在苏联的帮助下集中、优先发展重工业,逐渐形成高度集中的计划经济体制,向实现社会主义工业化迈

我国先进制造技术追赶与先进制造业发展研究

进。到第一个五年计划结束的时候，我国已经有了飞机、汽车等工业，初步改变了我国工业的落后面貌，为我国工业化的实现奠定了基础。新中国成立初期我国的工业总产值为140亿元，到第一个五年计划结束时的1957年，我国的工业总产值已经达到704亿元，比新中国成立初期的5倍还多。

从1956年开始，新中国的制造业发展进入十年探索期。在1956—1966年的10年间，新中国的工业化进程仍然是以重工业为主，工业化进程在曲折中艰难前进。到1966年，我国的工业总产值达到1 200亿元，大约为新中国成立初期的8倍多，比1956年翻了一番，如图5-4所示。1966年，工业从业人员总数突破1 700万人，工业企业实现的总利润突破80亿元，利润率达到7%，比10年前也有大幅提高，如图5-5所示。主要工业产品的产量也有了大幅增加，1966年铁路机车的产量达到353台，比1956年翻了一番；发电设备达到132万千瓦，是1956年的6.5倍；汽车产量也由1956年的1 700辆增加为55 900辆，如图5-6所示。经过十年探索期，我国初步建立了比较完整和独立的社会主义工业体系。

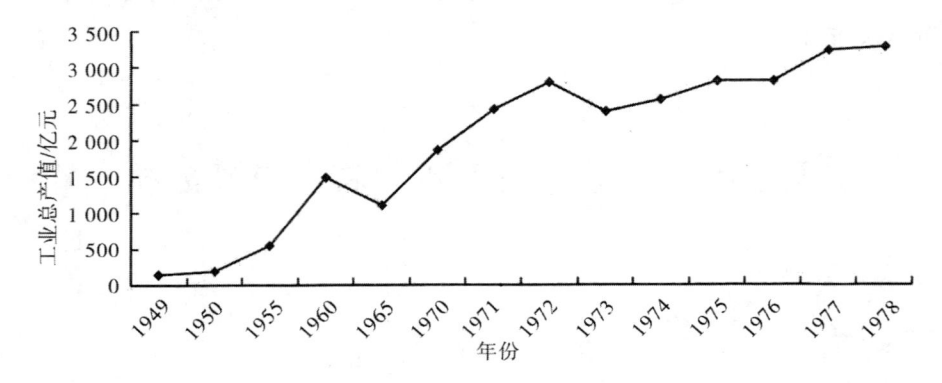

图5-4　1949—1978年我国工业总产值

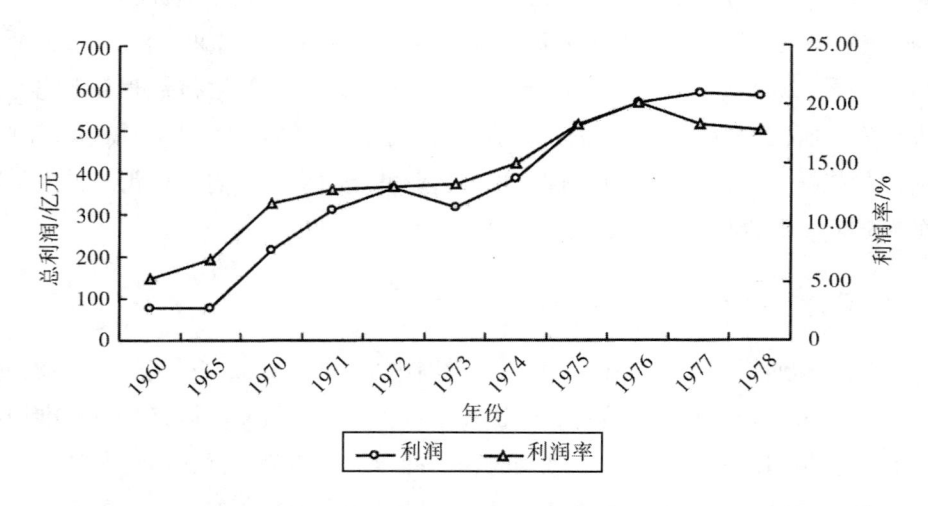

图5-5　1960—1978年我国工业效益

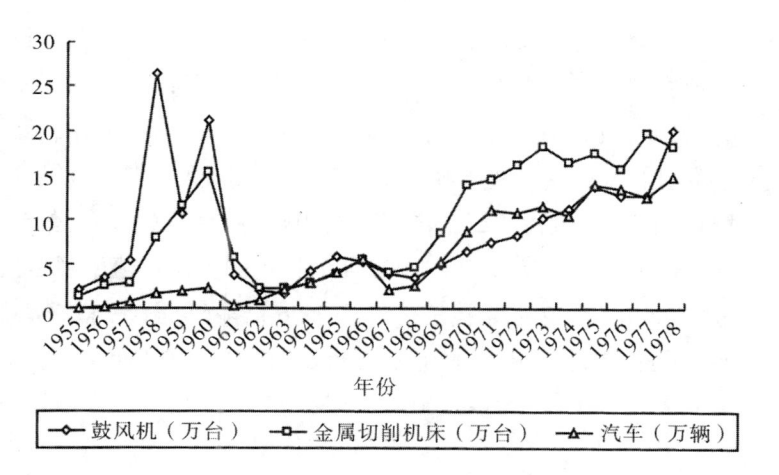

图 5-6 1955—1978 年主要制造业产品产量

1966—1978 年，我国工业受到严重影响，损失惨重，进入仍以重工业为主的缓慢发展阶段。到 1978 年，我国的工业总产值达到 3 262 亿元，年末工业从业人员总数突破 5 769 万人，实现利润 579.7 亿元。在这个阶段，工业企业的整体利润率呈现先增后减的趋势，到 1978 年行业利润率基本稳定在 18% 左右的水平。

从主要工业产品的产量来看，1978 年铁路客车的产量为 784 辆，是 1966 年的 6 倍，轨道交通达到 18 305 辆，是 1966 年的 3 倍；发电设备达到 483.8 万千瓦，约为 1966 年的 4 倍；汽车产量达到 14.9 万辆，约为 1966 年的 2.6 倍。

新中国成立后 30 年我国制造业呈现出典型的重工业化特征，这也对我国工业发展和社会经济带来了一定的负面影响。新中国成立以后的工业化进程将大量的经济资源放在重工业的发展上，使工农业之间的生产率差距越来越大。农业在这 30 年间并没有显著发展，而农业人口仍然占很高比重，使得我国的二元经济结构特征愈发明显。另外，把经济发展中心放在重工业上，因而忽略了轻工业的发展，与我国人口庞大的资源特点相悖，违背了资源的比较优势，导致劳动密集型产业没有得到发展，人民的收入水平很低，消费品的缺失也难以满足人民群众提高生活水平的需要。

（二）"成长"阶段（1979—2007 年）

1978 年之后，党的十一届三中全会重大决策的作用开始显现，工业化建设全面展开。这个时期，我国开始实施改革开放，建设有中国特色的社会主义市场经济理论不断完善。到 20 世纪 90 年代，我国的工业化进程在技术改革和基础建设方面取得重大进展，建成了一批赶超世界先进技术水平的工程项目。这个时期我国的工业化进程呈现出以下特点：一是经济体制由单纯的计划手段转向计划手段与市场调节相结合，市场调节在资源配置效率上的优势是计划手段所不具有的，而计划手段使经济利益关系具有整体性，减少了宏观经

我国先进制造技术追赶与先进制造业发展研究

济活动的盲目性，使社会经济活动在整体上保持平衡，所以两种手段的有机结合才能推动社会主义经济的快速发展。二是由封闭经济走向开放经济。党的十一届三中全会提出了开放发展的新道路，1979年中共中央、国务院决定在深圳、珠海、汕头、厦门设立经济特区，具有明显的外向型特征，这是我国经济由内向型发展转变为外向型发展的开端。

1978年我国的工业总产值为3262亿元，到1992年我国的工业总产值已经上升到37066亿元，是1978年的10倍还多，到2000年我国的工业总产值已经达到85674亿元，到2007年工业总产值为405177亿元，是2000年的6倍多（见图5-7）。从1978—2007年30年的工业增长趋势可以看出，大体分为三个阶段：1978—1992年工业发展保持低增长，1993—2000年增长率有所提升，2001—2007年保持一个大约25%的高增长率。

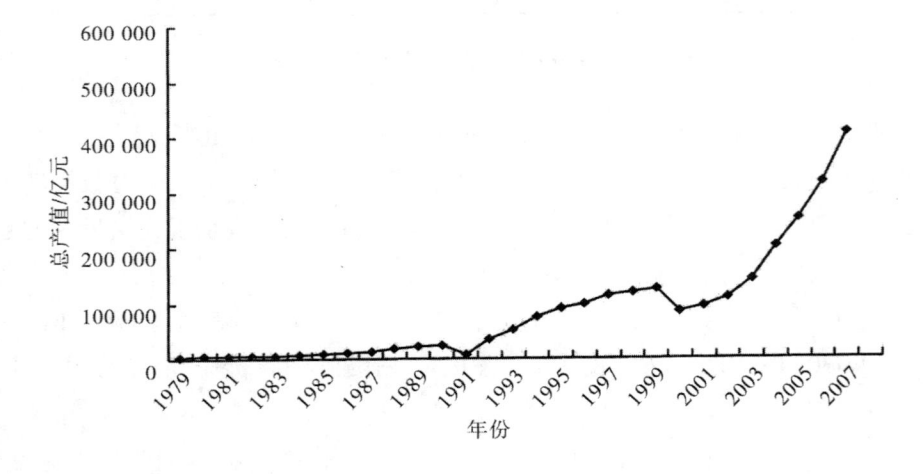

图5-7 1979—2007年我国工业总产值

从工业增加值和工业在国民经济的比重变动趋势来看，1978年工业增加值仅有1607亿元，到1992年工业增加值为11699.5亿元，大约为1978年的7倍，到2007年，我国的工业增加值为124799亿元（见图5-8）。从工业增加值来看，我国的工业发展在1978年之后一直保持稳定增长，在2000年之后进入一个快速发展期。改革开放之后，我国的工业化进程明显加快，从工业在国民经济中的比重来看，我国工业增加值占GDP的比重自20世纪90年代之后一直保持在45%以上，并且到2007年达到48.5%，我国工业在国民经济中的主导地位一直在不断加强。

从主要工业产品的产量来看，铁路客车由1978年的784辆增加到2007年的2425辆；铁路货车由1978年的1.7万辆增加到2007年的4.22万辆；轨道交通由1978年的18305辆增加为2007年的45627辆；发电设备由1978年的483.8万千瓦增加为2007年的12991万千瓦；鼓风机由1978年的20.1万台增加到2007年的432.33万台；汽车产量由1978年的14.91万辆增加到2007年的88.89万辆。

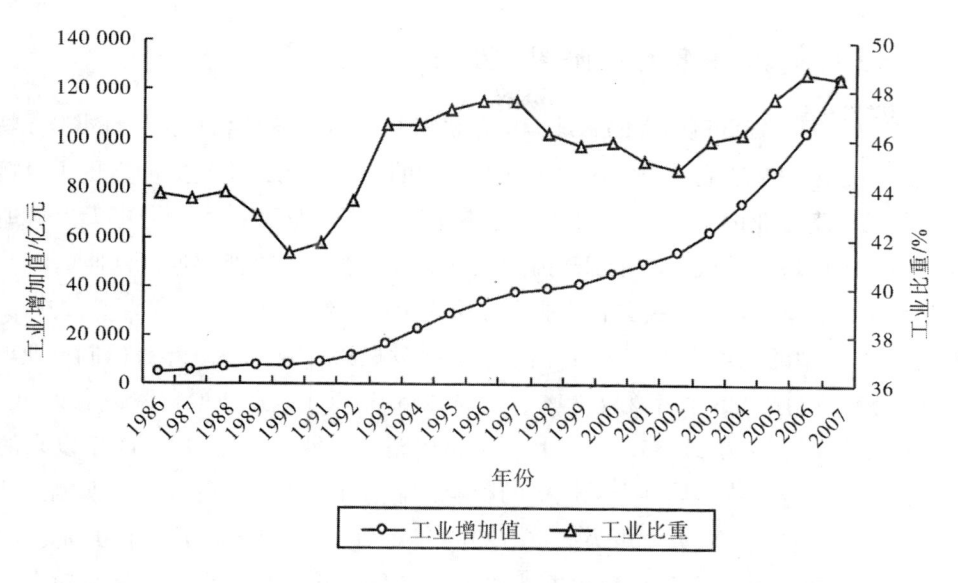

图 5-8　1986—2007 年工业增加值及其比重

如图 5-9 所示，从我国工业企业的经济效益来看，1979 年我国工业的利润总额 579.7 亿元，利润率为 17.77%，从 1979 年到 1988 年工业的利润总额一直呈现增长趋势，但是利润率呈现下降趋势，到 1989 年利润率已经下降到 5% 以下。经历了 1990—1992 年三年的低谷期以后，我国工业的效益情况又迅速恢复到之前的高水平，到 2007 年利润总额接近 27 155.2 亿元，利润率为 6% 左右。整体来看，我国工业的经济效益总体趋势是在逐年增加，利润率在 2000 年之后一直维持在 6% 左右，企业的盈利能力并不强，这也是与我国工业发展的总体技术含量较低，产品的经济附加值不高有关。

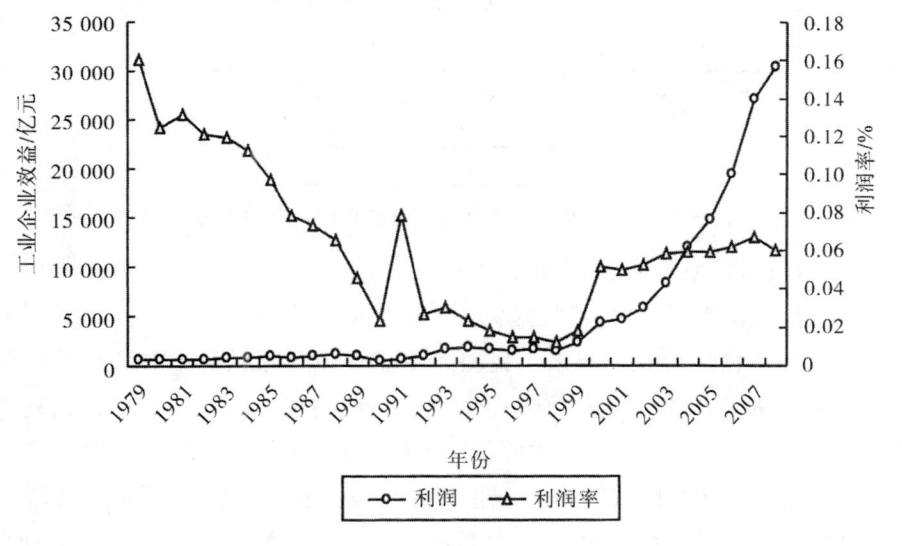

图 5-9　1979—2007 年我国工业企业效益

（三）调整复苏快速发展阶段（2008—2020年）

2008年由美国次贷危机引发的全球金融危机对我国的经济产生了巨大的冲击。特别是对出口占主导地位的制造业，与农业和服务业受到的冲击相比，受到的冲击更为直接和强烈。金融危机对制造业内部各部门的冲击也不相同，轻工业受到的冲击更大。从地域上看，首先冲击了出口比重最大的东部沿海地区并通过产业链向中西部地区延伸。

如图5-10所示，2008年我国制造业增加值为102 539亿元，增长率为17.23%，制造业增加值在GDP中的比重为32.09%；由于受金融危机的影响，2009年我国制造业增加值为110 118亿元，制造业增长率为7.39%，是自2000年以来制造业增长率的最低点，制造业在国民经济中的比重为31.55%，与上一年相比略有下降，也是自2003年以来的最低点，虽然我国的经济整体都受到金融危机的影响，制造业的占比下降还是说明制造业受金融危机的影响相比农业和服务业更为严重。2012年和2013年制造业增长率分别为8.23%、6.86%，这是因为2009年宏观政策效果减弱之后，金融危机对制造业还是表现出了显著的负面影响。到2015年，我国制造业增加值已经增加至208 040亿元，增长率为6.55%，是自2000年以来的最低点，制造业在国民经济中的比重为30.35%。

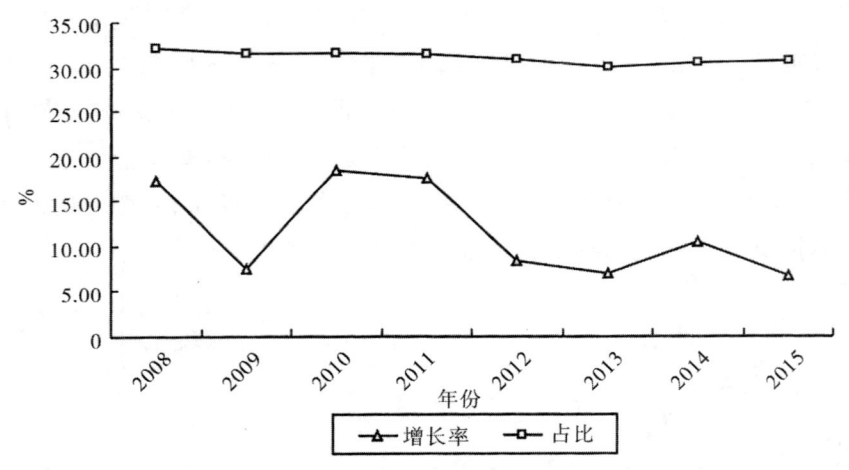

图5-10 2008—2015年我国制造业增长率和占比

制造业是我国国民经济的支柱产业，2008年之后，虽然受到金融危机的影响，但我国的制造业总体发展规模不断扩大，制造业在全球的国际竞争力不断增强，产品门类日益齐全，完善的产业体系也逐渐建立起来，我国的制造业在全球经济中的地位不断提升。到2010年，我国制造业总产值大约为2.05亿美元，大约占全球产值的20%，超越美国成为世界制造业第一大国，在全球500种主要制造业产品中，我国有220种产品的产量排在世界第一。2017年，我国有115家企业入选世界500强，上榜总数连续第14年增长，仅次于美国的130家，远高于日本的51家。但是从上榜企业的行业性质来看，我国的上榜企业主要集中于商业银行、能源、房地产行业,像中石油、中石化、四大商业银行等企业,但是日本的上榜企业中除了金融业,还有10家电子通讯行业企业和10家汽车企业,这20家企业都是创新能力很强的制造业企业。所以从世界范围来看,虽然我国的制造业规模已经世界第一,但是距离世界制造业强国还有一定的差距。

改革开放之前,由于我国处在计划经济体制下,这一时期的制造业发展主要是由政府主导,其发展趋势与发达国家工业化的一般规律大不相同,主要原因在于计划经济体制下企业无法根据市场需求进行生产决策,生产资源的流动受到严格控制,国内外的动荡局势也使得制造业的发展受到较大的负面影响,导致这一时期我国制造业的发展轨迹极不稳定。改革开放之后,我国制造业发展逐渐步入正轨,制造业的演化规律与发达国家工业化的一般规律具有一定的相似性。这一时期制造业的快速发展一方面得益于经济体制改革,计划经济体制向市场经济体制的转轨使得市场需求和生产要素得以释放,企业能够根据市场需求进行生产决策,制造业结构逐渐优化,要素结构和需求结构都对这一时期的制造业快速发展起到了重要的推动作用。另一方面,得益于我国积极实施改革开放战略,外部需求为我国制造业的发展提供了强大的外生动力,到2008年金融危机之前,我国的制造业一直保持一个较高的增长速度。2008年全球金融危机之后,我国经济增长逐渐进入新常态,制造业受国内外经济形势的影响在2011年之后也进入低速发展阶段,我国制造业由追求高速增长转为追求高质量增长。

从表5-1可以看出,2017年我国制造业增加值为35 931亿美元,位居世界第一,占世界制造业比重超过1/4,并且我国的制造业增加值超过了美国和日本制造业增加值之和。中国、美国和日本三国的总额占全球制造业增加值一半多。我国的制造业总量已经稳居世界第一位,成为名副其实的制造业第一大国,并且我国依托世界上最完善的制造业体系,正向制造业强国稳步迈进。

表5-1 2017年世界主要制造业强国制造业增加值及占比

国家	制造业增加值/亿美元	占GDP比重/%	占世界制造业比重/%
中国	35 931	29.34	28.57
美国	22 494	11.60	17.89
日本	10 255	21.05	8.16
德国	7 599	20.66	6.05
韩国	4 220	27.57	3.36
印度	3 895	15.00	3.10
意大利	2 842	14.69	2.26
法国	2 618	10.14	2.08
英国	2 413	9.20	1.92
巴西	2 087	10.15	1.66

二、我国先进制造业发展趋势分析——以长三角和珠三角地区为例

作为我国经济水平最高的地区之一,长三角与珠三角的先进制造业是具有一定的借鉴意义和参考价值的。从全局把握,长三角与珠三角地区的制造业发展情况也就从某些角度展示着我国整体制造业发展的前景。这一部分根据这两个制造业发展的先进地区发展情况,分析我国在今后的制造业发展情况。

(一)长三角和珠三角地区先进制造业发展现状

上海、江苏、浙江组成的经济带是我国经济发展水平最高的一个经济地带。长三角地区用它不断扩大的资本积累加速着这一地域的经济发展,长三角地区在强有力的实力保障下,力争变成世界最为重要的制造业基地之一。在社会不断发展,经济模式不断发生变化的同时,长三角地区的各个省市已经把制造业产业的升级转型列入协同发展的规划当中。

2008年世界金融危机对于长三角地区的经济发展影响较大,在金融危机过后,这一区域的制造业产值增长速度受到重创。与此同时,该地区的各个省市在制造业进一步发展方面都开始进入"瓶颈",尽管这些地方的制造业总规模依旧处于增长趋势,但实际的发展还是受到了重创。在这样的形势背景下,上海与杭州的制造产业相对规模在逐渐变小,而江苏与安徽的制造业规模却在逐渐变大。由于江苏具有非常丰富的能源支持,所以在整个长三角地区,江苏所占的制造业总比重接近一半。纵观全局,在长三角地区,制造业主要是"输血式"的前景模式。

珠江三角洲地区的先进装备制造业发展方向明确,有独特的发展规划和发展目标。在深圳,数字产业的支持使得先进装备制造业有了很好的发展背景,例如,国内知名品牌华为就是借助了数字产业的快速发展。一系列高新技术产业在深圳的发展为当地数字装备产业发展提供了支持,一些高精尖技术的出现也为深圳的发展提供了支持。在珠三角地区,政府鼓励高科技产业的发展,并提供充足的资金支持。

珠海在"十三五"期间的重点发展项目是开采海洋矿物原材料的设备和用具以及港口建设所需的设备和大型工具,加快建成大规模的海洋工业设备、工具制造场所,中小规模轮船的生产制造场所,重点加快了为个人与企业提供航空设备的相关科技的研发。珠三角地区处于广东省经济与科技发展中心地位,具有发展的先锋优势,正在稳步推进先进设备的制造工艺与关键技术,加强与全球其他国家的交流,不断深入执行国家相关部门制定的《促进装备制造业质量品牌提升专项行动指南》。珠三角地区的建设目标是将设计与制造设备品牌化、国际化,提升国际市场竞争力水平,掌握先进的设备制造的核心科技。

(二)珠三角、长三角地区先进制造业演进态势

从长三角和珠三角制造业的发展现状来看,两者制造业均呈现良性发展的态势,并且

均将先进制造业作为新时期发展的重点环节。由于先进制造业的内涵具有鲜明的时代意义，伴随着地区经济发展以及国际制造业产业结构的调整，先进制造业的内容也呈现出多样化的趋势，因此，对于演进态势的分析能够为探究我国先进制造业新时期的发展指明道路，也能够在一定程度上为找寻先进制造业历史发展规律提供依据。本部分从产业结构演进、产业技术演进以及产业绿色化演进态势三个方面对长三角和珠三角先进制造业演进态势进行比较分析。

1. 产业结构演进态势

本部分使用数据来源于1990—2016年《中国工业经济年鉴》中长三角地区和珠三角地区各省份两位数产业当年工业总产值的相关数据，其中测算主体长江三角洲地区是指以上海为中心的上海、江苏、浙江和安徽四个地区，而珠江三角洲地区是以广东省为核心的经贸关系密切的福建、江西、广西、海南、湖南、四川、云南、贵州和广东9省，以及香港、澳门2个特别行政区。

长三角和珠三角1989—2015年主要产业的对比指标是各地区两位数制造业当年价工业总产值与全国当年价工业总产值的比值，对各地区前五位的主要产业进行比较。长三角和珠三角地区制造业均呈现由低附加值的加工制造业向高附加值的先进制造业演进的态势。对于长江三角洲地区而言，其起步于以化学纤维、纺织，电子通信为主的简单加工工业，1989—1992年经历了同样为简单加工工业的化学工业的发展并在1992年达到顶峰，随后在1992—1996年由于重化工污染工业的限制以及相关基础研究的欠缺，化学工业呈现逐渐下降的趋势，并于1996年退出前五行列，与此同时珠三角地区在1989—1996年化学工业呈现出相同的发展态势，这也意味着简单加工工业开始退出区域发展重心。面临相同境况的金属制品产业在接替化学工业之后也在1996—2000年逐渐走向衰落，与此同时以通用设备制造业、专用设备制造业为代表的机械工业、仪器仪表制造业和电子通信制造业逐渐发展起来，在持续技术研发、产品革新以及深化产品集成的基础上，逐渐演变为长三角地区的主要发展重心。值得注意的是，长三角地区化学纤维产业虽然在1989—2015年一直位于前五名，但其产业内部已经逐渐形成由以轻工业化学纤维制造为代表的低端产品向以新材料产品为代表的高端产品的转化，这也是该产业长期保持生命力的主要原因。在珠三角制造业演进方面，由于其毗邻香港、澳门等对外窗口，其产业结构起步高于长三角地区，电气机械、医药工业、金属制品业是该地区初期的主要产业，在经历了1989—1996年以化学工业、金属制品业为代表的简单加工工业的衰落之后，珠三角地区依托电子信息科技方面的优势，建立起以电子通信、电气机械和仪器仪表等电子信息技术集成产业为主导的先进制造业发展模式，依托电子信息技术不断革新是珠三角地区先进制造业演进的主要策略。

2. 产业技术演进态势

珠江三角洲和长江三角洲地区发展先进制造业的起点不同，但是高效率的技术研发和产品革新是二者实现先进制造业发展的共同策略。因此，本部分通过1995—2016年中国高技术产业统计年鉴的相关数据，对全国、长江三角洲地区、珠江三角洲地区的科技活动中科学家和工程师比率和新产品投入产出率进行测度，以反映两地区产业技术的变化趋势(见图5-11)。

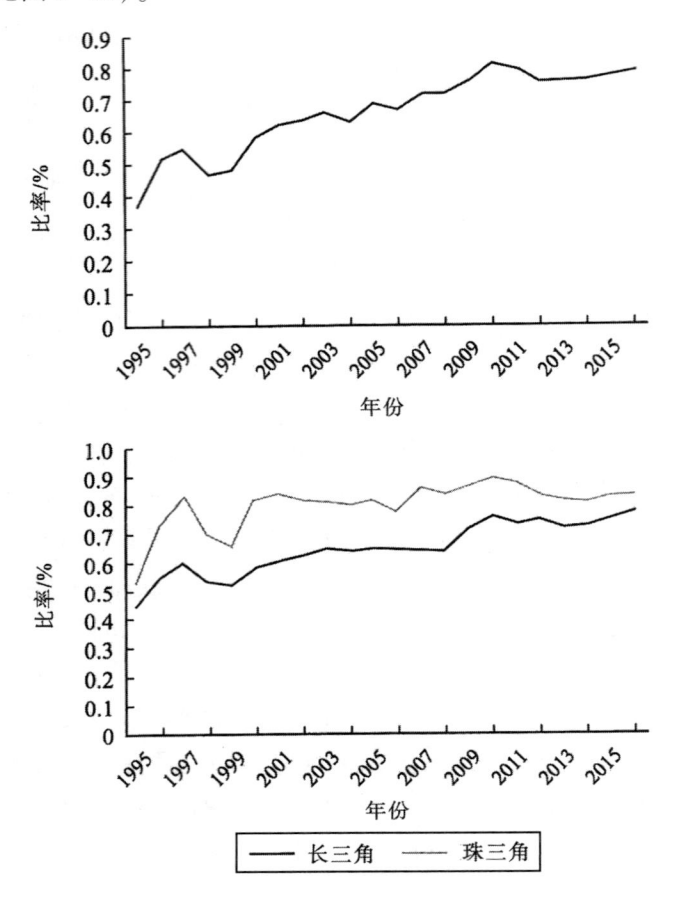

图5-11 全国、长江三角洲地区和珠江三角洲地区科技活动中科学家和工程师比率

从全国、长江三角洲、珠江三角洲地区科技活动中科学家和工程师比率比较中可以看出，长江三角洲和珠江三角洲地区具有较高技术研发能力的科学家和工程师比率维持在较高的水平上，并且呈现出逐渐上升的态势，但上升幅度相较于全国的平均水平仍然较低，但总体的发展呈现出趋同的态势。具有较强研发能力的科学家和工程师是产业发展的活力源泉，长三角和珠三角地区该比率的逐渐增长也是其产业逐渐由加工制造转向具有自主研发能力和高集成性的先进制造业的主要动力。

新产品投入产出率是衡量地区新产品革新活动效率的主要指标，如图5-12所示，两地区新产品革新活动效率呈现趋同的态势，新产品投入产出率基本维持在15%左右，即1单位新产品研发投入一般可以带来15单位新产品销售收入，这就意味着高新技术的研发效率维持在相对平稳的态势上。过高的新产品革新效率的波动,将会降低新产品研发的投资活动的积极性,而相对平稳的技术研发效率为两地区先进制造业的发展奠定了基础。

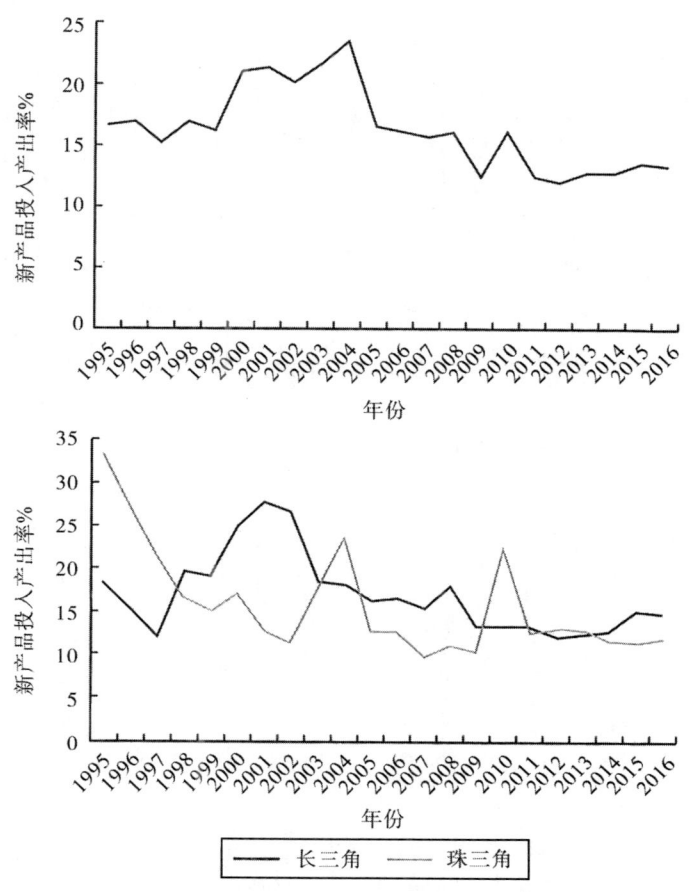

图 5-12 全国、长江三角洲地区和珠江三角洲地区新产品投入产出率

3. 产业绿色化演进态势

绿色化发展是先进制造业发展的主要方向,也是地区社会发展的主攻方向,先进制造业绿色化发展不仅体现在企业节能减排方面,也体现在工业绿色化相关服务产业的发展上。因此,本部分基于 2004—2015 年《中国环境统计年鉴》,通过全国、长江三角洲地区、珠江三角洲地区的工业废水治理设施数量、工业气体废弃物治理设施数量和相关设施工业固体废弃物处置率三个指标对产业绿色化演进态势进行分析。

由图 5-13 可以发现,工业废水和工业气体废弃物治理的相关设施呈现出平稳增长的态势,而其中工业废水治理设施的增长速率小于工业气体废弃物治理设施的增速,并且工业气体废弃物治理设施数量在 2012 年呈现出峰值;工业固体废弃物处置效率仍然处于相对较低的水平,仅能维持在 20% 左右,而相关废弃物工业再生产产业发展仍然不够明显,这一方面是由于长三角、珠三角地区主要以高技术含量、高附加值的高新技术制造业为主，污染相较于重工业而言较低，另一方面主要取决于前期工业发展的良性基础。但绿色化和工业再生产仍然是未来先进制造业发展的潜力所在。

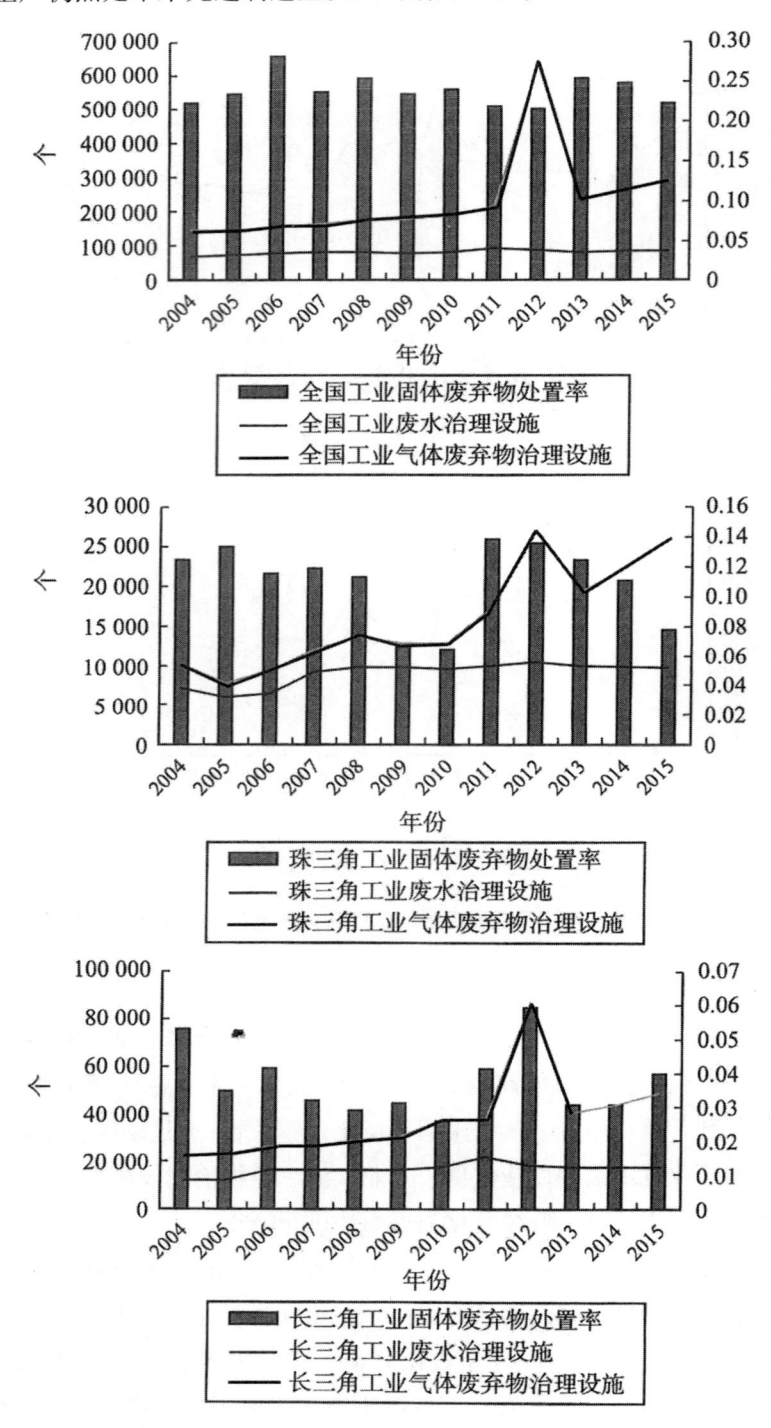

图 5-13 全国、长江三角洲地区和珠江三角洲地区绿色化相关指标

(三)我国先进制造业未来演进方向

从长江三角洲和珠江三角洲地区先进制造业的演进态势中可以看出，高协同性、深度集成化、高效率的技术研发和产品革新活动以及绿色化和工业再生产是我国先进制造业的主要演进方向。首先，在国际分工日趋高效的全球供应链下，大型装备制造业的深度集成化将成为传统制造业转型的主要方向。原身为上海飞机制造厂中国商用飞机有限责任公司制造的C919民用客机就是深度集成化的典型案例。其将原有制造业卖产品的生产经营模式转变为以卖概念、买集成方式为核心竞争力的深度集成，从而能够在高效率利用全球供应链的基础上高效率地进行生产经营活动，除涉及产业及国家安全的核心技术以外，适当摒弃不具要素禀赋优势的自主研发活动，转而利用国际先进产品，将主攻方向放置在深化集成方式，探索集成理念上，将成为未来先进制造业的发展趋势。其次，高效率的技术研发和产品革新活动为先进制造业提供动力。大规模集成制造业本身具有辐射的产业链相对较广，研发周期相对较长的特点，而新产品对于市场而言具有较强的时效性，因而缩短研发周期，提高新产品革新效率是关键，鼓励制造业协同创新，实现制造业产品模块化创新是解决问题的有效手段之一，因此制造业协同创新也应当成为先进制造业未来的主攻方向。最后，绿色化和工业再生产是长江三角洲和珠江三角洲地区先进制造业未来的发展方向，也是我国先进制造业的演进方向，应当加以扶持。

本部分基于中国特色社会主义进入新时代的历史背景，对先进制造业的内涵特征和国内外先进制造业演化规律进行了深入探讨。先进制造业是指使用先进制造技术和先进制造模式，具有较强的市场势力、国际竞争力和可持续发展能力的制造业的总称。结合新科技革命的技术变革和国内外制造业的演化趋势，本部分将先进制造业的特征从三个层面进行分类：产业组织特征包括集群化、服务化、垂直化；生产技术特征包括数字化、智能化、虚拟化、高端化；生产模式特征包括模块化、绿色化、平台化。

接下来，本部分对美国、德国和日本三个发达国家制造业演化轨迹和发展战略进行了梳理和总结，认为发达国家先进制造业发展的经验启示体现在以下五个方面：一是拥有领先、专有的制造技术；二是强调大企业的引领和示范作用；三是重视高附加值产品和高端制造业；四是具有较高的制造业服务化水平；五是重视对制造业人才的培养，这些经验同时也是我国建设制造业强国需要加强的内容。

本章的第三部分是从制造业的"起步"阶段(1949—1978年)、制造业的"成长"阶段(1979—2007年)、调整复苏快速发展阶段(2008—2020年)梳理了我国制造业发展演变历程，并总结我国制造业的演进规律。结果认为，改革开放之前，由于计划经济体制下企业无法根据市场需求进行生产决策，我国制造业的发展轨迹极不稳定；改革开放之后，我国制造业的快速发展一方面得益于计划经济体制向市场经济体制的转轨带来市场需求和生产要素的释放，另一方面得益于我国积极实施的改革开放战略，外部需求为我国制造业的发展提供了强大的外生动力。最后，以长三角和珠三角地区为例对我国先进制造业发展趋势进行了实证分析。

三、我国先进制造业发展的政策保障

在百年未有之大变局的背景下，制造业在经济发展中体现出前所未有的关键作用，它是实现国民经济有序发展的重要支撑，也是实现中华民族伟大复兴中国梦的有效保证。2008年世界金融危机对以制造业为主的实体经济造成严重打击，为保证国民经济的有序发展，中央颁布了一系列经济政策以支持制造业的发展。2009年1月，我们国家颁布了十大产业规划，在此次规划当中，涵盖了纺织、钢铁、电子科技等多个方面的内容。通过这一规划，国家希望振兴制造业发展，稳定国家经济。在同年5月，国家对装备制造业的日后发展提出了新的政策和希望，在国家颁布的规划方案中，科学的对装备制造业的发展进行了分析和探究，指明了发展所面临的问题，分析了制造业发展所处的背景，做出了明确的项目规划和任务布置。这一规划密切配合了之前颁布的十大领域重点工程规划，提出推进重点工作，实现产业升级的重要目标。在金融危机爆发后，这一规划就成为我们在装备制造业方面取得进展的重要指引政策。2012年，在"十二五"战略计划的出台下，一些环保、高端、科技含量高的制造业成为我们国民经济取得发展的支柱性产业，三新汽车被国家指导为国民经济先导产业。

为明确新时期制造业的发展方向，实现制造业的高质量发展，2015年国家出台了《中国制造2025》纲要。在《中国制造2025》中，国家明确指出，要加快转变速度，从提高中国的制造能力水平转变为增强中国的创造能力水平，从加快我们制造业产品的生产速度到加强中国制造业产品的产品质量，要把中国产品变成中国品牌，制造大国变成制造业强国，快速实现我国制造产业的升级，提高在国内和国际上的实际竞争力。这一政策在对国际形势与国内制造业实际发展水平进行科学合理的分析后，对我国制造业的未来发展提出了三步走战略，随后又制定了在第一个10年里我们要做的详细内容，在制造业发展的重点领域发挥创造力，争取在2025年时成为制造业强国。在上述计划的具体实施中，主要是分为四大转变、一条主线与八大对策。其中的四大转变指的是驱动因素的转变、竞争优势的转变、制造方式与制造形式的转变；一条主线指的是，把数字化、网络化与智能化作为发展的主线内容；八大对策指的是要在国家提出的八项目标下实现发展计划，即提升制造业产品的产品质量、加强绿色产业发展、数字化、网络化、智能化发展、加速技术水平的创新、加强产品设计的水平、强化制造基础、实现现代制造服务业的发展以及对优势群体以及优势产业的培养。

为细化落实《中国制造2025》，着力突破制造业发展的瓶颈和短板，抢占未来竞争制高点，2017年中国国家制造强国建设领导小组启动了"1+X"规划体系的编制工作。"1"是指《中国制造2025》，"X"是指11个配套的实施指南、行动指南和发展规划指南，包括国家制造业创新中心建设、工业强基、智能制造、绿色制造、高端装备创新等5大工程实施指南，发展服务型制造和装备制造业质量品牌2个专项行动指南，以及新材料、信息产业、医药工业和制造业人才4个发展规划指南。5个工程实施指南的制定是核心，也是对《中国制造2025》五大工程的具体落实，明确了工程实施的目标、任务和手段。其中，制造业创新中心建设工程以突破重点领域前沿技术和关键共性技术为方向，旨在建立从技术开发到转移扩散，再到首次商业化应用的创新链条。工业强基工程主要解决核心基础零部件、关键基础材料、先进基础工艺的工程化和产业化瓶颈问题，构建产业技术基础服务。绿色制造工程通过推动制造业各行业、各环节的绿色改造升级，加快构建绿色制造体系。智能制造工程以数字化制造普及、智能化制造示范为抓手，推动制造业智能转型，推进产业迈向中高端。高端装备创新工程以突破一批重大装备的产业化应用为重点，为各行业升级提供先进的生产工具。

　　为进一步推动发展先进制造业，在互联网、大数据、人工智能和实体经济日益深度融合的背景下，国务院于2018年印发《关于深化"互联网+先进制造业"发展工业互联网的指导意见》(以下简称《指导意见》)。《指导意见》对未来制造业发展路径进行了总体规划，并确立了三阶段目标。到2025年，我国基本形成具备国际竞争力的基础设施和产业体系；到2035年，建成国际领先的工业互联网网络基础设施和平台，形成国际先进的技术与产业体系，工业互联网全面深度应用并在优势行业形成创新引领能力，安全保障能力全面提升，重点领域实现国际领先；到21世纪中叶，工业互联网网络基础设施全面支撑经济社会发展，工业互联网创新发展能力、技术产业体系以及融合应用等全面达到国际先进水平，综合实力进入世界前列。

第六章

我国先进制造业自主创新能力研究

20世纪80年代以来，以互联网技术为代表的信息技术风起云涌，并加速与制造业的深度融合，推动制造业发生巨大的产业变革，形成了现代先进制造业。先进制造业是传统制造业嵌入使能技术群、战略技术群以及共性技术群的新兴领域，成为世界各国提升综合国力的战略必争领域。

先进制造产业作为新时期产业转型和经济发展的先导力量，在系统集成、智能装备、制造基础和先进制造等领域的技术创新发展迅速，正在成为世界制造中心竞相争夺的领域。我国围绕上述领域也展开了积极部署，包括增材制造、激光制造、智能机器人、极大规模集成电路制造装备及成套工艺、新型电子制造关键装备、高档数控机床与基础制造装备、智能装备与先进工艺、制造基础技术与关键部件、工业传感器、智能工厂、网络协同制造、绿色制造、先进制造科技创新示范工程等。在资源配置全球化与产业价值网络化的双重驱动下，以人工智能为代表的新一轮先进技术发展正在深刻地变革着传统的产业—技术—经济体系。面对日益复杂的国际竞争格局和变化迅速的先进制造技术创新特点，如何寻找中国先进制造产业技术创新路径，实现动力变革、效率变革和质量变革，构建支撑与引导现代化经济体系的先进制造产业发展生态，显得尤为紧迫。

第一节 我国先进制造业创新能力现状分析

一、我国先进制造业自主创新能力总体情况

(一) 我国制造业企业与高技术企业科技活动情况

随着经济全球化和改革开放的不断推进，中国的制造业迅速崛起。当前我国已经成为世界制造业大国，但与制造业强国的目标仍有距离。我国应尽快加大对信息技术、生物技术、机器人技术、新材料技术、航天飞行器技术等先进制造业的研发力度，通过发展先进制造业推动中国由制造大国向制造强国转变。中国科学院院士路甬祥认为，随着信息化时代的来临，先进制造业仍将是国家发展的基础性和战略性支柱产业。作为先进制造业的重要组成部分，高技术产业具有知识和技术密集，资源、能量消耗少，增长速度快的特点，对社会生活和国防安全方面发挥着难以替代的作用。1995年开始，我国陆续出台重点产业政策扶持高技术产业，将高技术产业摆在我国发展规划的优先位置。

2015年5月19日，国务院正式印发了我国实施制造业强国战略的第一个十年行动纲领——《中国制造2025》，将创新驱动作为建设制造业强国的重要方针之一。在国家相关政策的支撑下，制造业企业和高技术企业不断加大创新投入力度，拥有自主知识产权的创新成果不断涌现。

对比制造业与高技术产业科技创新活动情况(见表6-1、表6-2)，通过R&D(research and development，科学研究与试验发展)经费内部支出、R&D人员等指标可以很好地衡量制造业企业与高技术企业的自主创新投入情况。专利申请数、新产品开发项目数及新产品销售收入等指标较为清晰地反映出制造业创新产出的情况。

表6-1 规模以上制造业企业科技活动情况

指标名称	2011年	2012年	2013年	2014年	2015年
企业数/个	300 555	317 580	342 143	350 850	357 139
有R&D活动的企业数/个	36 621	46 247	53 730	62 432	72 151
R&D经费内部支出/亿元	5 692	6 846	7 950	8 880	9 640
R&D人员/人	2 381 135	2 875 224	3 181 923	3 444 520	3 469 780
专利申请数/项	374 112	469 343	534 927	601 711	631 402
发明专利数/项	130 898	169 410	195 598	228 042	240 355
新产品开发项目数/项	261 564	317 317	351 682	371 719	313 261
新产品销售收入/亿元	99 031	108 642	126 545	141 572	149 449

续表

指标名称	2011年	2012年	2013年	2014年	2015年
新产品出口/亿元	20 133	21 815	22 798	26 866	29 013

资料来源：国家统计局，科学技术部：《中国科技统计年鉴（2010—2016）》，中国统计出版社。选取其中38个细分行业中的30个制造业细分行业对规模以上工业企业科技活动的统计数据。

表6-2 高技术企业科技活动情况

指标名称	2011年	2012年	2013年	2014年	2015年
企业数/个	21 682	24 636	26 894	27 939	29 631
有R&D活动的企业数/个	6 787	8 498	9 519	10 774	12 373
R&D经费内部支出/亿元	1 441	1 734	2 034	2 274	2 626.659
R&D人员/人	618 354	774 054	840 824	893 959	923 455

资料来源：国家统计局，国家发展和改革委员会、科学技术部：《中国高技术产业统计年鉴（2012—2016）》，中国统计出版社。

由图6-1可知，从科研经费支出情况来看，我国制造业与高技术产业科研经费投入均呈逐年上升趋势。R&D经费投入是衡量一个国家科技活动规模及研发投入情况的重要指标。我国经济综合实力的不断攀升，使得制造业领域研发资金投入占所有产业比重逐年增加，我国制造业研发经费内部支出从2011年的5 692亿元增加到2015年的9 640亿元，增长了近2倍，年均增长率为14.07%。相比于制造业企业，我国高技术产业研发经费内部支出也逐年增加，从2011年的1 441亿元增加到2015年的2 627亿元，也增长了近2倍。高技术产业研发投入结构中的研发经费内部支出年均增长率为16.20%，比制造业研发经费内部支出年均增长率高2.13个百分点，说明我国高技术产业研发经费投入比制造业研发经费投入增长快。

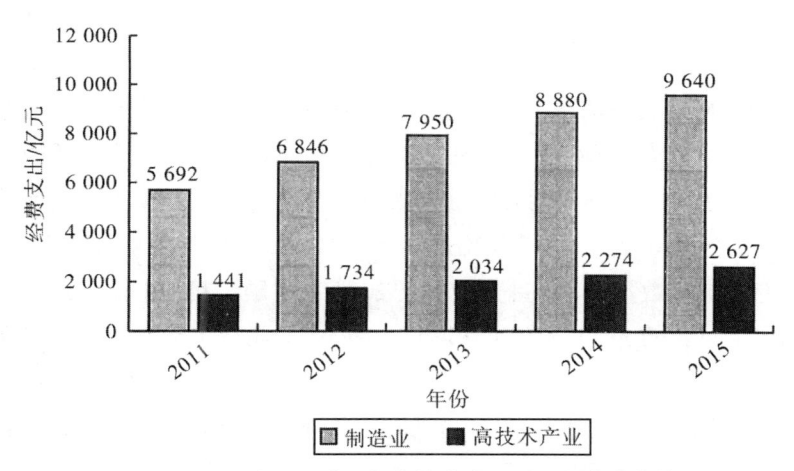

图6-1 我国制造业与高技术产业科研经费支出情况

资料来源：国家统计局，科学技术部：《中国科技统计年鉴（2010—2016）》，中国统计出版社。选取其中38个细分行业中的30个制造业细分行业对规模以上工业企业科技活动的统计数据。

▶ 我国先进制造技术追赶与先进制造业发展研究

由图6-2可知,从企业科研人员数量上来看,制造业企业与高技术企业科研人员数量均呈上升趋势。人才是推动经济技术进步的核心力量,是产业创新过程的主体。我国规模以上制造业企业的科研人员数量从2011年的2 381 135人上升到2015年的3 469 780人,年均增长率为9.87%。虽然制造业企业科研人员数量整体呈上升趋势,但增长率逐年下降,且下降趋势较为明显。2011年的增长率为20.75%,而2015年则降为0.73%。我国高技术企业科研人员数量从2011年的618 354人增长到2015年的923 455人,年均增长率为10.55%。同制造业企业类似,我国高技术企业科研人员数量虽然整体呈上升趋势,增长率却从2011年的33.44%降到2015年的3.30%,增长率明显下降;但仍高于制造业企业科研人员数量增长率。

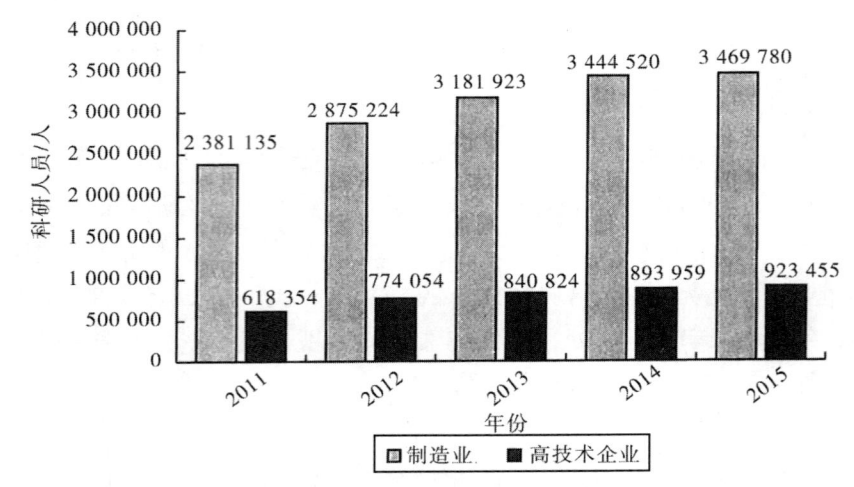

图6-2 我国制造业企业与高技术企业科研人员数量

资料来源:国家统计局,科学技术部:《中国科技统计年鉴(2010—2016)》,中国统计出版社。选取其中38个细分行业中的30个制造业细分行业对规模以上工业企业科技活动的统计数据。

由图6-3可知,从专利申请数量上来看,我国制造业专利申请数量逐年递增,发明专利增长率稳定。专利可分为发明专利、实用新型专利和外观设计专利三种类型。专利申请和授权的数量是反映产业自主创新能力的重要指标。2011年我国规模以上制造业企业专利申请数量为374 112件,2015年这一数量已经达到631 402件,年均增长率为13.98%。其中,发明专利占专利申请数量的比重不断上升。2014年我国规模以上制造业企业发明专利申请数量占专利申请总数的38.07%,年均增长16.41%。相比于制造业,我国高技术产业专利申请数量从2011年的101 267件增长到2014年的166 709件,2015年专利申请数量略有下降,为158 463件,年均增长率为11.84%,略低于制造业专利申请数量年均增长率。2011—2015年我国高技术企业发明专利申请数量占专利申请总数的比重一直较高,均在50%以上。

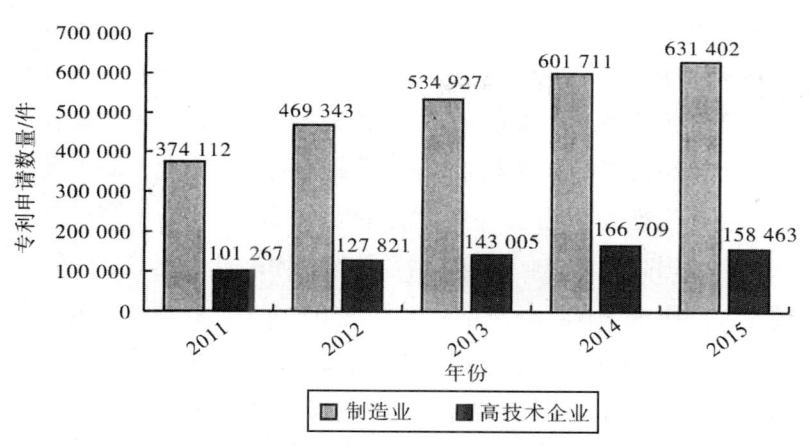

图 6-3 我国制造业与高技术产业专利申请数量

资料来源：国家统计局，科学技术部：《中国科技统计年鉴(2010—2016)》，中国统计出版社。选取其中 38 个细分行业中的 30 个制造业细分行业对规模以上工业企业科技活动的统计数据。

由图 6-4 可知，从新产品销售收入和出口情况来看，我国规模以上制造业企业新产品销售收入和出口均逐年上升。我国规模以上制造业企业新产品销售收入由 2011 年的 99 031 亿元增加到 2015 年的 149 449 亿元，增幅达 50.91%。新产品出口交货值也呈现逐年递增趋势，2015 年已达到 29 013 亿元，年均增长 9.56%。我国高技术产业新产品销售收入和出口也均呈逐年上升的趋势。新产品开发项目数由 2011 年的 66 606 项上升到 2015 年的 77 167 项，增幅 15.86%。同制造业新产品开发项目情况一样，2015 年我国高技术产业新产品开发项目数与 2014 年相比有所减少。我国高技术产业新产品销售收入由 2011 年的 22 473 亿元增加到 2015 年的 41 413 亿元，增长了近两倍。新产品出口交货值也呈现逐年递增趋势，2015 年已达到 16 758 亿元，年均增长 13.31%。

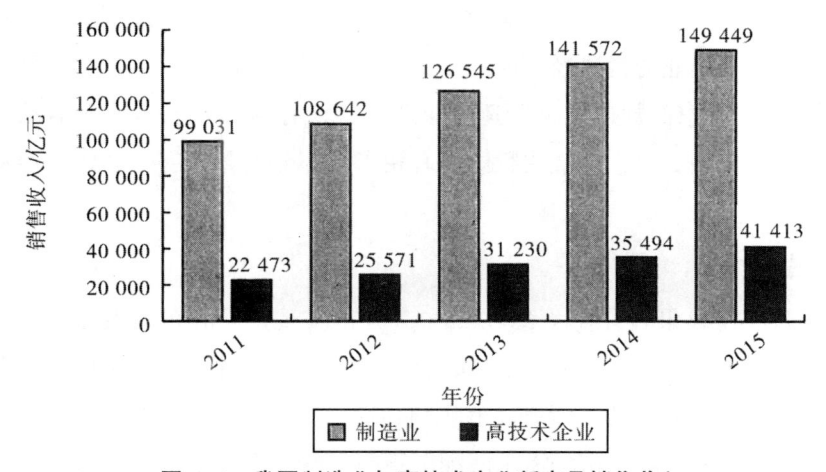

图 6-4 我国制造业与高技术产业新产品销售收入

资料来源：国家统计局，科学技术部：《中国科技统计年鉴(2010—2016)》，中国统计出版社。选取其中 38 个细分行业中的 30 个制造业细分行业对规模以上工业企业科技活动的统计数据。

以上数据显示，不论是传统制造业还是高技术产业，研发经费内部投入、科研人员数量等创新投入均在逐年增加，创新产出指标如专利申请数、新产品开发项目数及新产品销售收入等均呈逐年上升的趋势，且部分指标增幅较大。从自主创新投入来看，数据显示在研发投入增长速度上，高技术产业明显优于制造业，而高技术企业科研人员投入与制造业企业科研人员投入变化趋势大致相同，但高技术企业科研人员增长率高于制造业企业。从自主创新产出来看，我国高技术产业专利申请数量增长率略低于制造业，但发明专利申请数量占专利申请总数的比重一直较高，各年份均在50%以上。我国高技术产业与制造业新产品开发项目数在2011—2014年均呈上升趋势，但2015年较2014年均有所下降，高技术产业与制造业新产品开发项目数变化趋势相同。在新产品销售收入方面，高技术产业新产品销售收入增长较快，2015年高技术产业新产品销售收入是2011年的两倍。以上分析说明，我国制造业与高技术产业自主创新能力均逐渐增强。此外，还可以看出，我国高技术产业属于创新投入高，且创新产出也高的产业。虽然我国制造业自主创新能力逐渐提升，但仍面临很多因素的制约。

(二)我国先进制造业自主创新能力的制约因素

1. 研发投入少，创新能力弱

尽管近年来我国R&D经费投入强度(R&D经费内部支出占GDP比重)逐步上升，但与主要发达国家相比，我国还存在着相当大差距。2013年韩国、芬兰和日本的R&D经费投入强度都在3%以上，但我国R&D经费投入强度仅为2.01%，制造业研发投入强度不足1%。从发达国家的经验来看，当一个国家R&D经费投入强度超过2%时，才具备一定的科研开发和自主创新能力。同时，我国制造业研发投入的来源结构和区域结构不够合理，研发经费主要来源于企业的科研经费内部支出，东部地区的研发投入强度远高于中西部地区。在我国超过35万家的规模以上制造业企业中，仅有30%左右有研发活动，小规模企业中有研发活动的比例更少，这说明我国还有相当一部分企业没有开展研发活动，没有自主知识产权。

2. 科研成果转化缓慢

目前我国的科技成果转化率大约在25%，真正实现产业化的不足5%，与发达国家80%的转化率差距甚远，也落后于许多发展中国家。高校的科研成果转化率则更低，大部分科研成果被"封存"。这一方面反映了我国科研院所与企业联系不紧密，科研人员对市场不了解，科研成果与制造业的市场需求匹配度不高；另一方面也反映了由于我国科技成果转化的渠道还不够畅通，没有真正形成以企业为主体、市场为导向、产学研用相结合的技术创新体系。制造业科研成果转化缓慢直接导致了自主创新活动难以得到相应反馈和价值实现，大大削弱了基础科研活动的现实激励。

3. 消化吸收能力有待提高

技术引进与消化吸收投入之比是衡量产业对引进技术的学习及二次创新能力的重要指标。根据《中国科技统计年鉴》数据，近年来，我国规模以上制造业企业的消化吸收支出有了较快的增长，消化吸收支出占引进技术支出的比重逐渐上升，2015年该比值达到0.26。根据发达国家的经验，这一比值大于3时，才能较充分地吸收利用从国外引进的先进技术。近年来日本和韩国制造业的迅速崛起，一个重要原因就是在技术引进的同时大幅度增加消化吸收支出。在引进技术时期，日本该比值约为7，韩国该比值约为5。如果重引进、轻消化，缺乏对引进技术的"再设计"和"二次开发"，不仅会影响国外技术的本土化进程，还会影响国内制造业企业技术追赶的能力，有可能陷入"引进、落后、再引进、再落后"的困境，将严重影响我国制造业自主研发水平和自主创新基础能力的提高。

二、我国先进制造业区域投入产出效率差异性

（一）我国先进制造业创新效率研究现状

从先进制造业企业自身出发，创新发展效率与企业的技术创新成果息息相关，如何提高企业自身的R&D效率、加速企业技术成果转化变得至关重要。许多企业将增加R&D投入量作为强化创新能力的重要途径，但创新的目的在于通过提高R&D效率增加创新产出，而非陷入重投入轻产出的研发误区。在企业R&D技术开发阶段，对创新效率产生正向影响的因素有企业内部资金充足、外部技术先进以及研发人员投入比重大；而引起负面影响的主要因素有研发人员数量与政府支持力度。影响先进制造业创新发展的最主要因素是R&D内部经费投入，但需要注意的是，增加政府投入需要考虑市场调节能力，过度加大政府投入反而会因为资源浪费而造成技术创新产出低下。从先进制造业企业规模角度考虑，政府应该鼓励高技术服务业以及中小型高技术企业发展。政府的财政补贴以及税收优惠政策是影响先进制造业创新发展效率的重要因素。

在相关创新效率影响因素研究中，企业规模、劳动力投入、对外开放水平等具有正向显著影响，而工业化进程、政府支持程度、当地科技水平等因素无显著影响效果，资本投入则具有负面影响，但并不显著。在先进制造业中各种集聚外部性效应和市场结构对就业增长的影响方面，本地化和城市化外部性似乎并不影响高技术产业增长。中国经济已经进入了驱动效果十分明显的嵌入驱动阶段，先进制造业与中低技术产业间发展态势已经发生改变，呈现"收敛式"发展态势。在技术人员投入、R&D内部经费投入、外商直接投资以及制度创新等条件相同的情况下，高技术产业聚集有利于加速高技术企业技术创新发展。

而在基于区域视角下的研究表明,高技术产业聚集对技术创新的影响具有明显的空间特性,经济发达地区与不发达地区之间区域创新效率差异明显。我国先进制造业目前仍处于发展中阶段,企业规模、滞后期效率值等对知识创新效率具有显著影响。

多数研究文献发现财政补贴、税收优惠政策、企业 R&D 投入效率、企业规模、地区因素、人力资本、外部技术、城市化外部性、产业组织、制度环境和技术溢出效应等对企业创新效率有显著影响,但是,大部分研究还没有充分考虑到外部环境变量调整对创新效率的影响。

(二)我国先进制造业投入产出效率模型选择与指标体系构建

1. 模型选择

数据包络方法(Data Envelopment Analysis,DEA)是一种非参数统计方法,有效地综合了多个投入产出数据的评价分析方法。CCR 模型和 BCC 模型是 DEA 两个最常用的模型,CCR 模型是规模收益不变的数据包络模型,BCC 模型是规模收益可变的数据包络模型。这里采用规模收益可变的 BCC 模型。假定有 m 个独立的决策单元(本部分研究的决策单元为全国各地 31 个省和地区的高技术产业),每个决策单元有 n 种要素投入和 k 种产出,建立模型:

$$\min\left[\theta - \varepsilon\left(\sum_{i=1}^{m} s_i^- + \sum_{h=1}^{s} s_h^+\right)\right]$$

$$\text{s.t.} \begin{cases} \sum_{j=1}^{m} \lambda_j x_{ij} + s_i^- = \theta x_{i0} & (i=1,2,\cdots,n) \\ \sum_{j=1}^{m} \lambda_j y_{ij} - s_h^+ = y_{h0} & h(=1,2,\cdots,k) \\ \sum_{j=1}^{n} \lambda_j = 1 & (j=1,2,\cdots,n) \\ 0 \leq \theta \leq 1, \ s_i^-, \ s_h^+ \geq 0 \end{cases} \quad (6-1)$$

其中,θ 为各地区高技术产业投入产出的效率值,λ_j 为常数向量,s_i^- 和 s_h^+ 分别为全国各地高技术产业投入和产出的松弛变量和径向变量。x_{i0} 和 y_{h0} 分别为各地区高技术产业投入和产出指标实际数据值。模型的经济含义为:当 $\theta=1$ 且 $s_i^-=s_h^+=0$ 时,则称 DMU 为 DEA 有效;当 $\theta=1$ 时,s_i^- 与 s_h^+ 不全为零时,各地区高技术产业为 DEA 弱有效;当 $\theta<1$ 时,各地区高技术产业不是 DEA 有效,技术与规模都不是有效状态。当 $\sum_{j=1}^{n} \lambda_j = 1$,则 DMU 为规模报酬不变;当 $\sum_{j=1}^{n} \lambda_j < 1$,则 DMU 为规模报酬递增;当 $\sum_{j=1}^{n} \lambda_j > 1$,则 DMU 为规模报酬递减。

2. 基于规模收益可变模型的投入—产出指标选择

根据 BCC-DEA 分析经济原理,从全国各地区高技术产业投入产出效率角度分析,投入指标一般为企业数、从业人员平均人数以及固定资产投资等，产出指标一般反映着盈利能力和偿债能力水平，如主营业务收入、利润总额和出口交货值等。根据规模收益可变模型对投入产出指标的要求，投入指标选取原则是越小越好，产出指标选取则是越大越好。在投入指标选取上，这里主要选取能反映各地区高技术产业经营投入的企业数、从业人员平均人数以及固定资产投资，固定资产投资是指高技术企业在生产经营中投入固定资产的成本。产出指标选择能体现全国各地区高技术产业盈利能力的主营业务收入、利润总额和出口交货值等指标。主营业务收入是指企业在从事销售商品，提供劳务和让渡资产使用权等日常经营业务过程中所形成的经济利益的总流入。这些投入—产出指标从根本上能体现出全国各地区高技术产业的基本投入产出效率情况（见表6-3）。

表6-3 我国各地区高技术产业投入—产出效率指标

投入指标			产出指标		
企业数/个	从业人员平均人数/人	固定资产投资/亿元	主营业务收入/亿元	利润总额/亿元	出口交货值/亿元
X_1	X_2	X_3	Y_1	Y_2	Y_3

3. 决策单元、数据来源及数据处理

本部分将我国以华北、东北、华东、华中和华南、西南以及西北六大区分类，选取了六大区共31省市的高技术产业作为决策单元，所有投入—产出指标数据来源于2017年《中国高技术产业统计年鉴》。数据包络方法要求投入和产出数据为正数，而一部分中国高技术产业的产出指标数据为负值，无法满足数据包络方法的要求，这里利用数据包络方法的线性变换不变性进行了处理。阿里，塞福德（Ali, Seiford）在研究成果中证明了数据包络方法在具备线性变换不变性时有不改变有效前沿的功能。波斯特（Pastor）同样论证了产出型规模收益可变的数据包络方法可以对其产出数据进行变换，并且不会影响有效值。本文选取的2016年中国各地区高技术产业样本指标原始数据如表6-4所示。

表6-4 2016年高技术产业分区域指标原始数据值

区域	样本省（自治区、直辖市）	投入指标			产出指标		
^	^	X_1	X_2	X_3	Y_1	Y_2	Y_3
华北地区	北京	795	262 933	6 617.5	4 308.5	321.0	645.4
^	天津	533	222 311	4 194.3	3 762.5	296.2	1 224.2
^	河北	633	208 689	2 191.8	1 836.1	162.6	191.3
^	山西	133	140 679	1 343.3	997.4	47.1	619.5
^	内蒙古	109	41 563	951.0	406.9	23.6	19.1

续表

区域	样本省 （自治区、直辖市）	投入指标 X₁	投入指标 X₂	投入指标 X₃	产出指标 Y₁	产出指标 Y₂	产出指标 Y₃
东北地区	辽宁	460	170 384	2 438.6	1 459.2	143.7	277.4
	吉林	442	154 449	1 695.9	2 067.8	190.0	27.5
	黑龙江	174	63 262	773.3	487.7	66.4	6.3
华东地区	上海	991	502 966	6 661.2	7 010.2	334.6	4 226.2
	江苏	5 007	2 341 650	21 714.1	30 707.9	2 059.9	12 196.3
	浙江	2 595	708 319	7 685.8	5 885.2	616.6	1 465.7
	安徽	1 398	288 690	3 610.4	3 587.6	238.7	800.3
	福建	858	388 338	3 900.7	4 466.0	328.8	2 002.5
	江西	1 064	400 743	3 207.2	3 913.6	282.4	398.3
	山东	2 207	750 189	8 091.8	12 263.5	952.7	1 934.7
华中与华南地区	河南	1 261	790 723	6 661.1	7 401.6	444.8	2 718.8
	湖北	1 063	352 588	4 390.8	4 211.9	259.8	766.3
	湖南	1 027	312 592	2 113.4	3 661.3	206.2	501.1
	广东	6 570	3 894 169	31 734.4	37 765.2	2 094.2	17 333.9
	广西	318	145 423	840.8	2 077.6	222.5	355.2
	海南	52	16 329	271.3	162.6	23.8	2.5
西南地区	重庆	678	297 977	2 902.1	4 896.0	210.8	2 340.3
	四川	1 107	479 109	5 600.0	5 994.4	393.5	1781.5
	贵州	330	110 207	1 098.1	1 007.8	66.8	69.2
	云南	213	47 918	803.0	462.1	43.4	55.4
	西藏	9	1 243	33.2	9.7	3.5	0.0
西北地区	陕西	525	259 292	3 508.6	2 394.5	211.0	420.6
	甘肃	121	27 897	458.6	196.1	24.3	37.4
	青海	45	9 388	217.1	129.0	8.8	0.2
	宁夏	32	13 382	304.4	176.4	12.4	25.1
	新疆	48	14 783	323.8	90.1	11.6	2.4

资料来源：国家统计局社会科技和文化产业统计司：《2017年中国高技术产业统计年鉴》，中国统计出版社2017年版。

（三）我国先进制造业创新效率实证分析

1. 华北、东北、华东、华中与华南、西南和西北区域效率比较分析

根据规模收益可变模型，运用 Deap 软件数据进行运算求解，得出2016年不同区域的全国各地高技术产业综合效率、技术效率和规模效率值的对比情况，从投入产出效率角度反映了不同区域全国各地高技术产业的竞争力差异（见表6-5）。这里综合效率值 C_i^* 和技

术效率值 T_r^*，规模效率由 $E_r^* = C_r^* / T_r^*$ 来进行计算。从 2016 年全国各地高技术产业综合效率、技术效率和规模效率值折线图看出（见图 6-5），31 省市规模效率变化差异较小，波动幅度在 0.2 范围以内，说明全国各地区高技术产业规模效率相近。而全国各地高技术产业综合效率、技术效率的差异相对明显，并且综合效率和技术效率变化趋势很相近，这说明综合效率未达到 DEA 最优主要是由技术效率未达到最优导致。其中，天津、山西、上海、山东、广西、重庆等区域综合效率和技术效率达到 1，说明这些地区高技术产业投入与产出相协调，达到 DEA 最优组合。

表 6-5　全国各省市高技术行业 2016 年效率值

区域	样本省（自治区、直辖市）	综合效率（C_r^*）	技术效率（T_r^*）	规模效率（E_r^*）	规模报酬递减性
华北地区	北京	0.968	0.976	0.993	drs
	天津	1.000	1.000	1.000	—
	河北	0.562	0.562	1.000	—
	山西	1.000	1.000	1.000	—
	内蒙古	0.578	0.586	0.987	irs
东北地区	辽宁	0.560	0.574	0.975	drs
	吉林	0.864	0.864	1.000	—
	黑龙江	0.627	0.680	0.923	drs
华东地区	上海	1.000	1.000	1.000	—
	江苏	0.884	1.000	0.884	drs
	浙江	0.579	0.704	0.823	drs
	安徽	0.752	0.752	1.000	—
	福建	0.843	0.889	0.948	drs
	江西	0.632	0.724	0.872	drs
	山东	1.000	1.000	1.000	—
华中与华南地区	河南	0.826	0.886	0.933	drs
	湖北	0.722	0.723	0.999	drs
	湖南	0.790	0.947	0.835	drs
	广东	0.812	1.000	0.812	drs
	广西	1.000	1.000	1.000	—
	海南	0.817	0.901	0.907	drs
西南地区	重庆	1.000	1.000	1.000	—
	四川	0.774	0.832	0.930	drs
	贵州	0.564	0.568	0.994	irs
	云南	0.613	0.623	0.984	drs
	西藏	1.000	1.000	1.000	—

续表

区域	样本省 (自治区、直辖市)	综合效率(C_r^*)	技术效率(T_r^*)	规模效率(E_r^*)	规模报酬 递减性
西北 地区	陕西	0.663	0.700	0.947	drs
	甘肃	0.502	0.554	0.907	drs
	青海	0.812	0.872	0.931	irs
	宁夏	0.780	0.987	0.790	irs
	新疆	0.450	0.482	0.933	drs
	Mean	0.773	0.819	0.945	

资料来源：根据网易财经数据通过 Deap2.1 计算得出。

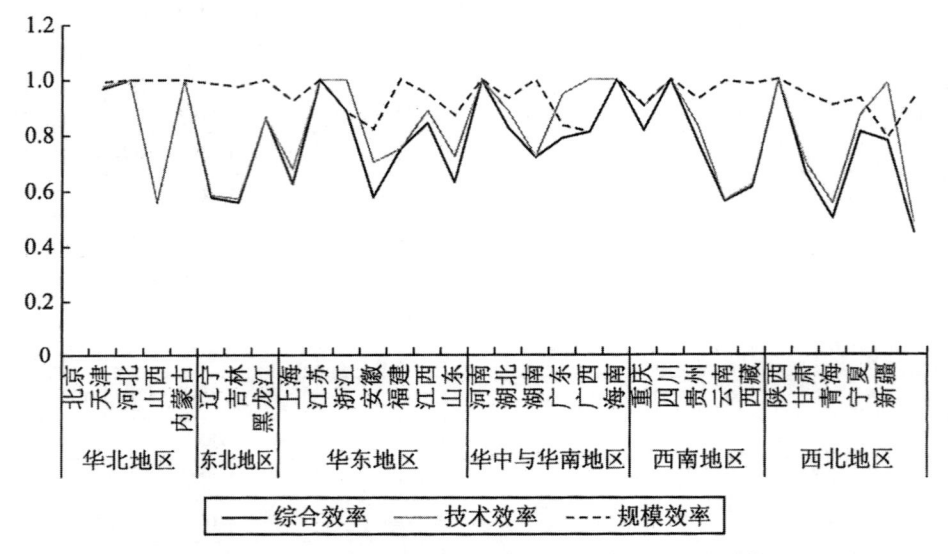

图 6-5 2016 年全国各地区高技术产业效率变动趋势

资料来源：根据网易财经数据通过 Deap2.1 计算得出。

从华北地区来看（见图 6-6），高技术产业综合效率、技术效率和规模效率由高到低依次是天津、山西、北京、内蒙古、河北，其中天津和山西两地的综合效率值和技术效率值以及规模效率均等于 1，达到 DEA 最优状态。整体规模效率相差微小，且都接近于 1，而综合效率与技术效率数值非常接近，这说明北京、内蒙古以及河北三地未达到 DEA 最优是由于技术效率过低导致，三个地区高技术产业应该优化产业技术投入，在保持技术投入总量的同时，协调资源，实现产出最大化，致力于提升高技术产业技术效率。北京规模报酬呈递减趋势，说明北京高技术产业由于生产规模过大，使得生产的各个方面难以得到有效的协调，从而降低了投入产出效率。但是，内蒙古地区却呈现规模报酬递增趋势，说明内蒙古地区高技术产业呈现出效率上升趋势。

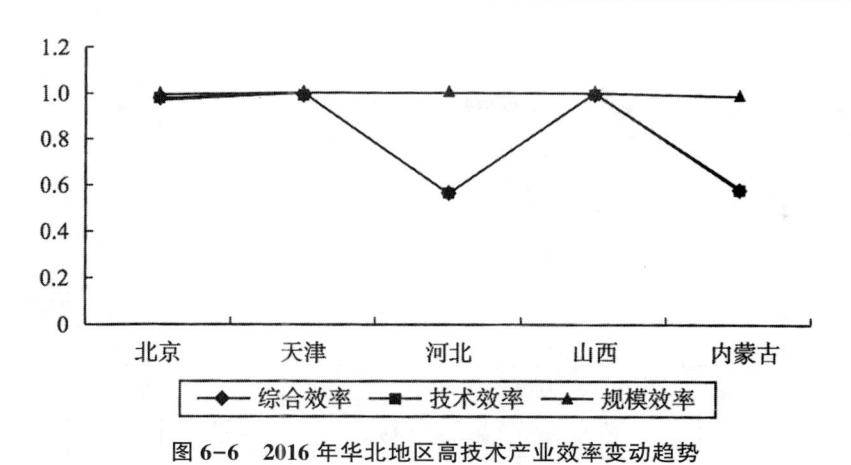

图 6-6　2016 年华北地区高技术产业效率变动趋势

资料来源：根据网易财经数据通过 Deap2.1 计算得出。

从东北地区来看，高技术产业综合效率由高到低依次是吉林、黑龙江、辽宁。从图 6-7 中数据可知，东北三省地区高技术产业的规模效率差距甚微且都接近于最优，其中吉林已达到最优规模效率。吉林省也是东北三省中综合效率最高的省市，高达 0.864，而黑龙江与辽宁却只有 0.627 和 0.560。从变动趋势可以看出东北三省的综合效率与技术效率数值非常接近。这说明东北三省高技术产业 DEA 效率未达到最优主要原因也是技术效率过低，其次是规模效率略低。

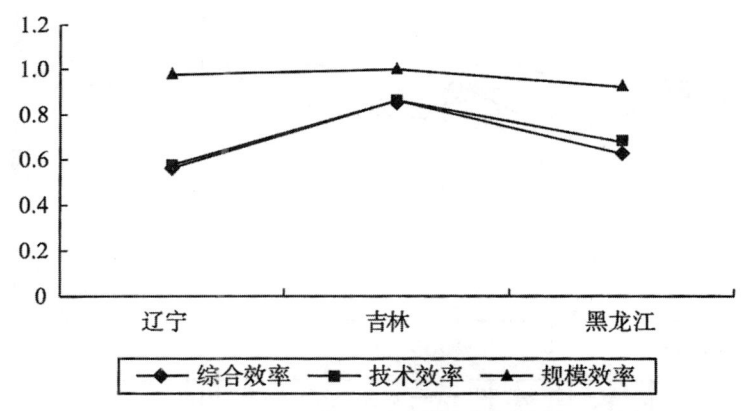

图 6-7　2016 年东北地区高技术产业效率变动趋势

资料来源：根据网易财经数据通过 Deap2.1 计算得出。

从华东地区来看，上海、山东两地区高技术产业综合效率、技术效率和规模效率最优，其次江苏、福建、安徽、江西、浙江等地由高到低依次排列。从图 6-8 可以看出，规模效率各地相距不大，在 0.2 范围内波动，而综合效率与技术效率波动范围较大，且走势相近，这说明江苏、福建、安徽、江西、浙江未达到 DEA 最优是主要原因也是技术效率过低，其次是规模效率略低，其中，江苏、浙江、江西、福建等地规模报酬呈递减趋势。

· 129 ·

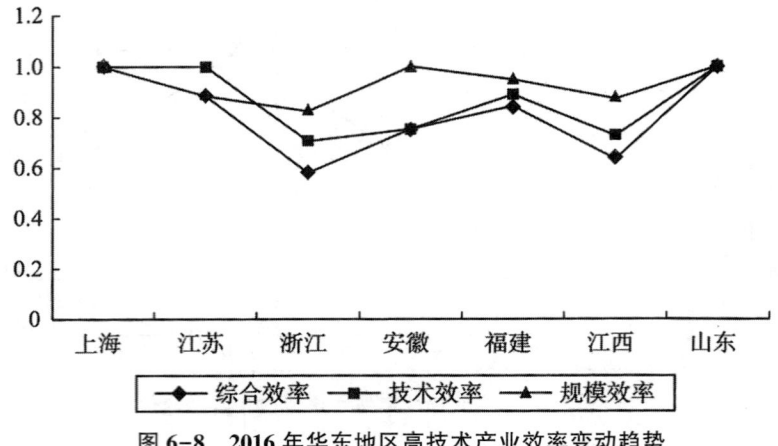

▶ 我国先进制造技术追赶与先进制造业发展研究

图 6-8 2016 年华东地区高技术产业效率变动趋势

资料来源：根据网易财经数据通过 Deap2.1 计算得出。

从华中与华南地区来看，广西高技术产业综合效率、技术效率和规模效率最优，河南、海南与广东等地由高到低依次排列且均超过 0.8，综合效率略优。湖南、湖北紧随其后，也超过 0.7。从图 6-9 可以看出，华中与华南地区各省市综合效率、技术效率以及规模效率在 0.2 范围内波动。这说明该地区高技术产业处于相对较优状态，但除广西外其余五省市均呈现规模报酬呈递减趋势。

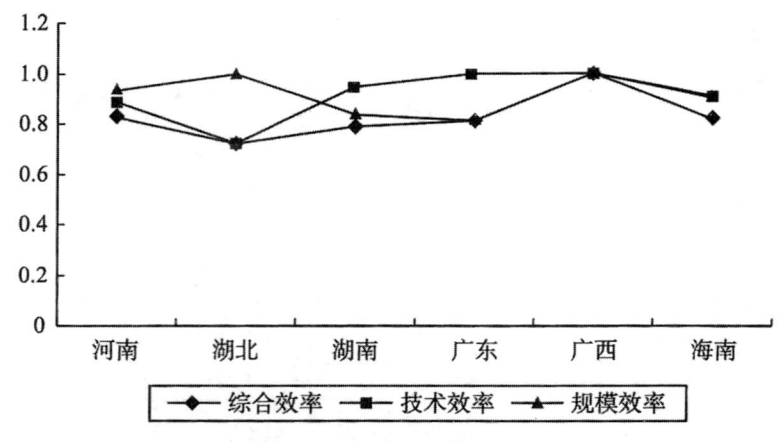

图 6-9 2016 年华中与华南地区高技术产业效率变动趋势

资料来源：根据网易财经数据通过 Deap2.1 计算得出。

从图 6-10 来看，高技术产业综合效率、技术效率和规模效率由高到低依次是重庆、西藏、四川、云南与贵州。重庆和西藏两地的综合效率值和技术效率值以及规模效率均等于 1，达到 DEA 最优状态。整体规模效率相差微小，且都接近于 1，综合效率与技术效率数值非常接近，这说明四川、云南与贵州三地未达到 DEA 最优是技术效率过低。贵州与云南两地综合效率相对较低，变化明显。四川和云南规模报酬呈递减阶段，贵州呈规模报

· 130 ·

酬递增。西藏地区虽然达到 DEA 最优,但是从西藏地区高技术产业原始数据可知,该地区资源投入相较于全国其他地区都相差甚远,这说明西藏地区高技术产业还处于落后状态,高技术行业在该地区未有实际生产规模效益。

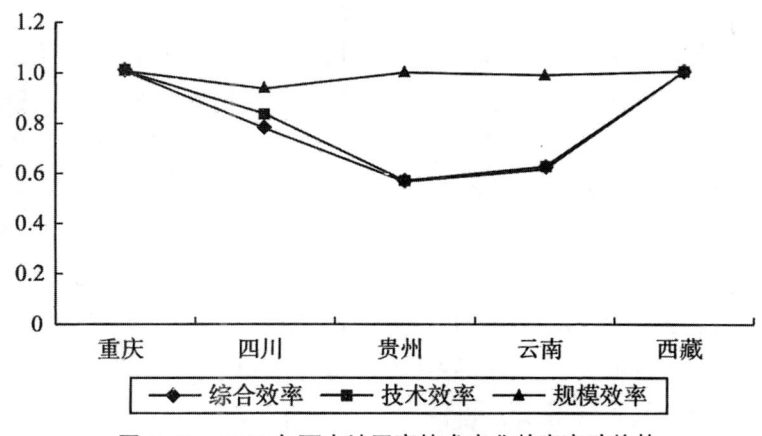

图 6-10　2016 年西南地区高技术产业效率变动趋势

资料来源:根据网易财经数据通过 Deap2.1 计算得出。

从西北地区数据观察可知(见图 6-11),该地区整体综合效率水平较低,从高到低依次为青海、宁夏、陕西、甘肃、新疆。而陕西、甘肃、青海、新疆四地整体规模效率相差微小,且都接近于 1,综合效率与技术效率走势相近,这说明这些地区的综合效率较低主要是技术效率过低导致。宁夏地区规模效率仅为 0.790,技术效率却高达 0.987。

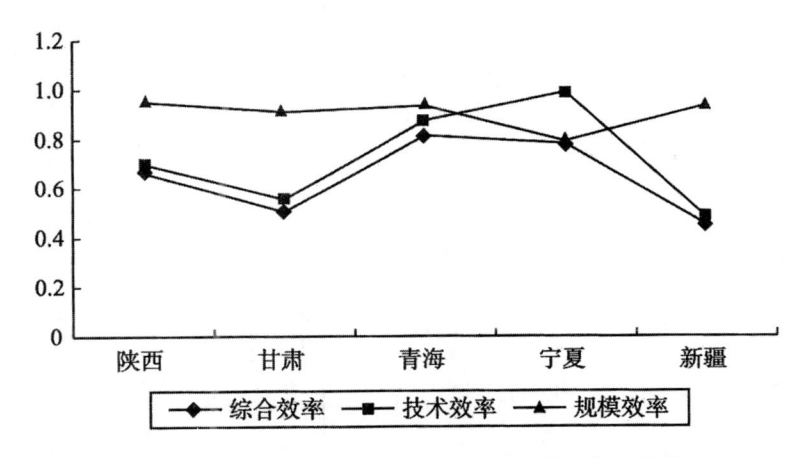

图 6-11　2016 年西北地区高技术产业效率变动趋势

资料来源:根据网易财经数据通过 Deap2.1 计算得出。

2. 四大区域高技术产业效率最优化投入产出冗余分析

从华北区域来看,北京、河北、内蒙古高技术产业综合效率没有达到 DEA 有效,说明产业资源投入浪费,导致了经营成本有逐渐变高的趋势,因而产出没有达到最优的状态，存在投入产出冗余现象，通过冗余分析调整如表6-6所示。以北京为例，如果达到综合效率DEA有效，产出指标和投入指标都需要调整。投入指标中，企业数的目标值应为661.820个，产出径向变量需要减少133.180个；固定资产投资的目标值应为4 494.226亿元，产出径向变量需要减少2 123.274亿元才能达到综合效率DEA最优。产出指标中，主营业务收入的目标值应为4 416.681亿元，投入径向变量需要增加108.181亿元。利润总额的目标值应为346.720亿元，投入和产出径向变量分别需要增加8.060亿元和17.660亿元，才能达到DEA有效。再从河北年平均投入产出来看，如果达到综合效率DEA有效，产出指标和投入指标都需要调整。投入指标中，企业数的目标值应为529.406个，产出径向变量需要减少103.594个。产出指标中，主营业务收入的目标值应为3 266.267亿元，投入径向变量需要增加1 430.167亿元。利润总额的目标值应为289.252亿元，投入径向变量需要增加126.652亿元，出口交货值的目标值是652.634亿元，投入和产出径向变量需要分别增加149.007个和312.328亿元才能达到DEA有效。内蒙古地区高技术产业冗余调整与北京类似，由于篇幅有限，这里不再赘述。

表6-6 2016年华北地区部分省（自治区、直辖市）高技术产业投入产出冗余分析（s^-、s^+、p^*）

调整省市	指标	s^-	s^+	p^*
北京	Y_1	108.181	0.000	4 416.681
	Y_2	8.060	17.660	346.720
	Y_3	16.205	617.270	1 278.875
	X_1	0.000	-133.180	661.820
	X_2	0.000	0.000	262 933.000
	X_3	0.000	-2 123.274	4 494.226
河北	Y_1	1 430.167	0.000	3 266.267
	Y_2	126.652	0.000	289.252
	Y_3	149.007	312.328	652.634
	X_1	0.000	-103.594	529.406
	X_2	0.000	0.000	208 689.000
	X_3	0.000	0.000	2 191.800
内蒙古	Y_1	287.263	0.000	694.163
	Y_2	16.661	16.624	56.885
	Y_3	13.484	190.694	223.279
	X_1	0.000	-4.429	104.571
	X_2	0.000	0.000	41 563.000
	X_3	0.000	-158.868	792.132

注：s^-松弛变量，s^+径向变量，p^*目标值。

资料来源：根据网易财经数据通过Deap2.1计算得出。

东北地区，以辽宁为例，投入指标中，企业数的目标值应为 393.063 个，产出径向变量需要减少 66.937 个；固定资产投资的目标值应为 1 420.615 亿元，产出径向变量需要减少 1 017.985 亿元才能达到综合效率 DEA 最优。产出指标中，主营业务收入的目标值应为 2 542.994 亿元，投入径向变量需要增加 1 083.794 亿元；利润总额的目标值应为 250.430 亿元，投入径向变量需要增加 106.730 亿元；出口交货值目标值应为 497.481 亿元，投入和产出径向变量分别需要增加 206.034 亿元和 14.047 亿元，才能达到 DEA 有效。吉林、黑龙江地区高技术产业冗余调整与辽宁类似，由于篇幅有限，这里不再赘述，数据如表 6-7 所示。

表 6-7 2016 年东北地区各省高技术产业投入产出冗余分析

(s^-、s^+、p^*)

调整省市	指标	s^-	s^+	p^*
辽宁	Y_1	1 083.794	0.000	2 542.994
	Y_2	106.730	0.000	250.430
	Y_3	206.034	14.047	497.481
	X_1	0.000	-66.937	393.063
	X_2	0.000	0.000	170 384.000
	X_3	0.000	-1 017.985	1 420.615
吉林	Y_1	324.896	0.000	2 392.696
	Y_2	29.853	0.000	219.853
	Y_3	4.321	505.015	536.836
	X_1	0.000	-72.822	369.178
	X_2	0.000	0.000	154 449.000
	X_3	0.000	0.000	1 695.900
黑龙江	Y_1	229.915	181.591	899.207
	Y_2	31.303	0.000	97.703
	Y_3	2.970	143.519	152.789
	X_1	0.000	-32.084	141.916
	X_2	0.000	0.000	63 262.000
	X_3	0.000	-392.711	380.589

注：s^- 松弛变量，s^+ 径向变量，p^* 目标值。

资料来源：根据网易财经数据通过 Deap2.1 计算得出。

我国先进制造技术追赶与先进制造业发展研究

华东地区，以浙江为例，从年平均投入产出来看，如果达到综合效率 DEA 有效，产出指标和投入指标都需要调整。投入指标中，企业数的目标值应为 2 007.986 个，产出径向变量需要减少 587.014 个。产出指标中，主营业务收入的目标值应为 11 347.635 亿元，投入和产出径向变量需要分别增加 2 471.229 亿元和 2 991.206 亿元。利润总额的目标值应为 875.514 亿元，投入径向变量需要增加 258.914 亿元，出口交货值的目标值是 2 081.156 亿元，投入径向变量需要增加 615.456 亿元才能达到 DEA 有效。其他地区分析同理（见表 6-8）。

表 6-8 2016 年华东地区部分省高技术产业投入产出冗余分析

(s^-、s^+、p^*)

调整省市	指标	s^-	s^+	p^*
浙江	Y_1	2 471.229	2 991.206	11 347.635
	Y_2	258.914	0.000	875.514
	Y_3	615.456	0.000	2 081.156
	X_1	0.000	-587.014	2 007.986
	X_2	0.000	0.000	708 319.000
	X_3	0.000	0.000	7 685.200
安徽	Y_1	1 180.193	0.000	4 767.793
	Y_2	78.524	0.000	317.224
	Y_3	263.270	405.172	1 468.743
	X_1	0.000	-652.108	745.892
	X_2	0.000	0.000	288 690.000
	X_3	0.000	0.000	3 610.400
福建	Y_1	556.103	310.102	5 332.205
	Y_2	40.942	0.000	369.742
	Y_3	249.350	0.000	2 251.850
	X_1	0.000	-47.979	810.021
	X_2	0.000	0.000	388 338.000
	X_3	0.000	0.000	3 900.700
江西	Y_1	1 488.219	0.000	5 401.819
	Y_2	107.388	71.017	460.804
	Y_3	151.461	320.917	870.678
	X_1	0.000	-129.515	934.485
	X_2	0.000	-57 951.601	342 791.399
	X_3	0.000	0.000	3 207.200

注：s^- 松弛变量，s^+ 径向变量，p^* 目标值。

资料来源：根据网易财经数据通过 Deap2.1 计算得出。

华中与华南地区，以河南为例，投入指标中，从业平均人数的目标值应为586 240.863人，产出径向变量需要减少204 482.137个，才能达到综合效率DEA最优。产出指标中，主营业务收入的目标值应为8 356.099亿元，投入径向变量需要增加954.499亿元；利润总额的目标值应为502.161亿元，投入径向变量需要增加57.361亿元；出口交货值目标值应为3 740.151亿元，投入和产出径向变量分别需要增加350.612亿元和670.739亿元，才能达到DEA有效。湖北、湖南、海南冗余调整与河南类似不再赘述，数据如表6-9所示。

表6-9 2016年华中与华南地区部分省高技术产业投入产出冗余分析(s^-、s^+、p^*)

调整省市	指标	s^-	s^+	p^*
河南	Y_1	954.499	0.000	8 356.099
	Y_2	57.361	0.000	502.161
	Y_3	350.612	670.739	3 740.151
	X_1	0.000	0.000	1 261.000
	X_2	0.000	−204 482.137	586 240.863
	X_3	0.000	0.000	6 661.100
湖北	Y_1	1 613.431	0.000	5 825.331
	Y_2	99.520	24.671	383.991
	Y_3	293.543	759.124	1 818.967
	X_1	0.000	−156.132	906.868
	X_2	0.000	0.000	352 588.000
	X_3	0.000	0.000	4 390.800
湖南	Y_1	203.995	0.000	3 865.295
	Y_2	11.489	132.966	350.655
	Y_3	27.920	103.393	632.413
	X_1	0.000	−377.468	649.532
	X_2	0.000	−61 028.438	251 563.562
	X_3	0.000	0.000	2 113.400
海南	Y_1	17.863	45.608	226.071
	Y_2	2.615	0.000	26.415
	Y_3	0.275	34.391	37.166
	X_1	0.000	−10.668	41.332
	X_2	0.000	0.000	16 329.000
	X_3	0.000	−153.598	117.702

注：s^-松弛变量，s^+径向变量，p^*目标值。
资料来源：根据网易财经数据通过Deap2.1计算得出。

(四) 我国先进制造业创新效率政策启示

从第四次工业革命来看，技术革命是工业革命的先导和基础。每一次工业革命到来之前，技术领域必发生重大变革与进步，为新的生产方式的出现提供技术支持和保障。从中国各地区先进制造业技术效率水平来看，区域间发展仍不均衡，各地区应大力提升先进制造业的技术效率水平，推动我国先进制造业数字化、网络化和智能化发展。如何定位政府补贴，激励高技术企业提高自主创新能力？地方政府应积极将高技术产业的高速发展放在重要位置，鼓励发展前景良好、资源环境损耗较小、经济效益较高的先进制造业相关项目，引导传统制造业结构调整与升级。特别是先进制造业中产业关联度大、能够带动全局的优势行业，应该继续加大投资的力度，营造更加良好的发展环境，更要对"弱势区域"发展加以积极引导，积极形成产业化发展合作，共同发展；在制定相关政策时要扶持鼓励那些当下发展总量并不大，但是具有很好发展前途的行业。在中部与西部地区，更应该加大投入，加强与发达地区的区域间合作，积极引导那些欠发达地区调整经济结构，并及时进行产业结构升级，进一步实现我国高技术产业全面协调可持续发展。

中国不同区域先进制造业创新效率的提高，需要加强区域技术研发协同合作，共同推动产业技术升级。中国是一个人口优势大国，各类高技术人才层出不穷，应加强与先进国家和企业技术联盟，在人工智能等领域通过需求驱动，成为强有力的经济实体制造业大国。

三、东北地区先进制造业自主创新能力分析

(一) 东北地区高技术产业创新能力现状

经过多年发展，东北地区高技术产业综合实力不断提升，产业体系不断完善，创新能力逐步增强，集聚效应初步显现，但产业发展也面临着"地位持续下降、发展活力不足、带动作用较弱、创新能力不强"等有待进一步完善的问题。创新成果本地转化不畅，"融资难、融资贵"等关键因素制约仍比较突出，而国内市场需求扩大、技术创新加快、政策环境优化也成为东北地区先进制造业创新发展的机遇。

在创新驱动战略推动下，东北地区各类创新平台建设顺利推进，高技术产业创新能力逐步增强。在高技术领域，东北地区拥有大批科研机构，创建了国家重点实验室、国家工程实验室、国家工程技术中心等一批国家级研发平台，拥有大连化学物理研究所、沈阳金属研究所、长春光学精密机械与物理研究所等8所中科院院所，哈尔滨工业大学、吉林大学、大连理工大学、东北大学4所"985"高等院校，应用光学国家重点实验

室、机器人技术与系统国家重点实验室、汽车动态模拟国家重点实验室等29所国家重点实验室。

从R&D经费投入来看，东北地区创新投入增长迅速。2015年东北三省高技术产业R&D经费内部支出达到68.7亿元，是2006年的2.6倍左右，2006—2015年10年间的年均增长率达11.2%，黑龙江、辽宁、吉林三省的高技术产业R&D经费内部支出年均增长率分别为14.3%、11.9%、5.1%；黑龙江增长最快，2015年高技术产业R&D经费内部支出达到20.2亿元，是2006年的3.3倍左右；辽宁次之，2015年高技术产业R&D经费内部支出为39.1亿元，是2006年的2.7倍左右；吉林增长较为缓慢，2015年高技术产业R&D经费内部支出为9.4亿元，是2006年的1.6倍左右(见图6-12)。

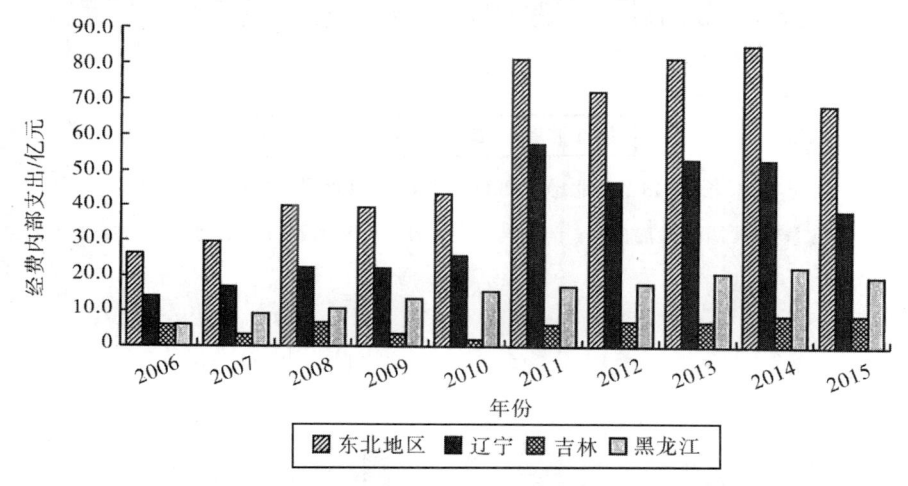

图6-12 东北地区2006—2015年R&D经费内部支出

资料来源：国家统计局，国家发展和改革委员会，科学技术部：《中国高技术产业统计年鉴(2007—2016)》，中国统计出版社。

随着创新投入的不断增加，东北地区创新产出也实现了快速增长，且增长速度高于创新投入。从创新成果最终转化来看，东北地区2015年高技术产业新产品销售收入达到575.7亿元，是2006年的3.9倍；其中，吉林增长最快，2015年新产品销售收入达128.3亿元，是2006年的8.1倍；黑龙江次之，2015年新产品销售收入达76.1亿元，是2006年的4.4倍；辽宁虽增长较慢，但其新产品销售收入额一直较吉林、黑龙江两省高很多，2015年新产品销售收入已达371.2亿元，是2006年的3.2倍(见图6-13)。吉林省创新投入增速虽然较为缓慢，但其创新产出增速是辽宁的近三倍，是黑龙江省的两倍多，说明该省高技术产业的创新投入资金利用效率较高。

专利数量能够充分体现一个地区的自主创新能力。从高技术产业有效专利数量上来看，东北地区近4年来高技术产业有效专利数量呈逐年上升的趋势，年均增长率达

19.7%。辽宁、黑龙江两省的有效专利数量增长最快,2015年有效专利数量分别为3 018件和922件,年均增长率分别为24.1%和14.9%(见图6-14)。从有效专利数量增长情况也可以看出,东北地区创新产出实现了快速增长,高技术产业自主创新能力正逐步提高。

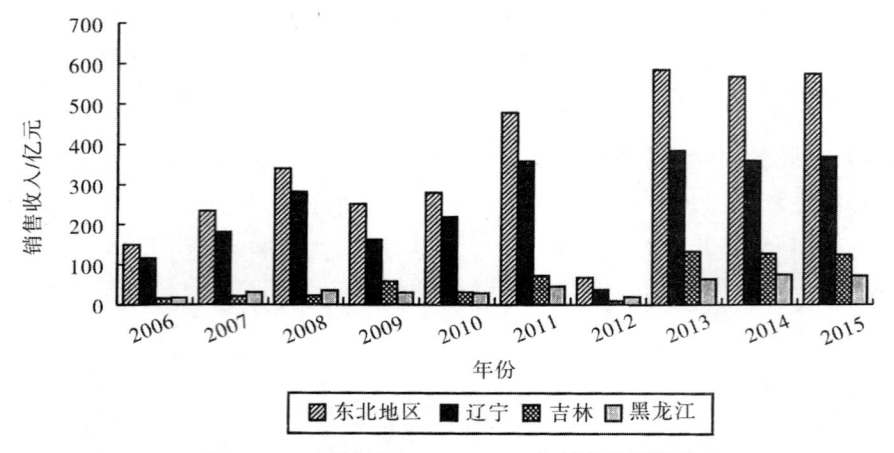

图6-13 东北地区2006—2015年新产品销售收入

资料来源:国家统计局,国家发展和改革委员会,科学技术部:《中国高技术产业统计年鉴(2007—2016)》,中国统计出版社。

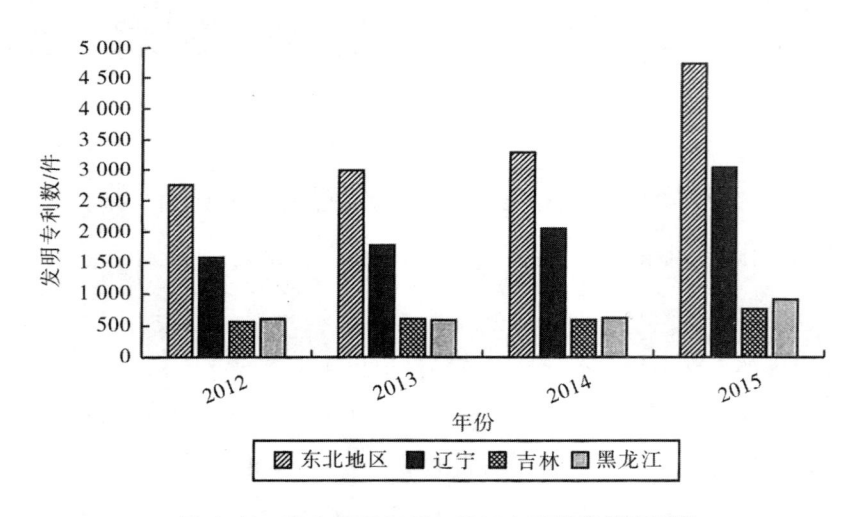

图6-14 东北地区2012—2015年有效发明专利数

资料来源:国家统计局,国家发展和改革委员会,科学技术部:《中国高技术产业统计年鉴(2007—2016)》,中国统计出版社。

东北地区通过加强产业科学布局,集聚了大批专业人才,吸引了一批企业入驻,初步形成了沈阳、大连、长春、哈尔滨等多个高技术产业集群。国家级高新区逐步成为东北地区高技术产业发展的主要载体。目前东北地区已建成了16个国家级高新区,2015年实现总产值19 199.0亿元,出口总额超181.4亿美元(见表6-10)。

表6-10　东北地区高新区2015年主要经济指标

省份	名称	企业数/个	从业人员/人	总收入/万元	出口总额/万美元
辽宁	沈阳高新技术产业开发区	653	91 138	10 019 287	87 712
	大连高新技术产业开发区	879	179 977	18 406 863	424 749
	鞍山高新技术产业开发区	549	93 136	22 195 402	117 835
	营口高新技术产业开发区	269	40 864	5 128 251	108 874
	辽阳高新技术产业开发区	48	39 291	10 083 869	205 901
	本溪高新技术产业开发区	107	14 770	1 363 577	5 394
	锦州高新技术产业开发区	71	23 749	3 884 109	40 083
	辽宁阜新高新技术产业开发区	170	19 866	1 472 274	5 313
吉林	长春高新技术产业开发区	789	165 554	45 752 785	522 066
	吉林高新技术产业开发区	429	67 208	7 858 213	35 688
	延吉高新技术产业开发区	194	12 905	2 798 436	429
	长春净月高新技术产业开发区	784	128 395	10 204 770	106 543
	通化医药高新技术产业开发区	61	76 273	7 188 446	971
黑龙江	哈尔滨高新技术产业开发区	337	155 034	19 758 573	100 858
	大庆高新技术产业开发区	517	112 141	24 459 209	28 568
	齐齐哈尔高新技术产业开发区	62	29 470	1 416 312	23 287
合计		5 919	1 249 771	191 990 376	1 814 271

资料来源：国家统计局社会科技和文化产业统计司，国家发展和改革委员会高技术产业司：《中国科技统计年鉴(2016)》，中国统计出版社2016年版。

（二）东北地区高技术产业创新能力与全国其他地区对比情况

国民经济的高速发展，带动了东北地区高技术产业的发展，不仅生产能力不断增强，专利申请数量、新产品销售额、新产品占总产品数量比例等指标也都不断提升。但从全国范围来看，东北地区高技术产业自主创新能力不强，市场竞争力仍有待进一步提高，与本地区经济社会发展要求还有一定的距离。虽然2006年以来东北地区高技术产业R&D经费投入在数额上呈逐年上涨的趋势，但R&D投入强度仍显不足。2006年，东北地区高技术产业R&D投入强度为1.17%，略高于全国R&D投入强度(1.10%)，但与R&D投入强度较高的广东省(1.22%)还有一定差距。此后东北地区高技术产业R&D投入强度逐年上涨，到2011年达到最大(2.47%)，之后又不断下降。到2015年，东北地区高技术产业R&D投入强度降到1.60%，低于全国R&D投入强度(1.88%)，而此时广东省的R&D投入强度已增加到2.48%，差距逐渐拉大。

东北地区与国内外部分先进地区相比，在创新产出方面差距也比较大。2015年，东北三省高技术产业 R&D 经费内部支出和 R&D 人员折合全时当量分别为 68.7 亿元和 20 600.6 人年，占全国的比重分别为 2.6% 和 2.8%，与主营业务收入占全国的比重（3.06%）大致相当。从有效发明专利数来看，2015 年东北地区有效发明专利数仅占全国的 2.0%，与其创新投入比重大致相当（见表 6-11）。总体而言，东北地区尽管创新资源丰富，创新投入较大，但能够对经济发展起到实际支撑作用的创新产出却相对较少。

表 6-11　东北三省 2015 年高技术产业研发投入与产出情况

项目	R&D 人员折合全时当量/人年	R&D 经费内部支出/亿元	有效发明专利数/件
辽宁	10 094.5	39.1	3 018.0
吉林	3 036.9	9.4	769.0
黑龙江	7 469.2	20.2	922.0
东北地区	20 600.6	68.7	4 709.0
广东	203 116.5	827.2	125 471.0
全国	726 983.3	2 626.7	241 404.0
辽宁所占比重	1.4%	1.5%	1.3%
吉林所占比重	0.4%	0.4%	0.3%
黑龙江所占比重	1.0%	0.8%	0.4%
东北所占比重	2.8%	2.6%	2.0%
广东所占比重	27.9%	31.5%	52.0%

资料来源：国家统计局社会科技和文化产业统计司，国家发展和改革委员会高技术产业司：《中国科技统计年鉴（2016）》，中国统计出版社 2016 年版。

（三）东北地区高技术产业创新成果转化情况

东北地区虽然科研单位与高校数量相对较多，科技创新成果丰富，但这些成果就地转化较少，难以支撑高技术产业发展。以中科院沈阳分院驻辽 5 个研究机构[1]为例，在东北三省共建了 15 个科技成果转化平台，而在全国其他 13 个省市区中共建了 39 个，尤其是在江苏省共建了 13 个转化平台。从 2011 年开始的三年时间内，全国共完成成果转化 1 053 例，技术转移合同总价值 171 345 万元。东北地区在本地完成科技成果 224 项，占比 21.3%；科技合同额 27 850.2 万元，占比 16.3%。而在其他省市自治区转移转化科技成果 829 项，占比 78.7%；科技合同额 143 494.8 万元，占比 83.7%。另外，以中科院系统转化率排在首位的大连物化所为例，过去 5 年大连物化所在全国共实现技术转移转化合同数位 872 项，合同金额达到 9.1 亿元，而在辽宁转移转化项数为 94 项，金额为 3 663 万元，分别仅占 10.78% 和 4%。

---

[1] 分别为大连化物所、沈阳金属所、沈阳生态所、沈阳自动化所和沈阳计算所，内部调研资料。

东北地区缺乏促进高技术产业创新成果就地转化的有效激励机制，奖励机制不健全，难以形成对科技人员的激励作用，极大影响了科研人员将创新成果就地转化的意愿和热情。近年来，尽管陆续出台了一些鼓励科技成果转化的政策，但由于教师及科研人员创业往往得不到其所属单位的鼓励与支持，严重影响了教师及科研人员就地转化创新成果的积极性。东北地区创新成果转化渠道不畅，在创新成果就地转化的一些关键环节存在障碍。与南方一些经济发达省份相比，东北地区科技中介服务机构和服务体系也不够健全，也在一定程度上制约了东北地区科技成果的就地转化。

（四）提升东北地区高技术产业创新能力的对策建议

1. 构建以企业为主体的技术成果转化机制

加快推进科技成果转化中介服务机构建设，构建企业与高校和科研单位合作的桥梁和纽带。在中介服务机构的帮助下，使企业能够按照发展规划和市场需求与相关的高校或科研机构精准对接，加快推进项目研发进程。加强与社会资本的合作，用于创新成果就地转化的前端环节的投入。出台相关政策，扶持东北地区科技型中小企业增强承接创新成果转化的能力，为东北地区高技术产业的发展提供动力。

为提高东北地区创新成果就地转化能力，可在东北地区沈阳、大连、长春、哈尔滨等重要城市设立高水平知识产权保护机构，充分保障创新成果就地转化过程中供需双方的合法权益，维护东北地区创新成果就地转化市场秩序。除法律保障机制外，还应探索建立创新成果转化保险体系，提升参与科技成果转化主体的信心，降低科技成果转化风险。

2. 强化开放式产业创新体系建设

重点建立以企业为主体的产业创新体系，提升高技术企业创新能力。在企业与高校间建立有效沟通渠道，鼓励企业通过协商以合适的方式参与高校及科研单位的早期研发活动，提升创新效率和科技成果的时效性。推动企业与高等学校及科研院所合作，共同建立研发、检测、设计中心等机构，完善人才培养机制，为企业后备人才提供保障。此外，鼓励东北地区高校及科研院所创新成果就地转化。鼓励高校及科研院所在东北地区设立技术转移机构，引导企业孵化器、大学科技园等向专业化、市场化方向发展。

3. 建立完善的创新人才成长机制

针对近年来东北地区人才的大量外流，东北地区高技术产业就业人员逐渐减少的问题，首先，要营造有利于凝聚人才的发展环境，建立完善的人才引育机制。随着社会的发展，良好的人文环境对优秀人才有着较强的吸引力。东北地区应着力凸显地域特色文化，完善市场文化和企业文化，为高端人才打造舒适的工作和生活环境，让高端人才深切感受到留在东北地区发展的价值和意义。其次，要完善高端人才的服务机制。设立专门的高端人才服务机构，主要负责解决高端人才的家人工作、子女入学等具体问题，解决高端人才的后顾之忧，使他们能够安心在工作岗位中发挥重要作用。最后，要完善高端人才的管理机制。建立完善的人才发展和晋升机制，形成人尽其才、开放透明、充满活力的用人环境。改善高端人才的工作条件，制定明确的科研项目开发奖励政策，如技术入股、个税返还等灵活多样的政策，对有突出贡献的科研人员和单位给予物质奖励，提高科研人员的创新积极性，让他们能够充分展现自己的能力，体会到自己的价值，为东北地区高技术产业的发展注入新鲜血液。

第二节　国内外先进制造业技术发展趋势和政策

关于先进制造技术，国内外学者一般认为，它是传统制造技术与微电子、计算机、自动控制等现代高新技术交叉融合的结果，集中了传统机械制造、电子信息、光学、生物学、管理学等学科领域研究成果，依托知识之间的溢出与交汇，通过跨界融合不断发展先进制造业。先进制造技术克服了传统制造技术在学科、专业的片面性和单一性，更加重视各学科和专业间的相互融合、交叉和渗透，因而具备更强的系统性、集成性、广泛性、精确性特点。依托关键的核心制造技术，先进制造业相较于传统制造业在效率、安全、能耗、质量等方面有了明显提升，提高了对动态、多变市场的适应能力和竞争能力。

一、先进制造业技术发展趋势

随着信息技术和网络技术的飞速发展，当前国内外先进制造技术的发展，虽仍处于以机器为特征的传统制造类技术范式向制造与信息技术交叉融合式技术范式转变的过程中，正从制造技术时代转向互联网、信息传导等技术的融合时代，但交叉融合速度明显加快，数字化制造、智能制造、精密制造、制造服务化、制造技术"专而精"、机械科学和生命科学深度融合、绿色制造等成为先进制造产业重要的技术发展趋势。

（一）数字化制造成为先进制造技术的核心

数字化制造不同于传统制造，是使信息被数字化编码、保存、表征、加工以及传递，从而体现在数字空间中的完整制造过程。相对传统制造技术，数字化制造融合了数字化技术和制造技术，是一种基于工程科学的前沿性制造技术创新。数字化制造是先进制造技术的核心技术，是实现智能制造的基础。数字化先进制造主要包括制造全流程的建模、建模的系统仿真模拟、基于模拟结果的网络化设计和虚拟产品开发等核心技术。

采用建模与仿真技术，能够从产品工艺设计到产品市场化实现全过程的模拟实验测试，避免现实中实验花费巨额投入和大量时间投入。美国国家研究委员会发布的战略报告将建模技术与仿真模拟技术作为六项核心技术之一。而未来制造报告（NGM）也将模拟、建模技术作为十大未来发展重点之一。网络化敏捷设计有利于企业形成成熟的技术体系从而提升对外在市场环境迅速变化的反应能力，这种技术已被广泛应用在美国企业中。虚拟产品开发技术经过不断的探索与创新，推动了制造类技术形成新一轮的技术变革，即应对市场变化的快速成型、柔性化、系统化制造技术集成。人们所熟知的波音777飞机，是世界上第一台无图纸飞机，全部用计算机设计完成。

（二）智能制造成为制造业转型的重要方向

智能制造技术核心是智能芯片，而智能芯片的技术是制造技术、统筹规划、自动化技术、系统工程和人工智能等学科互相交织和渗透的一门综合技术。智能设计、智能装配、智能加工、智能控制、智能工艺规划、智能调度与管理、智能测量与诊断等都属于智能制造技术的范畴。相较于传统的制造技术，智能制造融合智能化感知技术、人机交互系统、制造装备智能化设计等环节，形成更为高级、更为高效、更为人性化的新技术领域。智能制造系统具有人机一体化、自律能力强、自组织与超柔性、学习能力与自我维护能力、类人思维能力等特点。

"工业互联网战略"和"工业4.0战略"意味着，美国和德国已经将未来眼光落在未来智能制造领域。美国基于其强大的互联网技术以及在消费产业的广泛应用经验，将大数据采集、分析、反馈以及智能化生活的全套数字化运用引入工业领域。德国"工业4.0"的本质，是通过智能制造技术的运用，实现以智能制造为主导的第四次工业革命。

（三）精密制造技术成为产业先进性的主要标度

精密制造技术是先进制造技术的基础，包括精密加工和超精密加工、微细加工和超微细加工、微型机械等。微型机械是机械技术与电子技术在纳米级水平上相融合的产物，其加工精度从10微米、0.01微米到现在的仅为0.001微米（即1纳米）。微细和超微细加工是一种特殊的精密加工，它不仅加工精度极高，而且加工尺寸十分微小。大规模集成电路芯片上的图形是用电子束、离子束刻蚀的方法加工的，线宽可达0.1微米。国外一些专家将纳米技术与微型机械视为对自然的认识已从宏观层面进入到微观层面的标志。纳米制造科学技术群也被认为是最能改变人类生活的前瞻性技术之一，被称为"21世纪的核心技术"。

(四)制造服务化成为产业高端发展的重要途径

由于技术进步和先进管理理念的应用,当前先进制造业的生产、制造与研发、设计、售后的边界已经越来越模糊,服务化成为助力制造业转型升级的重要推动力量,也是制造业趋向现代化的主要标志。制造业服务化主要体现在投入服务化和业务服务化,即服务要素在制造业的全部投入、服务产品在制造业的全部产出中,占据着越来越重要的地位。

目前,工业发达国家的制造业无不体现着"服务化"的特点,将非核心的生产业务向外剥离,追求制造业总成本的最小化,生产行业中的服务化部分将构成制造业增值盈利的重要环节,服务能力、服务水平已成为决定企业成败的重要环节。早在2005年,美国的生产性服务类岗位所创造经济价值就达到经济总量的47.7%,制造服务技术的影响力已越来越大。以美国通用电气公司(GE)、IBM公司和耐克公司为例:GE公司传统制造业产值所占的比例不断降低,70%以上的业务是由与主业密切关联的"技术+管理+服务"构成;IBM公司成功地由制造业企业转型为信息技术和业务解决方案公司,其咨询服务遍布160多个国家,是世界上最大的咨询服务组织;耐克公司目前仅掌握研发设计和营销创新部分,除此之外生产制造都外包给生产成本低的海外工厂,事实上已经成为生产性服务类企业。

(五)先进制造技术加快向"专而精"方向发展

在全球经济一体化及信息网络化的背景下,制造业的产业制高点不再是以往的全面制造,而是基于掌握核心技术和价值增值环节的有选择制造,即已从"大而全"向"专而精"方向发展,实现利润和附加值最大化。各跨国公司利用其掌握的技术、市场、标准、品牌和销售渠道,牢牢控制着产业价值链的关键环节,占领价值链高端,而把处于价值链非核心环节和低端的加工、组装、制造等产业环节转移外包。以波音787飞机制造为例,其设计和制造是由波音牵头,众多供应商协同的大规模研发与生产协作。在整机中大约400万配件中,波音公司自己生产仅占约10%,剩余配件通过外包等手段交由日本、意大利、韩国等国家的航空制造类企业负责。

德国和日本的制造业技术发展以秉承工匠精神闻名。德国制造的支柱是中小企业,这些企业产品的特色就是专、精、尖、特,并能够与时俱进,不断突破创新,不少企业是世界某一工业领域的"隐形冠军"。日本的日东电工企业,以贴、涂、粘技术作为基础,持续50多年开展"三新活动"(开发新产品、开发新用途、创造新需求),智能手机的触摸屏技术早在20世纪80年代就已经被其开发出来。

(六) 机械科学和生命科学将实现深度融合

当前，生命科学技术发展十分迅速。国内外学者普遍认为，21世纪是"生命科学"世纪。机械科学和生命科学将进入更深层次的交叉融合阶段，为突破产品设计及制造过程等一系列技术障碍提供系统解决方案，如"智能仿生结构"这类的全新概念产品也将问世。

机械仿生与生物制造的研究内容涉及生长成型工艺、制造系统、智能仿生机械和仿生设计等领域，是机械科学与生命科学、信息科学等多学科领域的交叉融合。目前，国内外已经展开快速原型制造技术与人工骨骼技术等相关研究，为部分骨骼的人工修复和康复医学提供了完善的解决方案。美国、日本和印度等国在人体仿生方面，美国和欧洲在视觉方向特别是视觉识别方面已经分别做出了比较深入的研究，也有不少产品问世。

(七) 绿色制造技术发展得到广泛关注

绿色制造技术以绿色理念为指导，是一种综合考量环境影响和资源效益的现代模式，以较少产品从设计、制造、包装、使用到报废处理的整个生命周期对环境的负面影响为目标，能够有效提高资源利用率。该技术使技术标准、技术规范、应用模式的形式得以实施和推广，正在成为部分发达国家构筑新型贸易壁垒的重要手段。在国内外，绿色制造技术逐渐得到普及，产品设计理念也深受大众喜爱，制造业的绿色化发展目标已经成为制造业的共识。

二、案例分析：我国工业机器人产业技术发展研究

工业机器人是应用于工业领域的能自动执行工作的多关节机械手或高自由度的机器装置，是靠自身动力和控制能力来实现各种功能的一种机器。随着制造业转型升级的不断推进，作为制造业"皇冠"上"明珠"的工业机器人，得到了工业企业的青睐，各个国家正积极发展本国的工业机器人产业，迎接"无人工厂""数字生产"时代的到来。

(一) 我国工业机器人产业专利技术情况

1. 专利申请数量年分布

从图6-15可以清晰地看出，中国工业机器人产业专利申请量呈现稳定高速增长的态势，尤其在2011年之后，年专利申请量突破1 000件。截至检索日期，工业机器人产业专利总量为6 917件，占全国总量的22.47%。早在1984年，中国就申请了第一件工业机器人专利，但在这之后的十年专利申请进度十分缓慢，部分年份甚至没有申请工业机器人专

利；直到1994年，专利申请开始逐步走向持续发展阶段，每年都会有新的专利申请。从申请数量上来看，每年的工业机器人专利申请数量逐年递增；2010年之后，申请量以更快的速度增长，从2006年的140件增长到2013年的1 951件。

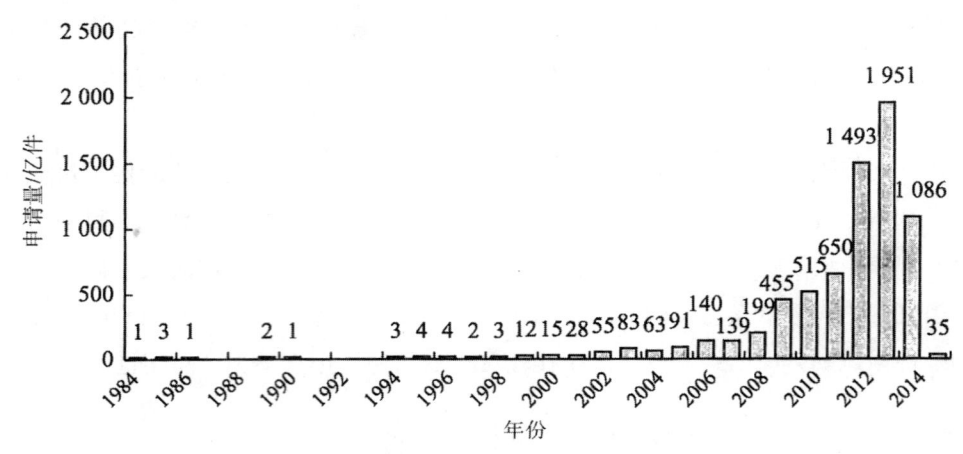

图6-15 中国工业机器人产业专利申请数量年份分布

资料来源：国家知识产权局数据，笔者整理。

2. 专利申请机构分布

通过对中国专利权人的类别进行分析，可将中国专利权人划分为四类：高校、研究所、企业、个人。高校、研究所、企业、个人专利申请数量占总量的比例分别为29.56%、5.39%、54.23%和10.82%；平均每个高校申请专利的数量为10.40，平均每个研究所申请专利的数量是4.07，平均每个企业申请专利的数量是2.91，个人平均申请专利的数量是2.54（见表6-12）。

表6-12 中国专利权人分类

专利权人	统计量	
	占比/%	平均值
高校	19.56	10.40
研究所	5.39	4.07
企业	54.23	2.91
个人	10.82	2.54

资料来源：国家知识产权局数据，笔者整理。

专利申请数量排行前15名的专利权人如表6-13所示。通过计算发现，前15名申请专利总量占到全国总量的18.75%。中国的申请机构中，高等院校及研究所占绝对优势，清华大学、上海交通大学、北京科技大学在高等院校中位列前三，而企业仅仅包括鸿富锦精密工业、鸿海精密工业、国家电网、沈阳新松机器人四家公司，四家公司的专利申请量约占前 15 总量的 24.82%。

表 6-13 我国专利申请机构分布

排序	机构	申请总量
1	清华大学	155
2	鸿富锦精密工业	125
3	上海交通大学	116
4	北京科技大学	112
5	广西大学	101
6	哈尔滨工业大学	88
7	苏州工业园区职业技术学院	84
8	鸿海精密工业	76
9	上海大学	69
10	国家电网	65
11	天津大学	64
12	中国科学院沈阳自动化研究所	63
13	华南理工大学	63
14	燕山大学	60
15	沈阳新松机器人	56

资料来源：国家知识产权局数据，笔者整理。

以高等院校及研究所为主的创新主体，一方面说明本土企业缺乏专利布局观念，申请专利的积极性不高；另一方面说明本土企业研发投入强度不够，而高校具备人才、技术和科研经费的优势，技术创新活动相对频繁。根据欧盟委员会发布数据来看，在 2012 年全球企业研发投入排名世界前 50 的企业中，尚未见到中国企业的身影。虽然本土高校专利申请数量可观，但将其广泛应用到工业生产过程仍然需要时间。

3. 专利关键技术识别

对中国所有申请专利的 IPC 小类进行分类统计，得出排名前 20 位的 IPC 小类，如表 6-14 所示。专利申请量分布最多的 IPC 分类号是 B25J 和 B23K，分别占总量的 52.46% 和 15.52%，其他小类占比较小。

表 6-14 中国 IPC 小类分类分布及含义

IPC 小类	申请量	占比/%	含义
B25J	4 214	52.46	机械手；装有操纵装置的容器
B23K	1 247	15.52	钎焊或脱焊；焊接；用钎焊或焊接方法包覆或镀敷；局部加热切割，如火焰切割；用激光束加工
B65G	560	6.97	运输或贮存装置，例如装载或倾斜用输送机；车间输送机系统；气动管道输送机

续表

IPC 小类	申请量	占比/%	含义
B23Q	276	3.44	机床的零件、部件、或附件，如仿形装置或控制装置；以特殊零件或部件的结构为特征的通用机床；不针对某一特殊金属加工用途的金属加工机床的组合或联合
B23P	213	2.65	金属的其他加工；组合加工；万能机床
B05B	207	2.58	喷射装置；雾化装置；喷嘴
B21D	156	1.94	金属板或管、棒或型材的基本无切削加工或处理；冲压
B29C	151	1.88	塑料的成型或连接；塑性状态物质的一般成型；已成型产品的后处理，如修整
B65B	151	1.88	包装物件或物料的机械、装置或设备，或方法；启封
B24B	123	1.53	用于磨削或抛光的机床、装置或工艺；磨具磨损表面的修理或调节；磨削，抛光剂或研磨剂的进给
B05C	113	1.41	一般对表面涂布液体或其他流体的装置
B22D	92	1.15	金属铸造；用相同工艺或设备的其他物质的铸造
B65H	44	0.55	搬运薄的或细丝状材料，如薄板、条材、缆索
B07C	42	0.52	邮件分拣；单件物品的分选，或适于一件一件地分选的散装材料的分选
B21C	29	0.36	用非轧制的方式生产金属板、线、棒、管、型材或类似半成品；与基本无切削金属加工有关的辅助加工
B21J	28	0.35	锻造；锤击；压制；铆接；锻造炉
B25B	28	0.35	其他类不包括的用于紧固、连接、拆卸、或夹持的工具或台式设备
B23B	26	0.32	车削；镗削
B22C	25	0.31	用非轧制的方式生产金属板、线、棒、管、型材或类似半成品；与基本无切削金属加工有关的辅助加工
B05D	24	0.30	一般对表面涂布液体或其他流体的工艺

资料来源：国家知识产权局。

B25J 申请年份在 2012 年及以后呈井喷态势，2012 年相对于 2011 年增长率高达 122.2%。B25J 小类中主要包括的 IPC 小组有 B25J-009/08、B25J-019/00、B25J-009/00、B25J-011/00、B25J-013/0、B25J-009/16、B25J-017/00。

B23K 申请量激增的年份是 2012 年，比 2011 年增长 151.5%，主要包括的小组有 B23K-037/02、B23K-037/04、B23K-037/047、B23K-009/12；再次是 B65G，占总量的 6.97%，主要包括的小组有 B65G-061/00、B65G-047/90、B65G-047/91、B65G-057/00。

表 6-15 描述了将专利申请量的 IPC 小类按年份分解后 IPC 小类的年份分布情况，可以发现部分技术小类较晚才开始申请，且专利申请量呈递增态势，起步阶段的专利申请数

量为零，因此可以判断出这些技术是新兴的技术。近些年新兴的技术有B23P、B05B、B65B、B05C、B07C等。

表6-15 中国IPC小类年份分布

年份	B25J	B23K	B65G	B23Q	B23P	B05B	B21D	B29C	B65B	B24B	B05C	B22D	B65H	B07C
2015	24	3	3	0	2	4	2	0	0	0	0	0	0	0
2014	539	218	129	40	60	30	41	32	23	23	16	17	1	7
2013	1 218	367	165	58	64	53	33	30	47	33	27	18	6	21
2012	789	332	156	70	52	51	48	22	39	29	18	15	19	4
2011	355	132	47	41	16	22	10	9	19	20	12	12	4	1
2010	322	83	33	12	11	25	11	11	5	10	15	15	6	3
2009	344	51	10	7	6	14	9	18	12	1	13	4	1	2
2008	156	28	8	8	3	7	2	25	2	1	7	4	3	0
2007	104	14	9	1	5	1	2	7	3	4	3	5	2	2
2006	126	5	5	5	4	1	4	3	2	0	2	0	0	1
2005	771	6	1	16	2	1	0	2	1	0	2	0	2	1
2004	52	7	1	1	0	1	2	1	1	0	0	1	0	0
2003	70	5	5	6	0	0	1	0	1	1	0	0	0	0
2002	44	3	2	10	0	0	0	1	0	1	0	0	0	1

资料来源：国家知识产权局。

从中国的技术类别分布情况来看，专利所属IPC小类分布较为不均，大量的技术集中在少量的IPC分类号中。然而有些IPC小类专利的申请量少，但是呈缓慢增长趋势，说明中国在近些年已经实现小范围的技术突破，且有持续增长的趋势。

4. 专利应用领域识别

如表6-16所示，我国的排名前15位的德温特分类号组合量占总额48.17%，其中第一位分类号组合P62的数量为1448，排名第15的组合P62、V06、X25分布量仅为54。排名第一的分类号组合是P62(手持工具——切割)单独组合，占总量的20.93%，其次是P62(手持工具——切割)与X25(工业电气设备)组合，占总量的5.72%，其余的占有量均不足5%。若单独看每一个分类号，P62(手持工具——切割)占据绝对优势。前15位的排名中，P62(手持工具——切割)的频数占前15位总量的43.46%，其次是X25(工业电气设备)，占15.33%，第三位的是P55(金属焊接)，占7.5%，第三位及以后的分类号占比较小，均不足10%。前15位的组合中，5组分类号为单分类号组合，说明其技术应用领域较为单一，单分类号组合占总量的29.4%；另外，两种分类号组合的有4组，三种分类号组合的有4组，四种分类号的组合有2组。我国工业机器人专利技术应用领域集中在少数方向上，除此之外的专利数量较少，说明未来工业机器人有较大的应用扩张空间。

表 6-16　我国排名前 15 位分类号组合

德温特分类号组合	中文解释	数量
P62(hand tools, cutting)	手持工具——切割	1448
P62(hand tools, cutting); X25(industrial electric equipment)	手持工具——切割; 工业电气设备	396
M23(soldering, welding); P55(soldering, welding metal)	焊接; 金属焊接	180
P62(hand tools, cutting); T06(process and machine control); X25(industrial electric equipment)	手持工具——切割; 机器控制及处理; 工业电气设备	171
Q35(refuse collection, conveyors)	垃圾收集，传送带	166
P62(hand tools, cutting); T01(digital computers); T06(process and machine control); X25(industrial electric equipment)	手持工具——切割; 电子计算机; 机器控制及处理; 工业电气设备	137
M23(soldering, welding); P55(soldering, welding metal); X24(electric welding)	焊接; 金属焊接; 电子焊接	134
P56(machine tools)	机床	132
P42(spraying, atomising)	喷涂，雾化	131
P52(metal punching, working, forging)	金属冲压，工作，锻造	87
M23(soldering, welding); P55(soldering, welding metal); X24(electric welding); X25(industrial electric equipment)	焊接; 金属焊接; 电子焊接; 工业电气设备	86
A88(mechanical engineering, tools, valves, gears, conveyor belts); P62(hand tools, cutting)	机械工程，工具，阀门，齿轮，输送带; 于持工具——切割	74
P56(machine tools); P62(hand tools, cutting)	机床; 手持工具——切割	74
P62(hand tools, cutting); Q35(refuse collection, conveyors)	手持工具——切割; 垃圾收集，传送带	62
P62(hand tools, cutting); V06(electromechanical transducers and small machines); X25(industrial electric equipment)	手持工具——切割; 机电传感器和小型机器; 工业电气设备	54

资料来源：国家知识产权局。

(二)促进中国机器人产业发展的政策建议

从产学研、技术生命周期等理论视角研究，加速推进机器人产业发展的目标建议如下：

1. 发挥高校、研究所技术创新优势

高校和科研院所是我国实施科技创新战略、科技强国战略的领头羊。在"工业4.0"的背景下，充分发挥高校和科研院所技术创新或者研发领头羊作用，关注全球的工业机器人技术的技术热点，扬长避短、寻求新的技术突破，在局部范围内率先取得世界领先技术水平。

2. 推进产学研合作

取长补短、积极合作，兼顾双方利益，完善相关法律法规。政府应为协同合作出台可落实、有实质帮助的政策。综合运用多种经济鼓励政策鼓励高校、研究所把更多精力投入应用研究、技术开发、成果转化上来，大力促进科技成果产业化和知识资本化。

3. 加强对大型企业的技术创新引导

基础理论研究或重大技术突破，需要依赖大型公司，它们更有实力突破也更容易被市场接受，更能承担长期投资的成本和风险。因而，重要技术突破支持对象，也应该是跨国公司等类型的国际化大公司。提高企业的技术创新能力，要建立政策导向引导大型企业，鼓励技术创新活动，树立专利布局意识，在未来的经济活动中得到更多的经济效益和社会效益。

第三节 提升我国先进制造业自主创新的相关政策

我国对先进制造业的发展十分重视。党的十八大以来，国家密集出台了一系列振兴制造业、加快发展先进制造业的政策、办法和规划。党的十九大更是将加快建设制造强国，大力发展先进制造业，推动互联网、大数据、人工智能和先进制造业深度融合作为重要战略支点。本节将系统梳理2009年后国家支持先进制造业发展的重要政策，重点从加强产业发展顶层设计、提高产业技术创新能力和促进产业融合发展等七个方面进行系统分析和介绍。

一、加强产业发展顶层设计的政策

国家将智能制造、机器人、高端装备等先进制造业作为支撑和引领国民经济创新发展

的重要战略支撑,并将其列为未来重点支持发展的战略性新兴产业,超前部署先进制造国家发展战略,科学制定战略规划和进行顶层设计。为了应对国际金融危机和美国"再工业化"的冲击,于2009年颁布实施了《装备制造业调整和振兴规划》及其《实施细则》。2010年出台《国务院关于加快培育和发展战略性新兴产业的决定》,提出重点发展以高端装备制造业和新能源汽车等为代表的先进制造业。2015年发布了《中国制造2025》战略规划,提出了三个十年战略布局,指出依靠科技创新引领我国迈向制造强国战略目标,成为新时期指引我国先进制造业发展的行动纲领。2016年制定了《智能制造发展规划(2016—2020年)》,2017年发布了《"十三五"先进制造技术领域科技创新专项规划》和《新一代人工智能发展规划》等战略规划。初步形成了从国家战略层面配套支持我国先进制造业发展的政策体系。

二、提高产业技术创新能力的政策

制定提高产业技术创新能力政策,重点围绕支持产业研发组织(机构)建设、支持产业技术基础研究、抢占产业技术制高点等。一是鼓励研发机构建设。鼓励境内、外企业和科研机构在我国设立研发机构。二是加强产业技术基础研究,强化前瞻性基础研究,着力解决影响核心基础零部件(元器件)产品性能和稳定性的关键共性技术等。发布了《国务院关于全面加强基础科学研究的若干意见》,要求要大力推进智能制造、信息技术等重点领域应用技术研究,衔接原始创新与产业化。三是抢占产业技术制高点。出台《国务院关于深化"互联网+先进制造业"发展工业互联网的指导意见》等政策,发布高端装备制造、(新一代)人工智能、机器人、智能制造等产业发展规划。积极加强智能设备、机器人等高端产业核心技术的研发,为生产高端产品和装备,引领产业相关技术发展奠定坚实基础。

三、促进产业融合发展的政策

重点围绕"完善融合发展机制、促进产学研融合发展、先进制造与信息技术融合和军民融合发展"等方面,构筑促进产业融合发展的政策体系,促进科技成果转移转化。一是健全协同发展机制体制。《国务院关于深化"互联网+先进制造业"发展工业互联网的指导意见》和《国务院关于深化制造业与互联网融合发展的指导意见》指出,要培育国有企业融合发展机制,建立有利于国有企业与互联网深度融合的机制。二是促进产学研深度融合发展。《中国制造2025》指出,要引导政产学研按照市场规律和创新规律加强合作,鼓励企业和社会资本建立一批从事技术集成、熟化和工程化的中试基地。《制造业人才发展规划指南》要求加快实现产业和教育深度融合,加快产学研用联盟建设。三是加强信息技术、人工智能与产业深度融合。《国务院关于深化"互联网+先进制造业"发展工业互联网的指导意见》《国务院关于深化制造业与互联网融合发展的指导意见》《"互联网+"人工智能三年行动实施方案》和《高端智能再制造行动计划(2018—2020年)》等强调，要加快推动以互联网、大数据为代表的新一代信息技术与制造技术融合发展，把智能制造作为两化深度融合的主攻方向，积极发展共享经济。四是加强军民融合发展。《关于经济建设和国防建设融合发展的指导意见》等强调，要推进军民技术联合研发，促进国防科技成果转化和产业化进程，建设军民融合发展创新示范区，实现军民双向转移转化。

四、完善产业配套支持的政策

积极发挥政府对产业发展的引导作用，重点围绕"国家财税与金融支持、国家重大专项、首台套政策"等配套政策的广泛实施来扶持和促进我国先进制造业的快速发展。一是制定财税支持政策。《国务院关于深化"互联网+先进制造业"发展工业互联网的指导意见》和《国务院关于深化制造业与互联网融合发展的指导意见》等文件规定：要强化财政资金导向作用，利用中央财政现有资金渠道，鼓励地方设立产业发展专项资金；要全面落实相关税收优惠政策，推动固定资产加速折旧、企业研发费用加计扣除、软件和集成电路产业企业所得税优惠、小微企业税收优惠等政策落实。二是强化金融扶持政策。《增强制造业核心竞争力三年行动计划(2018—2020年)》等文件规定，要积极发挥政策性金融和商业金融的优势，利用贷款贴息、担保等方式，引导各类金融机构加大对行动计划实施的信贷支持，合理确定贷款利率。三是设立国家重大专项。《国家中长期科学和技术发展规划纲要(2006—2020)》确定了大型飞机等16个重大专项，其中就包括数控机床、集成电路装备、大飞机、揽月工程等先进制造领域重大专项。四是落实首台(套)支持政策。工业和信息化部印发了《首台(套)重大技术装备推广应用指导目录(2017年版)》，财政部、工信部、中国保监会联合印发了《关于开展首台(套)重大技术装备保险补偿机制试点工作的通知》，《高端智能再制造行动计划(2018—2020年)》规定对符合条件的增材制造装备等高端智能再制造装备纳入重大技术装备首台套予以支持。

五、加强产业人才培养的政策

加强人才对先进制造业发展的支撑作用，重点围绕产业发展所需的多层次人才培养、专业技术技能人才和高端人才等的多层次人才培养，引领产业创新发展。一是合理布局多层次人才培养。《中国制造2025》《制造业人才发展规划指南》和《智能制造发展规划(2016—2020年)》等文件要求，加强制造业人才发展统筹规划和分类指导，组织实施制造业人才培养计划，加大专业技术人才、经营管理人才和技能人才等的培养力度。二是加强专业技能人才培养。《中国制造2025》鼓励开展现代学徒制试点示范，形成一支门类齐全、技艺精湛的技术技能人才队伍。《制造业人才发展规划指南》要求加强人工智能劳动力培训，建立适应智能经济和智能社会需要的终身学习和就业培训体系。三是加强高端人才培养。《新一代人工智能发展规划》和《智能制造发展规划（2016—2020年）》要求加强智能制造高层次人才培训，培养一批能够突破智能制造关键技术、带动制造业智能转型的高层次领军人才。此外，《国务院关于加快培育和发展战略性新兴产业的决定》《高端装备制造业"十二五"发展规划》《机器人产业发展规划（2016—2020年）》等文件，也对先进制造业在加强复合型人才、管理人才、服务业人才、领军人才等方面从不同侧面给予政策支持。

六、制定产业标准化发展的政策

通过制定行业规范标准化发展战略，提升我国先进制造业参与国际竞争的核心竞争力，掌握产业发展话语权。一是鼓励行业标准的研究和制定。《国务院关于加快培育和发展战略性新兴产业的决定》中，鼓励我国企业和研发机构参与国际标准的制定，同时也支持外商投资企业参与我国的一些技术示范应用项目，从而共同形成国际标准。《机器人产业发展规划（2016—2020年）》支持企业发挥参与制修订标准的积极性，研究制定一批机器人国家标准、行业标准和团体标准。《新一代人工智能发展规划》要求，逐步建立并完善人工智能基础共性、互联互通、行业应用、网络安全、隐私保护等技术标准。《智能制造发展规划（2016—2020年）》提出建设智能制造标准体系。二是促进产业标准化政策落实。《装备制造业标准化和质量提升规划》要求加大科技研发对标准研制的支持，深化国家科技计划与标准化紧密结合机制，加快军用标准向民用领域的转化和应用。《中国制造2025》强调，改革标准体系和标准化管理体制，组织实施制造业标准化提升计划，在智能制造等重点领域开展综合标准化工作。

七、积极开辟国际市场的政策

重点包括对外交流合作、支持出口升级、限制国外同业冲击等方面的政策。一是鼓励对外交流合作。《中国制造2025》强调提高制造业国际化发展水平；提高利用外资与国际合作水平；深化产业国际合作，加快企业"走出去"。《高端装备制造业"十二五"发展规划》鼓励企业加强国际交流，通过联合开发、合资合作、人才交流、兼并重组等多种方式与国外企业和研发中心进行合作。二是支持出口参与国际竞争。《高端装备制造业"十二五"发展规划》鼓励企业由产品、技术出口向资本、管理输出转变，鼓励企业实施海外投资并购，鼓励建立制造业对外投资公共服务平台和出口产品技术性贸易服务平台。《中国制造2025》强调提升制造业跨国经营能力和国际竞争力。支持发展一批跨国公司，通过全球资源利用、业务流程再造、产业链整合、资本市场运作等方式，加快提升核心竞争力。支持企业境外并购和股权投资、创业投资,加快发展国际总承包、总集成;融入当地文化,增强社会责任意识,加强投资和经营风险管理,提高企业境外本土化能力。三是加强对外资的异质性政策。《中国制造2025》要求建立外商投资准入前国民待遇加负面清单管理机制,落实备案为主、核准为辅的管理模式。此外,《制造业人才发展规划指南》《装备制造业标准化和质量提升规划》《国务院关于加快培育和发展战略性新兴产业的决定》等文件,在引进海外高层次人才、参与国际标准制修订、加强境外专利布局等方面也给予了不同程度的政策支持。

第四节 提高我国先进制造业自主创新能力的政策建议

发展先进制造业、加强创新驱动力和优化产业结构是提升我国经济实力的必经之路。在全球再工业化的发展背景下,我国必须发展自己的先进制造业体系,建立适宜的创新生态环境。在对先进制造业创新驱动发展现状和创新要素关系的分析基础上,对先进制造业创新的外部环境、内部动力、内外部平台网络构建和创新体系治理等方面提出以下政策建议。

一、构建创新生态环境,培育创新生态文化

(一)创新生态文化

文化是凝结在物质之中又游离于物质之外的,人类之间进行交流的普遍认可的一种能够传承的意识形态。文化内容广泛,涉及价值观、态度和行为模式等诸多方面,虽然没有统一的定义,但学者对其传承性和意识形态性认同较为统一。企业创新文化是具有企业家的创新精神特质的企业文化,它会影响企业创新行为。创新文化能够激发并促进企业创新思想、创新行为和创新活动,是有利于创新实施的一种组织内在精神和外在行为表现的综合体,主要包括价值观念、行为准则和制度等。创新文化作为一种可以传承的意识形态,能够最大限度地激励企业创新,一旦形成便会根植于整个企业环境中,是非物质的刚性存在。在构筑和培育企业创新生态系统过程中,除了打造创新的外部环境,创新的软环境建设也尤为重要。因此,营造创新文化氛围和环境,培育新创新生态,有助于企业进行科技创新、生产创新、管理创新、市场创新,有助于形成推动企业创新和科技进步的内在动力。

（二）培育创新文化建设

先进制造业企业应形成自己的独特企业文化。先进制造业企业应在企业内部着力营造创新氛围，鼓励全员创新，同时通过鼓励营销创新，提升员工团队意识，促进知识共享等，塑造企业创新文化，提升企业创新能力。冒险、开发、变革和行动性是企业家精神的重要组成部分，制造业企业发展为创新型企业，应依靠富有企业家创新精神的技术团队、管理者团队、营销团队等实现全员创新。企业应培育与领导者风格相一致的企业文化。合理的制度是政策实施的保障，企业创新文化传承需要制度保障。企业要结合自身特点，制定相应的人才培养计划，完善引进人才、留住人才的相关措施和制度安排。

二、加强研发机构建设，增强企业发展内生动力

（一）发挥企业创新主体地位

企业是创新应用的直接载体，加强企业创新主体地位有利于创新成果应用，提高创新效率。从创新价值链理论可以看出，创新分为创意产生、创意生产、创意实现三个部分，企业是创新实现价值的最重要一环，也是对市场最敏感的一个部门。因此，需要加强企业的创新主体地位，将客户需求与技术创新有机结合，也是先进制造业定制化、差异化发展的必然要求和根本途径之一。

（二）合理增加技术投资

先进制造业由于其高技术属性，企业产品技术门槛性是企业盈利的主要来源。适当提高企业技术研发资金是企业保持技术领先性的前提条件。企业需根据自身能力和行业发展水平，加强技术投资以保证企业长期发展。技术投资是企业用于研发投入的最直接表现，能够直接提高全要素生产率水平，有效提高制造业企业生产效率。在重大技术研发上，国家应给予政策上的倾斜和资金上的支持，适当放开应用性技术限制，交由市场进行自然选择。

（三）加强校科研院所合作，联合培养企业技术人才

完善教育培训体系，提升人力资本水平。先进制造业与传统制造业不同，以服务业为例，企业面向现代物流、电子商务、金融租赁、在线维护、研发设计、成套集成等高端服务，专业化生产服务和中介服务所占的比例越来越高，这要求整个企业系统具有高新技术的特点，同时应当具有现代经营和组织方式。先进制造产业具有知识密集型和技术密集型

的特点，但我国现有的教育体系还是主要面向传统制造业的。高等学校设立的相关专业不能满足制造业服务化发展的需求，课程设置与先进制造产业实际需求存在不匹配问题，高校毕业生毕业离校前缺乏相关实习实践经历，无法实现与用人单位精准对接。因此，我国应逐步在高等教育和职业教育等方面推进改革，与用人单位建立良好的沟通机制，合作建立实训基地，根据社会需要及时调整课程设置和教学模式，争取实现人才培养与社会需求无缝对接，为制造业服务化提供充足的可用人才。

三、加强创新系统建设，打造先进制造业创新平台

（一）依托大企业构建创新系统平台

大型企业有其规模大、市场占有率高、品牌效应好等优势，既有企业对市场的敏锐性，也有对行业技术的预估性，因此，由大企业主导建立创新系统平台对未来中长期行业技术储备、规划行业发展方向具有不可替代的作用。在发展先进制造业企业过程中，应优先发展大企业主导创新平台，通过这一微观主体发展，辅以政府鼓励、企业规划、企业家决策等手段方式，把握未来行业发展脉络，促进行业健康发展。

（二）加强先进制造业生产服务一体化建设

随着产业边界的模糊，推进制造业的生产服务一体化是行业发展趋势。在先进制造业不断发展的过程中，制造业对服务业有较强的拉动作用，而服务业的发展也有力地推动了制造业转型升级，制造业与服务业的边界越来越模糊。消费者需求仅依靠制造或服务已无法满足，制造和维修的高度专业化，让生产者必须提供后续服务才能获得市场。实施制造业与服务业协同发展的战略，能够更好地满足市场需求，在企业实现价值增值的同时，实现客户最优体验。

（三）建立多主体、多层级综合创新网络平台

加大政府投入，建设一批高水平创新主体，扶持创新中介服务机构，借鉴国外创新组织的经验，吸纳多方创新资源，广泛吸引海内外创新型人才，通过技术联盟的方式从国家层面、产业层面以及企业层面建立共性基础型技术的供给体系和专业性技术供给体系，以及辅助型产业配套供给体系。以政府为主导，形成一批先进制造业中的基础型产业，以行业为主导，孵化一批先进制造业中的高精尖技术企业，市场主导形成一批投资、金融、中介等配套企业，构建多主体、多层级综合创新网络平台。

四、加强先进制造业技术创新体系治理

(一)培养企业家精神,促进体系内部治理

发展先进制造业需要培育一批具有技术市场前瞻性的企业家。企业家可连接科研院所与企业,形成有效的沟通和连接。企业家拥有敏锐的市场洞察力和沟通协调能力,可通过建立与科研院所技术制造业创新的有效关联合作,提升适用性技术的有效供给水平。培育制造业适用性技术的重点依然应该落在企业身上。通过企业家决策、企业家冒险精神和企业家的行动力,促进制造业创新网络内部结构优化,从而促进先进制造业整体可持续发展。既要培养适合引领大企业发展的战略性企业家,也要培养适合小企业成为隐形冠军的战术性企业家,使得各级别的企业创新主体全面发展,形成良好的生态发展基因。

(二)完善地区协同配套体系治理机制

完备的配套体系是先进制造业发展的有力保障,能够在产品研发、生产、销售等诸多环节为先进制造业的发展提供支撑。因此,区域创新创业政策的设计应该充分考虑地区先进制造业发展的外部市场环境,因地制宜,在配套企业培育、引入等方面给予政策支持。区域的创新创业政策还应在为配套企业搭建交流平台方面发力,促进配套企业之间技术、知识等的流动和扩散,减少配套企业间的恶性竞争,提升配套体系整体实力和综合竞争力。政府针对先进制造业出台相关创新创业政策时,应充分考虑政策间的关系,构建以推动先进制造业发展为目的配套、协调的政策体系。

区域创新政策的高效落实应注重加强行业管理部门之间的有效协调和沟通,以降低行业发展需求和地区发展需求间的差异,促进各部分需求融合。使用一体化平台服务,解决因我国的金融、商务、制造等产业的行业主管部门不同而产生的相关产业的支持、监管政策不一致的问题。在高技术产业边界模糊化、产业相互融合加速的现实情境下,整合行业管理部门的职能,制定相互协调融合的行业监管机制和持续稳定的支撑政策,使其形成合力,推动先进制造业发展。

(三)加强创新生态治理

政府应主导完善创新生态系统的外部政策环境治理,从税收制度、融资服务体系、科技支持政策体系、产业政策体系等方面,降低产业交易成本,促进市场经济的发展,建立健全法律体系,推进先进装备制造业的技术标准的建立,促进产业内形成稳定的合作关系。

政府应重点扶持一批具有比较优势和发展潜力的战略性先进制造细分产业,并根据我

国先进制造业中的比较优势，布局一批前沿关键性技术，形成先进制造业中的引导型企业。在占据产业制高点的决策上，尤其是前沿关键性技术研发方面，广泛吸纳新兴科技成果和创新理念，尝试有效技术跟随和探索技术突破，培育一批先进制造业中的引导型前沿型企业。加强数字化、网络化、智能化、信息化等支撑型产业的发展，促进我国制造业的数字化、网络化转型。信息通信技术与制造业整合的广度与深度决定了制造业升级的速度和质量。在产业整合方面需要加强供需对接和技术分享，亦需要政府和产业界从战略高度明确制造业数字化、网络化、智能化发展方向以及提供人才、资本等创新资源的支撑。

第七章

我国先进制造业产业结构调整研究

为推动中国特色社会主义事业稳步发展,党中央作出"五位一体"总体战略布局,该布局不仅将经济活动、政治活动与生态环境进行协同,而且将中国产业结构优化提上一个更高的层次。从国际经济发展历程看,优化制造业特别是先进制造业的产业结构在各国经济稳定发展呈现出深远而又重要的意义,是国际经济得以复苏和转型的制胜法宝。回顾中国经济发展,改革开放后的爆炸式增长曾造成环境质量恶化、能源短缺以及结构失衡等问题。在"新常态"经济背景下,这些突出问题难以利用已有研究方法和思路进行解决,因而探索在新背景下如何促进先进制造业的产业结构优化具有重大的理论价值和现实意义。

第一节 供给侧结构性改革背景下中国制造业产业结构调整特征及主要问题

中国经济进入"新常态"以来,由于经济发展整体放缓,中国制造业产业整体出现大面积的产能过剩,技术水平整体亟待提高,这使得传统制造业面临巨大的转型压力。为应对这些重重问题,国家先后提出一系列重大举措,使得"新常态"形势下的中国经济逐渐出现新增长点。新一代信息、生物技术、高端制造业都在这样的背景下崭露头角,因而归纳出新背景下先进制造业产业结构的新趋势,发现转型期仍然面临的困境具有深远的实践意义和理论价值。

一、新背景下中国制造业产业结构优化调整特征

(一) 高端先进制造业快速增长,重塑中国制造业比较优势

高端先进制造业在国家《中国制造 2025》战略强势推动下,出现高速高质量增长态势。从宏观层面和指数效果看,先进制造业被社会广泛看好。据统计,中国 2018 年第一季度的制造业采购指数(PMI 指数)连续 20 个月超过枯荣线,2018 年 3 月相对 2 月更有 5.3 个百分点的扩张势头。2018 年 1—3 月,中国制造业领域的战略性新兴产业增加值增速同比增长 9.6%,快于整体工业增速 2.8 个百分点。符合产业转型升级方向的智能、绿色、高端产品快速增长。其中,新能源汽车、集成电路、工业机器人的产量增速分别为 139.4%、15.2% 和 29.6%,高技术制造业投资增长 7.9%,城市轨道交通、工业机器人、通信设备等中高端制造业的投资增速均超过 70%。

同时,高端先进制造业的份额比重出现空前的转变,使得中国制造业产业结构高度化得到显著的推进。据统计,中国高端装备制造业 2012 年的销售收入约为 2.58 万亿元,到 2015 年,我国高端装备制造业销售收入超过 6 万亿元,在装备制造业中的占比提高到 15%;2011—2015 年我国高端装备制造业的销售收入复合增长率达到 32.3%。高端先进装备制造业将被培育成为国民经济的支柱产业。[1]

(二) 原材料工业持续疲软,化解产能过剩工作深入推进

在制造业结构性调整的改革中,新的产业和新的技术将是持续发展的动力。国家六部委[2]联合印发了《关于做好 2018 年重点领域化解过剩产能工作的通知》,部署如何进一步推进消除制造业产能过剩工作。以产能过剩比较严重的钢铁行业为例,2016 年化解粗钢产能 6 500 万吨,超额完成化解 4 500 万吨粗钢产能的年度目标任务。2017 年化解粗钢产能 5 000 万吨以上,超额完成年度目标任务,1.4 亿吨"地条钢"产能全面出清。2018 年目标压减粗钢产能 3 000 万吨左右。整体去产能的进程是超预期的。可见,"十三五"期间的工作任务是对"十二五"时期的进一步推进和深化,淘汰落后产能、保证制造业工艺技术、提高制造标准及优化制造业产业结构将作为中国长期的工作重点。

(三) 工业互联网将成为制造业结构优化升级新引擎

工业互联网利用互联网技术、服务、思维和工业技术工艺将制造业和互联网有机结

---

[1] 资料来源于前瞻产业研究院:《高端装备制造产业发展前瞻与投资战略规划分析报告》。
[2] 六部委分别为国家发展和改革委员会、工业和信息化部、国家能源局、财政部、人力资源和社会保障部、国务院国资委。

合，推动制造业转型升级，实现制造业高端化发展，成为构建现代化经济体系的重要抓手。据统计，2015年1—9月，电子信息产业新开工项目7 330个，同比增长18.2%，高于1—8月0.5个百分点，比2014年同期高20.6个百分点。分行业看，电子计算机行业、通信设备行业、电子元件行业、电子工业专用设备行业的新开工项目数分别同比增长34.1%、32.5%、22.2%和21.8%，增势突出；电子信息机电行业、家用视听设备行业、广播电视设备行业、电子器件行业、电子测量仪器行业新开工项目数分别同比增长17.2%、13.7%、7.1%、7%和2.2%，各个领域新开工项目数都呈现正增长态势。此后，工业和信息化部在2018年6月7日公布的《工业互联网发展行动计划（2018—2020年）》中提出，到2020年年底，初步形成各有侧重、协同集聚发展的工业互联网平台体系，将分期分批遴选10个左右跨行业跨领域平台，培育一批独立经营的企业级平台，打造工业互联网平台试验测试体系和公共服务体系，推动30万家以上工业企业上云，培育超过30万个工业APP。由此可见，制造业产业结构进一步的优化创新驱动在于工业互联网工具的应用，说明我国在先进制造业产业结构调整的过程中，充分重视制造业与信息服务业的相互融合。

（四）区域合作与对外开放将加快推动国内外产业转移

2015年，长江经济带建设和京津冀一体化发展战略稳步实施，成为中国政府工作中拓展区域发展新空间的重要抓手，并已经显现出一定成效。2016年，重大空间发展战略加快推进，并加快国内外产业转移的步伐。在吸引外资方面，2015年1—10月，在来自日本、美国和中国台湾地区的投资分别下降25.1%、13.6%和19.3%的同时，来自"一带一路"沿线国家的投资增长14%；在长江经济带区域新设立外商投资企业9 859家，同比增长7.8%，占全国新设企业总数的47%。在对外投资方面，2015年1—9月，中国企业共对"一带一路"沿线的48个国家进行了直接投资，合计120.3亿美元，同比增长66.2%。2018年，针对京津冀协同发展，工信部制定了京津冀产业转移指导目录，河北、天津等地纷纷抓紧落实、精准承接产业转移，2018年和2019年两年呈现实质性进展。"一带一路"倡议、长江经济带建设和京津冀一体化战略的实施不仅推动了产业转移承接地的园区升级，优化了当地的产业结构，更促进了中西部与东部开发区的联动发展，通过区域协同扩展了更大的发展空间。

二、先进制造业产业结构仍亟待解决的问题

（一）区域性制造业产业政策及规划同质化严重

制造业经过多年发展，国家先后提出各种有利于制造业发展的发展纲要，逐步形成了

完善的规划体系。例如,国家先后提出《软件和信息技术服务业"十三五"规划》《工业绿色发展"十三五"规划》《大数据产业"十三五"规划》《新材料产业"十三五"规划》《战略新兴产业"十三五"规划》等多个产业规划❶。但是,针对国家层面发展规划的分解,各地区性发展纲要同质化相对严重,同质化竞争和重复建设使得发展规划难以体现地区性发展特点和优势。各省(自治区、直辖市)及地方政府出台的相应"十三五"发展纲要,有超过50%的将国家提出的所有新兴行业作为其发展重点行业,这种缺乏差异性的规划会形成全国"一盘棋"的局面,容易造成"新"的产能过剩等问题出现。以新能源企业为例,国务院于2016年印发《节能与新能源汽车产业发展规划(2012—2020年)》,之后,全国各省纷纷跟风上项目,截至2017年6月,新能源企业整车项目2年期间新增项目已经超过200余项,这将是国务院规划产能的10倍。与新能源汽车行业类似,目前中国大量的战略性新兴行业均呈现或多或少产能过剩的苗头,这将严重影响先进制造业的健康发展。

(二)先进制造业发展存在终端全面连接、信息化"硬"转型问题

先进制造业的产业结构成功转型不仅需要通过内部优化,更需要借助外力促进和激励。工业互联网作为先进制造业的生态位基础,可以实现终端全面连接,实现真正意义上的"互联网+"工业结构升级。但是,从中国的工业设备联网率看,距全面终端互联还有相当距离。据统计,2017年我国生产设备数字化率为44.8%,关键工序数控化率为46.4%,数字化设备联网率为39%,企业资源管理(ERP)、产品全生命周期管理(PLM)、制造执行系统(MES)普及率分别达到55.9%、16.4%、20.7%。这反映了我国制造业的主要利润并非来源于数字化、信息化技术,相反,制造业产业结构主要还是以传统制造业为主,传统制造技术相对封闭难以实现线上市场服务和技术自由交易。同时,融合了数字技术的先进制造业目前还存在商业模式不清晰、边际成本较高、预期回报不确定等内在问题。为实现中国制造业的强国之梦,制造业在信息化和数字化方面的困境将是今后亟须解决的难题。

(三)制造业产业结构失衡,环境污染仍亟待解决

中国经济进入"新常态",最为主要的特征便是"稳增长",这意味着以往"以环境换增长"的格局已走到尽头,但制造业产业结构严重失调和环境污染这对相伴的问题仍广泛存在。世界银行曾估计,环境污染给中国带来相当于3%~8%的GDP损失❷。几十年来,我国工业累计产生约55亿吨废物和上亿吨有害废物;在造成环境污染的排放废物中,有

---

❶ 文件整理主要从工信部等部委网站进行收集。
❷ 世界银行1997年的一项统计报告分析,中国每年仅空气和水污染造成的经济损失就高达540亿美元,相当于国内生产总值的3%~8%。

70%来源于制造业。同时，我国制造业仍然是以粗放式发展方式为主。2012年，我国GDP占世界总量的11.4%，但消耗了全球23%的能源、11.7%的石油、30%的煤炭、25%的钢铁、40%的水泥。2012年，我国全社会能源消费36.17亿吨标准煤，其中工业消费约占69.8%。产业结构调整是合理进行资源配置、提高经济效益的关键手段，我国的产业结构调整往往以政府为主导，而环境规制从外部给企业施加有效约束，进而通过市场机制对产业结构进行优化调整，实现了政府和市场两只"手"共同作用。

第二节　我国先进制造业产业结构调整机理分析

对于先进制造业升级和结构调整的动力，不仅要考察升级前所处市场的结构和企业性质特点，还要顾及目标行业的结构特点。因此，在进行理论探讨和论证时，应该按两个条件进行分别讨论：升级前所处行业市场结构及企业性质特点；目标升级行业市场结构特点。

一、模型构建及探讨：基于企业升级选择模型

(一) 模型构建

假设在一个经济体中存在利润不同的异质性行业，因而处于异质性行业中的企业也具有差异。设定行业的累计分布函数为$\phi(\pi)$，密度函数为$\varphi(\pi)=\phi'(\pi)$。企业预先了解行业分布情况，但是对具体的行业细节并不了解，必须依靠行业分布信息对行业具体细节进行选择。企业的行为假设定义为：从下一时刻开始，企业可以保留目前的行业不变或继续搜寻行业。本节对产业升级定义为企业在考虑扩大自身原有利润情况下选择新行业或新环节[1]，使新行业利润现值的期望达到最大。其中，假设贴现率为r，而折现因子为$\delta=\frac{1}{r+1}$并且所搜寻的新行业或新环节必须利润为正[2]。因此，本节构造了相应的贝尔曼方程：

$$V_t(\pi) = \max\{\pi(1-\delta^t)/(1-\delta),\ \pi_0 + \delta E[V_{t+1}(\pi)]\} \quad (7-1)$$

其中，π_0为企业的初始利润。而下期的期望利润为：

$$E[V_{t+1}(\pi)] = \int_0^\infty V(z)\varphi(z)\mathrm{d}Z \quad (7-2)$$

---

[1] 本节结合经济学经典假设：企业行为必须为理性行为，即企业发展的核心目的为扩大利润。
[2] 根据古典市场理论，新行业有利润可图就会有企业选择进入。

我国先进制造技术追赶与先进制造业发展研究

对于这样的泛函方程若存在一个均衡值，本节定义为保留利润 π^*，此时 $V_t(\pi)$ 和 $V_{t+1}(\pi)$ 将无限趋近于 $V(\pi^*)$。因此，对泛函函数求解为：

$$\pi^*\phi(\pi^*) - \pi_0 = \frac{1}{1-\delta}\int_{\pi^*}^{\infty}(\delta z - \pi^*)\varphi(z)\mathrm{d}z \tag{7-3}$$

对于上面的解，本节只要对分布函数进行赋予分布设定即可得出保留利润。因此，本节假设所寻找的利润服从指数分布，该分布体现为非负值域的分布情况，符合经济实际意义❶。其中，指数分布特点为 $\phi(0)=0$；$\phi(\infty)=1$；$\phi'(\pi)>0$。由此，将式(7-3)改造为：

$$\pi^* - \pi_0 = \frac{\delta}{1-\delta}\int_{\pi^*}^{\infty}(z - \pi^*)\varphi(z)\mathrm{d}z = f(\pi^*) \tag{7-4}$$

设等式右边为一个关于利润的函数 $f(\pi)$，对该可微函数进行求一阶导和二阶导，则：

$$f'(\pi) = -\frac{\delta}{1-\delta}[1 - \phi(\pi)] < 0 \tag{7-5}$$

而：

$$f''(\pi) = \frac{\delta}{1-\delta}\phi'(\pi) > 0 \tag{7-6}$$

这说明 $f(\pi)$ 为递减的凸函数。对等式(7-4)右面进行再次整理，得到：

$$\pi^* - \pi_0 = \delta(E\pi - \pi_0) + \delta\int_0^{\pi^*}\varphi(z)\mathrm{d}z \tag{7-7}$$

此时，设定 $g(\pi) = \int_0^{\pi}\varphi(z)\mathrm{d}z$，则发现 $g(\pi)$ 为递增的凹函数，则式子变形为：

$$\pi^* - \pi_0 = \delta(E\pi - \pi_0) + \delta g(\pi^*) \tag{7-8}$$

绘制公式(7-4)和公式(7-8)，可以得到图 7-1 和图 7-2。

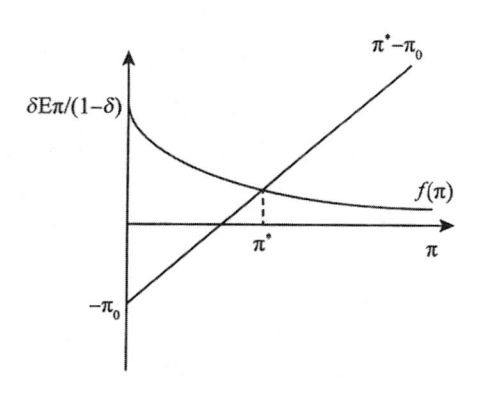

图 7-1 根据公式(7-4)绘制保留利润确定图

---

❶ 根据理性人假设，企业不可能选择一个利润为负值的行业进入。

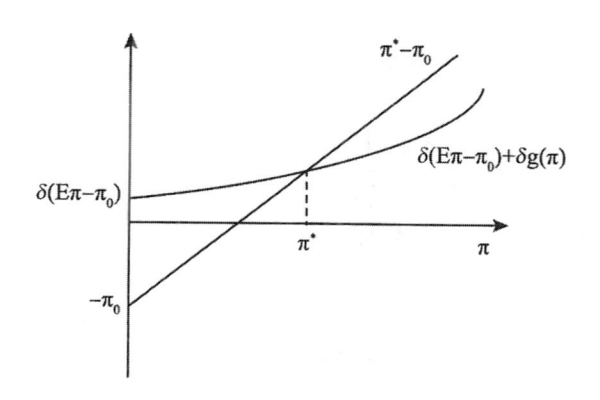

图 7-2 根据公式(7-8)绘制保留利润确定图

(二)描述与分析说明

本节假定的保留利润反映企业在选择行业过程中会比较和衡量,当所选行业的利润高于保留利润才会选择进入,否则会继续进行选择和搜寻。比较图 7-1 和图 7-2 可以发现:图 7-1 中,$f(\pi)$ 不会随着企业的初始利润变动而变化,因而保留利润会与企业的初始利润相关,当企业初始利润越大,保留利润就会变大。这使得企业越拥有利润,其选择升级的动力会越小,因为难以满足其保留利润。从实际情况看,处于竞争性行业的企业往往更容易或更有动力进行升级,这是因为长期竞争会使得所有企业获得经济利润(利润为零),其保留利润相对较小;而垄断性越强的行业越难以进行升级,因其具有较高的垄断利润,保留利润也相应较高。图 7-2 中,控制住企业的初始利润,则图中的曲线将会因为企业对利润的期望产生保留利润。这说明,企业在找寻行业进入时,其利润风险期望也会加大保留利润,使得企业缺乏升级动力。以私营企业和国有企业为例,私营企业往往具有单一的利润目标,往往会形成具有利润风险偏好的特点。相反,国有企业由于经济目标以外还伴随着如社会目标等多项非经济目标,往往为利润风险规避型。在相同的利润组合下,风险规避者往往具有更高的利润期望值,因此造成保留利润也相应偏高。此外,影响期望利润偏高的原因也在于企业对预期进入行业的具体信息和细节不甚了解,造成利润预期值增加。本节认为这种预期受到两种因素所制约:一是要素投入分配信息不明确,主要体现为行业的特性不同。例如,企业最初的行业以劳动密集型为主,为获得经济利润而考虑进行升级,但是搜寻行业的劳动份额信息或为资本密集型,因此企业会产生进入顾虑从而增加保留利润。二是行业的技术累积程度信息。行业在长期生产过程中产生一定的技术累积程度,如长期进行加工的行业对加工工艺技术就有一定积累。若处于不同行业的企业进行升级,需要克服行业技术累积程度,即克服技术壁垒。

二、产业升级策略及探讨

上面分析了升级前市场结构和企业性质对产业升级的影响。那么,目标升级行业市场结构对产业升级又有何影响呢?本书认为产业升级的影响效果除了与上面分析的原行业的市场结构和企业性质有关以外,与目标行业市场结构更息息相关。因此,本书对目标升级行业市场结构按照竞争程度划分,分为竞争性市场结构和具有垄断性质的市场结构。

(一)目标行业为竞争性市场结构

若升级企业的目标行业为竞争性市场结构行业,升级转型企业预计达到均衡状态时利润将会为正常利润,即 $\lim_{t \to t} \prod(t) = 0$。因此,预升级企业将会出现两种策略:一是会考察目标行业所处的生命周期阶段,当一个高利润产业的生命周期处于"尾部"时,企业将会重新搜寻,这可以使企业保持经济效益;二是当产业生命周期处于"头部"时,企业进入行业发挥了先动优势,由于行业具有竞争性特点,因此行业中多数为小规模或有一定相关技术经验的企业,升级企业目标是将其利润长期保持在保留利润之上,即 $\lim_{t \to t} \prod(t) \geqslant \prod^*$。因此,预升级企业会在产业生命周期的伊始进行相关技术研发工作,使得企业形成暂时性技术垄断[1],来用于延迟目标产业到达正常利润的时间[2]。综上,升级企业在目标行业具有竞争性特点时,往往具有动力进行经济效益提升或创造新技术形成暂时性技术壁垒以保持保留利润,也更有动力进行技术创新方面的"首发"和更新。

(二)目标行业为具有垄断性质的市场结构

目标行业若具有垄断性质特点,情况更为复杂[3]。结合上述动态搜寻模型分析关于市场结构和企业性质的结论,进一步利用斯宾塞(Spence)和迪克希特(Dixit)构建的简约利润博弈模型进行分析:市场结构和企业性质不同导致企业搜寻行为对产业升级动力的影响。

假设在一个经济体中存在两个企业,一个企业处于某一利润较高的行业中,另一个企业处于利润相对较低的行业。利润较高行业中企业1的资本水平为 K_1,利润相对较低行业的企业2资本水平为 K_2,这种构建可以将资本水平看成生产能力的一种体现。则两个企业的利润分别为:

$$\prod\nolimits^1 (K_1, K_2) = K_1(1 - K_1 - K_2)$$

---

[1] 形成暂时性技术垄断是因为在竞争性市场结构下,其技术容易被模仿或形成扩散,因而该壁垒会逐渐消失。
[2] 克雷恩(Klein)以自动化产业、航空航天产业的发展历史为例,证实了这一情况出现的过程。
[3] 这是因为竞争性市场中的企业无法对市场进行控制,因而难以使用对进入者进行打击的策略。然而垄断性质的市场结构并非如此。

$$\prod{}^{2}(K_1, K_2) = K_2(1 - K_1 - K_2) \tag{7-9}$$

此时，利润较高行业中的企业会面临两种策略：一种是允许利润较低行业的企业进入；另一种为阻止其进入。

（1）那么，若利润较高行业的企业采用第一种策略，该模型就具有斯塔克尔伯格均衡，即形成一种序贯博弈，其中低利润行业企业的最优收益为：

$$\prod{}^{2} = 1/16 \tag{7-10}$$

出现这种收益，企业2将会将其与上述分析的保留收益 $\prod{}^{*}$ 进行比较。①若进入后的收益低于保留收益，则企业会继续搜寻，企业1将获得市场全部收益，即 $\prod{}^{1} = 1$。此类情况将造成企业无法进行产业经济效益的提升。结合上述分析，这里将得出两个结论：垄断行业（具有垄断市场结构）之间虽然具有利润高低之分，但是垄断行业更难以形成企业之间的变更和流动，产业即使没有进入壁垒也难有产业升级的动力；同时，风险规避型企业（如大规模企业或国有企业）更加缺乏动力进入具有垄断性的高利润行业❶。②若进入后的收益可以满足保留利润，则企业2将和企业1共同分割收益。但随着时间的推移，企业2逐渐壮大，其逐渐扩大的市场份额将使其增强对市场的控制权，从而形成新的古诺均衡。这使得企业1的利润大幅度地受损。因此，企业1采用允许进入策略变得不可信。据此，本书认为利润较高企业并不会冒风险❷采用允许进入策略。

（2）若利润较高行业的企业采用第二种策略时，企业1将构建流动性壁垒❸阻止企业2进入。这里对企业2引入一个固定的进入成本 $C_{entrant}$。则上述假设的企业2的利润函数将变成：

$$\prod{}^{2}(K_1, K_2) = \begin{cases} K_2(1 - K_1 - K_2) - C_{entrant} & K_2 > 0 \\ 0 & K_2 < 0 \end{cases} \tag{7-11}$$

此时，假设企业1会设置一个阻止进入的生产水平，即 K_b，这个阻止进入的生产水平体现为一种阻止进入能力。阻止进入能力的提高主要来自在位企业对项目的投资，如研发技术投资等。则企业2的最优策略为：

$$\frac{\partial [K_2(1 - K_2 - K_b) - C_{entrant}]}{\partial K_2} = 0 \tag{7-12}$$

由此可得出 $K_b = 1 - 2\sqrt{C_{entrant}}$，说明企业1至少保证其生产能力为 K_b 就能够完全挤出

---

❶ 出现这种情况的原因在于：垄断行业或风险规避型企业相对具有较高的保留利润，具体分析请参见前文动态分析。
❷ 这是因为在位企业不可能了解进入者的保留利润，因而不采取任何策略与进入者共存并不现实。
❸ 最早该概念由卡乌斯和波特（Caves and Porter）提出。本书的流动性壁垒指企业1阻止企业2进入时，企业1设置一个挫败进入者的生产能力水平或设置较高的固定进入成本。

企业2，同时企业1的生产能力显著提升❶。在企业的固定进入成本小于1/16的条件下，固定成本高于1/16时企业1将无须采取任何遏制策略。从中可以看出，预升级企业难以进入自然垄断等行业，这是因为固定进入的成本要远超进入后的获得利润，从而难以满足企业进入的保留利润，因而自然垄断行业总为限制进入行业，并不需要政府的政策性壁垒，仅需要政府对其固定进入成本形成有效控制即可。此外，本书也发现自然垄断行业以外的垄断性质行业引入较有活力的经济成分将有利于促进垄断行业的研发技术投入，从而形成"鲶鱼效应"。

三、市场结构、企业性质对产业升级动力影响：综合分析

结合上述情况可以看出，从企业角度去分析产业升级动力必须把握升级前后的行业和企业的异质性特点。以往分析以政府或经济整体为基点，这并没有把握企业的升级根本动力。为合理发挥市场机制作用，分析企业升级行为将对政府如何"伸手"以及手伸到何处提供有利依据。

综合上述观点，可得出表7-1。从汇总结果来看，升级前的行业市场结构特点和企业性质具有相似性。这是因为企业自身状况和市场环境影响着预升级企业的保留利润，因而形成不同的升级难度，即达到保留利润的难度具有差异性。同时，本书分析也发现目标产业由于市场结构不同，会使得进入或升级的难度出现差异化。具体为：①处于竞争性较强市场结构或具有风险偏好的企业，目标产业为竞争性行业或环节时，产业升级将获得双重动力。一方面企业会为经济效益不断搜寻，另一方面部分预升级企业会为了维持保留利润，通过进行技术创新来延迟产业生命长度；②处于竞争性较强的市场结构或具有风险偏好的企业，目标产业为垄断性行业或环节时，会因为垄断行业的阻止进入行为而进行项目的投资，进而提高技术水平，形成"鲶鱼效应"；③处于垄断市场结构的企业，都难有动力进行产业升级。这是因为垄断市场具有超额利润，使得保留利润过高因而并不会关注竞争性行业。同时，进入垄断性市场会受到在位企业挤出，难以形成有效收益。因此，从现实情况看，垄断性市场或行业之间很少有企业的替代和流动；④风险规避性企业对竞争性市场结构的行业具有一定的逐利性，但是这种逐利性是否会带来一定程度的升级动力，尚不确定；⑤风险规避型企业进入垄断性市场对垄断性市场具有一定的升级动力，这是因为若风险规避型企业当前利润不足时，企业会进入垄断性市场，但因为其规模庞大将对在位企业形成足够的威胁，使得在位企业只能大规模进行项目投入，因而使得产业形成快速的进步和升级。

---

❶ 允许进入时，K_1为1/2，此时企业2的收益仅为1/16，若进入成本小于企业2的利润，则K_b大于1/2。这说明生产能力必须显著提升才能够提升阻止进入能力。

那么，当产业中同时存在不同的市场结构和不同性质的企业，如何配置能够有效激活产业升级动力呢？若区域经济完全受垄断市场结构和风险规避型企业控制，则区域经济将明显动力不足。若区域经济完全由竞争性市场结构和风险偏好企业控制，虽然产业升级动力十分强劲，但已存在的垄断市场由于各种原因（如战略考虑等）不能够完全消失，因此这样并不现实。据此，本书认为具有竞争性结构和利润风险偏好企业比例相对较高的组合，发挥双重升级动力和"鲶鱼效应"，更能够激活垄断市场技术创新的动力。

表7-1 产业升级动力分析

升级前		目标			
^^	^^	市场结构		企业性质	
^^	^^	竞争性	垄断性	风险偏好	风险规避
市场结构	竞争性	双重动力	缺乏动力	双重动力	逐利
^^	垄断性	"鲶鱼效应"	封锁	"鲶鱼效应"	单一动力

资料来源：笔者基于上述分析编制。

第三节 我国先进制造业产业结构调整手段及战略

先进制造业在中国经济发展中具有重要的战略地位，特别是在中国经济进入新常态的形势下，是实现"一带一路"倡议和进行国际产能合作的重要支撑。调整中国产业结构合理性是经济持续增长、健康发展的关键。那么，为适应新常态，如何合理调整中国装备制造业产业结构，使其充分发挥其产业优势，并带动相关产业的持续健康发展，则是我们当前必须给予关注的当务之急。使用何种手段对先进制造业结构进行调整，成为今后先进制造业产业结构调整的工作和研究重点。

一、我国先进制造业产业结构调整手段

（一）合理引入外资，确定引入方向

政府在制定外资引进产业政策时应基于产业结构合理化，考虑到行业的人力资本禀赋的差异性，引导外资介入人力资本禀赋较高的行业中，这样才能够合理发挥要素作用。具体而言，其既可以利用外资对经济注入新的动力，又可以避免产业结构失调带来的对经济增长的抑制作用，还能够产生技术溢出效应。当前，中国处在产业结构优化调整的关键阶段，产业结构合理化是中国产业面临的迫切问题。为此，我们提出以下几点政策建议：第

一，重新认识产业结构合理化的重要性。产业结构合理化对产业经济稳定持续增长起到关键性的作用，自中国提出"中国制造 2025"的发展战略后，各地政府纷纷出台相应的产业政策给予响应，但是中国装备制造业的子行业发展水平存在巨大的差异。一些较为落后的产业一味地将产业高度化作为首选目标，对产业发展极其不利。因此，地方政府应该从产业特征出发，因地制宜地制定产业政策以更好地促进产业结构的合理化。第二，重新认识外资对中国装备制造业产业结构合理化的正向结构效应。在制定产业政策时，各地政府应重新认识外资的作用，不能"一刀切"，错误地认为外资对所有行业都有良好的效果，如人力资本禀赋较低的装备制造业过度引进外资，会产生结构负效应。第三，正确看待外资的长期和短期结构效应。外资在短期介入时会形成一定的结构效应，起到资本流入的示范作用，但是单纯依靠外资就会适得其反。这就给政府以启示，应建立多层次金融融资体系，使得多种类型资本能够流向需要大量资本注入的地方。第四，引导外资介入人力资本禀赋较高的装备制造业中的资本密集型行业中去，而对于禀赋较低的装备制造业，应该加强基础设施改善和人才引进，实现人力资本的快速积累。所以，政府一方面要科学引导外资到资本密集型人力资本禀赋较高的装备制造业中去，发挥其有效的正向结构效应；另一方面要大力改善传统装备制造业的基础设施，吸引人才就业，这样不仅可以增进劳动与资本的耦合，而且促进了人力资本快速积累，进而促进产业结构合理化，走出简单模仿低端生产的怪圈。

(二) 制定具有较为长效激励机制的能源政策和产业政策

首先，通过产业结构调整达到能源"节流"的目的。加快制造业产业转型步伐，合理协调产业结构优化的内容，即以制造业产业结构合理化和高级化调整作为结构优化的短期、长期的手段和目标；降低制造业中能源消耗较大的子产业比重，通过产业结构合理化调整手段，促进能源结构和产业结构的协调程度，利用产业结构的合理优化降低能源使用强度，起到"节流"的作用。

其次，通过技术水平提升到达"开源"的目的。加大能源、产业的技术水平研发投入，提高能源的利用效率，将能源清洁程度以及使用力度作为能源计划和产业政策考核的重要指标；增加新能源、替代能源及清洁能源的开发力度，通过技术长期进步优化制造业的产业结构和能源结构，实现能源经济协调发展的目的。

最后，差别性地制定制造业的产业政策和能源政策。产业政策的重点在于产业结构优化，然而无论从产业结构合理化还是高级化角度看，这种结构优化都是一种螺旋渐进的长期过程。相比之下，能源政策的核心在于能源利用效率，影响利用效率的结构效应和技术效应之间存在的是一种短期效果。这就要求，政策的制定应打破以往"一刀切"的模式，实行在时效和重点方面的差异策略，即制造业产业转型政策的执行过程较长，其效果相对较慢，因而长期的目标应作为政策的基线；而制造业能源政策以短期为主，因而以技术突破为重点。

（三）差别性推行环境规制政策，发展相应融资渠道并适当控制贸易规模

首先，推行具有差别化的环境规制政策。实施环境规制不能全行业一概而论，需建立以产业结构优化为顶层目标的差异化政策，这是实现环境约束下制造业产业结构最优化的关键。政府应对制造业行业进行科学划分，在此基础上，以产业结构最优化为目的进行环境规制侧重安排，即对不同区间的行业施以不同强度的环境规制。当产业结构出现合理化或高级化之一的偏差时，可以加大对低或高人均收入制造业环境规制强度；当产业结构整体合理化和高级化均不良时，应该提高中等人均收入制造业的环境规制强度。实际操作过程中，政府应该加强环境规制的实施对象筛选，严格把控环境规制的实施过程。对于以转移劳动福利方式提高人均收入以达到绕过严格规制的企业，应将其列入负面清单，对清单内企业或行业进行高频次、高强度规制处理。需要说明的是，若从长期环境规制强度的分配比重来看，政府应以两头强度较低中间强度较高的原则来进行规制侧重。

其次，适应产业创新需求，构建完善多层次产业融资渠道体系。环境规制要有效促进产业结构优化调整的主要难题在于企业承担环境成本后，可分配利润空间难以支撑后续技术、管理和环境创新。同时，不完善的融资渠道体系又增加了融资成本，导致企业资金链断裂，使原有创新活动停止，创新动力大大受挫。这一系列不利因素使其要素配置效率下降的同时，创新能力也难以得到良性提升。因此，政府应该对产业融资渠道体系做进一步完善，确定重点扶持的领域。具体而言，政府应促进和鼓励银行进行金融创新，鼓励银行转变抵押担保方式，扩大无担保贷款的覆盖范围和力度，如2015年政府联合兴业银行推出"连连贷"业务；政府联合建设银行依托大数据技术创新推出的"税易贷"产品，以专门解决企业外部环境多变造成的临时资金短缺难题。同时，政府须加强非银行融资机构的培植。银行融资渠道难以满足企业"短、小、贫、急"流动性贷款的需求，因而对如融资性担保公司、商业信用以及设备租赁等非银行融资机构重点扶持，可有效扫清银行融资渠道的需求盲点。

最后，适度控制贸易出口规模，促进制造业产业结构高级化调整。政府应适度控制贸易出口规模扩大速度，防止过度低端加工阻碍产业结构高级化发展。

（四）明确民营经济与国有经济作用及定位

首先，加大民营经济对地方垄断性产业或市场竞争性边界介入。经济环境或技术革新如"互联网+"时代到来使得一些原本垄断的市场出现边界模糊化。该模糊的边界以往被垄

断势力锁定，由于缺乏竞争难以进行技术或管理方面的创新。加大民营经济对该区域的进入，一方面可以保证该区域的经济效益，因为没有经济效益的区域民营经济并没有动力进入；另一方面，由于其进入会促使原有在位垄断企业出现危机意识，产生"鲶鱼效应"，进而有动力提质增效。

其次，强化国有经济在自然垄断或战略性领域的地位。自然垄断领域往往需要大规模地投入建设，但是由于这种建设往往短期内难以发挥经济效应，因而利润风险偏好型企业难以形成强有力的进入动力，但这些领域却又往往是涉及民生的领域，因而该部分需要国有经济掌控。另外，战略性领域一般关乎到国家的长远目标如航空航天产业，这部分领域需要大量的人才和风险承担能力，利润风险偏好型企业难以有能力或愿意长期在该行业进行经营。但利润风险规避型企业如国有企业则考虑的是综合目标问题，相对更具有更强的优势。

最后，加强政府对民营经济的扶持和引导，增强行业信息的传递，减少企业的搜寻成本。政府在引导企业进行转型升级时发挥信息传递的关键作用。许多企业在寻找新的升级空间时，大量的搜寻成本使得企业难以有效找准方向。虽然企业在市场信号方面具有天然的优势，但是一些国际项目或科研院所的优秀项目企业却难以捕捉，这方面的信息是对企业造成额外信息成本和负担，因而政府可发挥服务性作用，提供有效信息，减少企业信息搜寻成本。

（五）地方政府补贴中专项补贴力度亟待加强，科学设置补贴门槛

本书在分析过程发现大型规模企业和小规模企业均对政府补贴的不敏感，这主要基于两个方面的原因：一是由于政府补贴的专项性较差，专项力度较弱；二是由于政府补贴门槛设置问题导致大规模企业常年获得，部分中小规模企业被排除在外，因而不同规模的企业对补贴的作用均不敏感，进而难以发挥其引导和示范作用。本书认为政府应该首先集中资金设置力度较大的专项补贴，实施过程中需要被补贴企业定期向社会公布补贴的使用状况，确保政府补贴环境效应的专款专用性。再则，重新审视补贴政策的门槛设置问题，对企业规模较大常年受到补贴的企业进行跟踪监测，起到示范引领作用。

二、我国先进制造业产业结构调整战略

（一）大力推进新一代信息技术产业发展

在信息化和智能化不断升级的今天，广泛覆盖的共享信息网络体系逐步成为生活必需品，也是判断一个国家信息化程度的重要指标。在这样的宏观背景下，中国应当在工业信

息化的道路上开辟出一条安全、可靠、普惠和性价比高的新路径。具体而言，从硬件上看，要加速建设宽带光纤接入网络设施，使其在现有服务领域基础上覆盖更广泛、不同网络的融合度更高、更加安全可靠，着力推进第五代移动通信(5G)网络向广度和深度发展，加快推进第六代移动通信(6G)网络的研发和示范应用，加速改造智能化领域的重要基础设施。从软件上看，要构建新一代信息技术领域的科技生态环境，以打造新型网络体系为总体目标，以配套技术的升级完善以更好地为新型网络体系服务为宗旨，提高移动智能终端的使用率，升级网络安全防护体系，并加快推进互联网技术标准的研发力度，实现科技成果转化；以符合中国现代化发展、满足人们物质文化生活需求的多网融合模式推动广播电视数字化改造，从技术研发到设备更新，从网络建设到业务应用，进行全方位的协调与监督管理；促进物联网技术和云计算领域的研发与示范应用，以中国制造的核心芯片为突破口提高科技产品的竞争力，强化国产软件与芯片的集成应用；加大在新型无线射频识别、微纳器件、智能仪表和智能信息处理等产业链的技术研发投入，突破云计算领域的关键核心技术，整合现有各类计算资源实现云储存、云安全及云计算应用支撑平台的示范应用。从服务上看，要通过支持形式多样的创意文化产业发展来增强网络增值及软件服务的能力，大力发展数字虚拟技术等实现网络增值；着力开展后 IP 时代技术研发，以提高网络服务的质量和效率为重点加大技术研发力度。

(二) 持续发展生物产业

生物医药产业关系民生健康，关乎基因遗传。中国传统医学博大精深，但中国的传统医学优势并未充分发挥出来，若想提高中国生物医药产业在国际上的综合竞争力，就必须将传统医学与生命科学前沿理论结合起来。具体而言，从医药的研发上看，药物品种既包括用于疾病预防的疫苗研发和供应，也包括疾病治疗的生物技术药品，但提升生物医药产业发展水平的关键是从预防和治疗普通疾病向重大疾病上转化。若能使现代中药在重大疾病领域的预防和治疗上体现中国传统医学的精髓和特色，克服纯化、质量控制、高效筛选方法等环节的技术瓶颈，则中国的生物医药产业的竞争力和知名度会逐步增强。从设备的研发上看，搭建具有国际领先水平的高性能医学影像诊疗设备研发平台，建设技术集成平台，加速推进医疗设备研发与成果转化并推进临床试验及应用。从技术的研发上看，重点对后基因组、再生医学以及生物医学工程及远程等技术进行研发，尽早实现研发成果的临床转化，重点进行航天领域育种、转基因产品培植、胚胎工程等生物育种技术。从市场管理上看，要对生物医药产业园区进行整体规划及合理布局，对研发能力强并拥有自主知识产权的模范带头企业进行扶持，以骨干企业的示范效应带动园区其他企业提升竞争力；将维护并规范生物技术药品的市场秩序作为重点工作推进，鼓励并采用多种方式支持企业加入到质量安全的国际认证体系中，达到国际认证标准；采用多种激励方式促进医用材料与先进医疗器械设备等产品的研发及产品转化。从生物科技人才的培养上看，注重对高级生物技术研发人员的挖掘与培养，注重对一线生产技术人员的培训，从资金、场地、设备及政策等多方面为创新创业人才提供支持，为其实验成果转化提供便利条件，营造良好的生物产业创新环境。

(三) 加速发展高端装备制造业

高端装备制造业现已成为衡量一国综合竞争力的重要标志。中国若想在世界制造业强国的队伍中占有一席之地，就必须拥有领先的高端装备技术，也就是要用中国创造取代中国制造，用中国装备来装备中国。具体来说，在高端装备技术开发领域，中国应当加强对核心单元技术、光机电一体化技术以及传感器技术的研发投入，促进微机电系统与机器人技术的融合，特别是要对国产数控机床技术进行重点研发，推进智能制造技术与装备的研发，发挥在关键零部件、工业机器人、自动控制系统的开发领域的示范应用，实现成果转化。在高端装备设施制造领域，重点建设城市、城际轨道交通及客运专线、多功能高效率工程及大型养路机械设备，提升现代轨道交通装备关键技术的创新能力，在列车制动、磁悬浮、通信信号等方面进行技术和装备的整体升级。在配套设施建设领域，建设24小时、一年四季不间断的对地观测卫星系统及天地一体的地面配套设施，扩大全球导航定位系统的应用领域，开发空间环境监测卫星系统，研发高端卫星平台等核心技术，推进先进领域卫星系统应用示范，推动卫星研发及应用产业的发展，推进高端航空领域的"大国重器"进一步升级完善，切实增加通勤航空试点，扩展支线飞机市场应用，进一步推动航空支援、租赁、维修等产业配套体系建设及航空航天产业的发展。有序推进重点资源、重点领域及重点区域的高端装备发展。以海洋资源为突破，建设海洋航空装备及新型装备总装制造平台，建设完善设计建造体系，加快推进观测与监测、半潜式平台、环境探测等装备及相关配套设备与系统。以高端智能装备制造业为重点发展领域，提高基础设施的配套能力，提升智能化、数字化以及柔性化水平。以环渤海地区、长三角和珠三角为重点发展区域推动高端装备制造业的发展，体现区域特色，引领其他地区协同发展。

(四) 着力发展新能源产业

能源的储备和利用是影响一国可持续发展的重要因素。据统计，中国一次性能源的人均可采储量与世界平均水平相距甚远，将清洁能源和可再生能源作为主线的新能源产业发展势在必行。具体而言，清清能源和可再生能源主要有核能、太阳能、风能、生物质能和电能几种类型。核能产业领域，应当推进核反应堆的换代升级与先进核能技术的研发，通过对铀资源的保障与战略储备，研制出具有自主知识产权的CAP1400C机型。太阳能产业领域，首先应实现对太阳能大规模储能技术突破，充分利用太阳能输电技术，升级电池组件技术，进一步拓宽太阳能光伏发电市场服务范围。在风能产业领域，提高风电技术，提升装备水平，扩大装机容量，做好进入大电网的容量配额及技术标准的顶层设计，确定好风电产业规模化发展的技术路线，加快建设并推进智能电网的应用示范，使其更好地为生产生活服务。在生物质能产业领域，以生物燃料技术开发为重点，既能节能环保又能降低生产成本，加快发展沼气的综合循环利用，逐步实现新能源对传统能源的替代。过去中国煤炭的使用方式以粗放式为主，能源消耗量大，碳排放量也居高不下，为了实现中国对世界的承诺，应有计划地实施传统煤炭使用改造方案，短期要实现对煤炭的合理、高效、清洁的利用，中长期要实现多联产技术的突破升级。在电力产业领域，也要注重节能减排和绿色环保，电力本身作为清洁能源是对传统能源的替代，但生产电力的过程往往消耗了较大能源且排放较多的污染物，应着力加强电力开发集中区域，选定部分电力建设系统作为示范点，分区域实行电力系统改造计划；在清洁能源和可再生能源资源丰富且适合对传统能源进行改造的地区，推进新能源技术的综合应用示范；在清洁能源和可再生能源相对匮乏但具备多元化利用条件的中小城市及偏远农牧区，建设新能源微电网系统，促进新能源装备产业化。

（五）重点发展新材料产业

在国际市场上，像钢铁、水泥等传统生产加工材料产业的生产能力排名中，中国企业的生产能力居于世界各国前列，同时中国在新材料某些领域的科学研发水平也跻身国际先进行列。但是，综合看来，中国在新材料产业领域的整体实力与世界顶尖水平相比还有一定差距，若想在新材料领域拥有发言权，不受其他国家的限制，实现由材料大国向材料强国的转变，核心关键就是研究开发生产关键性器件和原材料。其中包括对人工智能、超细纳米等材料以及超导等器件的基础材料的研究与开发，这些材料的应用范围广，实用性高，不断提高高精尖工程塑料的质量，保障高精尖工程的安全可靠，加大高品质特殊钢材和新型复合材料等一系列材料的研发力度，尤其是加强对半导体照明材料和高性能外膜材料、特种玻璃纤维、功能性陶瓷材料以及稀土材料等领域的探索，加大对超高分子量聚乙烯纤维、碳纤维等纤维复合材料的研究力度，不断拓展先进材料与技术产业的结合领域，大力开展产业示范应用，科学规划先进材料的认证体系和标准，鼓励先进材料参与认证，促进先进材料产业链的不断聚集和整合，提高材料附加值，积极倡导和鼓励多领域的产业融合，从而形成集研发和生产功能于一身的具有核心竞争力的大型国际化的新材料产业集群。同时，改造传统原材料产业，取其精华，去其糟粕，探索传统原材料与先进新材料融合的发展道路。

（六）优先推进新能源汽车产业发展

动力电池续航、电子元件控制和传动电机等核心部件是新能源汽车研发生产的核心关键领域。政府应该对当前燃料电池汽车的技术研发建立公共测试平台，不断完善产品研发和生产的数据库，完善充电配套体系和综合运用测试系统，推动插电式混合动力汽车和纯电动汽车研发生产，提高国产电动汽车的质量，完善电动汽车的功能，解决电池等技术瓶颈，重点突破"卡脖子"关键技术。同时，要合理利用政策，鼓励私人购买电动新能源汽车的补贴以及试点城市的范围和模式，用新型商业化经营模式，推动节能环保绿色新能源汽车产业的快速发展。

第八章

中国先进制造业创新追赶实现路径设计

中国先进制造业创新追赶机理的科学揭示能够为创新追赶实现路径的设计奠定基础，遵循产业创新追赶规律设计基本实现路径一方面能够将创新追赶理论研究转化为实践指导，为中国先进制造业创新赶超实践提供依据和遵循，另一方面在国际政治经济的复杂环境中，中国先进制造业创新追赶实现路径的科学设计回应了解决国家经济社会发展重大科学问题的现实诉求，具有重要意义。

第一节 中国先进制造业创新追赶实现路径设计原则与思路

路径是主体为了达成特定目标，所规划的从起始点至终点的一系列过程、方法与手段的集合，中国先进制造业创新追赶实现路径对产业追赶实践具有重要的指导性，创新追赶路径的设计要遵循必要的原则和思路。

一、实现路径设计原则

（一）问题导向原则

我国在先进制造领域核心技术、关键材料与设备的自主研发上如何突破"卡脖子"难题，成为近几年广受关注的现实问题。应该看到，中国先进制造关键领域受制于人的局面尚未得到根本性改善，在不同技术领域尽快实现技术追赶仍是一个具有前沿性和挑战性的科学问题。为此，中国先进制造业创新追赶实现路径的设计必须从技术突破的核心问题出发，遵循和利用技术突破规律，结合不同类型技术的特点进行科学、系统和全面的设计。

(二) 系统匹配原则

中国先进制造业创新追赶是后发者与领先者的创新生态系统更替的动态过程，一方面，不同类型技术的创新突破必须注重与相关技术之间的匹配，以此形成完整的技术体系，另一方面技术创新链的整体赶超还要与相应的价值创造环节相互匹配，最终形成技术创新链与价值创造链的相互支撑。因此，中国先进制造业创新追赶实现路径需要同时兼顾不同类型技术创新链与价值创造链组成的系统，并体现不同类型技术创新生态系统的差异性。

(三) 动态转换原则

中国先进制造业创新追赶是一个长期的动态过程，不同类型路径所适应的追赶情境截然不同，一旦产业追赶情境发生变化，其所适宜的创新追赶实现路径就会不同，并且这种动态转换应该实时发生。因此，中国先进制造业创新追赶设计要充分注重不同情境的差异，涵盖不同路径转换的可行方式，并且路径设计要与路径的选择、转换相互支撑，共同构成创新追赶实现路径的管理体系，以达到路径管理的实践目的。

二、实现路径设计思路

创新追赶实现路径作为后发者通过创新生态系统培育、发展与更替赶上甚至超越领先者的过程，集合了一系列创新过程、方法与手段。根据中国先进制造业创新追赶机理，构建并培育壮大创新生态系统，实现对领先者的追赶超越，成为创新追赶的核心目标。具体而言，只有技术创新链和价值创造链相互匹配，并且与创新方式形成支撑，产业创新追赶实现路径的目标才可能实现。因此，在路径设计时要同时兼顾三个层面的内容，并且要注重不同创新追赶实现路径的差异化特征和路径关键点，确保路径设计的科学性和实现的可行性，具体创新追赶实现路径框架如图 8-1 所示。

具体而言，中国先进制造业创新追赶实现路径设计的核心思路主要包括以下三个方面。

第一，遵循创新生态系统追赶的客观要求，以技术创新链为核心进行不同类型的创造追赶路径设计。由于不同类型技术的追赶起点、追赶难度和创新方式存在显著差异，并且围绕不同类型技术打造的创新生态系统具有截然不同的追赶能力，根据中国先进制造业创新追赶机理，架构技术、元件技术、基础技术与互补技术的技术跃迁轨迹呈现不同规律，围绕不同类型技术设计的不同创新追赶实现路径是由具体技术属性及其与领先者的技术差距决定的，路径之间不存在递进或升级关系，而是呈现并列关系，因此针对不同类型技术分别设计具体的追赶路径符合先进制造技术自身发展规律与创新追赶的要求。

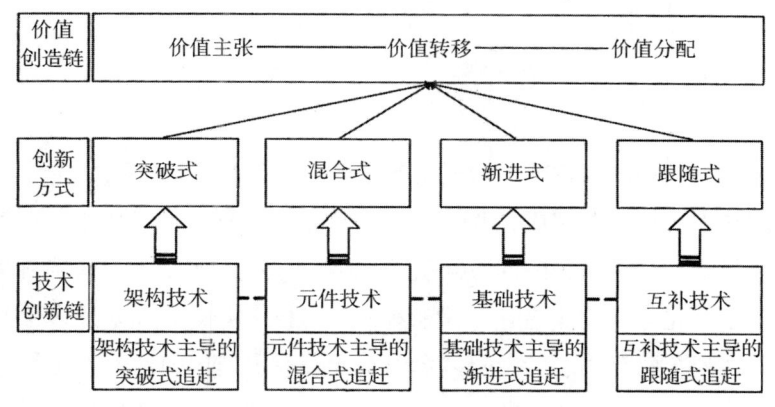

图 8-1　中国先进制造业创新追赶实现路径设计框架

第二，遵循技术创新的客观规律，创新追赶实现路径需要与不同类型的创新方式相匹配。技术属性不同决定了技术创新方式会有所区别，先进制造领域由于涉及大量的技术秘密和复杂技术，尤其领先者已经在关键领域建立了很高的技术壁垒，后发者在一些技术领域很难绕过领先者的技术范式而直接突破，这就意味着如果选择了错误的创新方式，那么创新追赶的效果可能会不理想。例如基础技术的赶超需要科学原理突破，而后发者可能根本不具备突破基础理论的条件。相比之下，架构技术由于只涉及技术组合方式的变化，后发者更容易通过突破式创新方式实现。总之，只有遵循不同技术属性所适合的创新方式，中国先进制造业创新追赶路径才可能转化为实践指导。

第三，突出创新生态系统中价值创造的引领作用，兼顾不同创新追赶实现路径的价值创造链。单一技术的突破很难实现创新生态系统的整体超越，中国先进制造业大量的自主研发成果需要利用广阔的国内市场进行试错与迭代升级，在当前全球化"区域化"背景下，中国先进制造业创新追赶中更应该注重发挥国内阶梯式市场空间的巨大优势，用好新型举国体制的制度优势，将政府作为重要的价值创造主体，充分考虑不同路径条件下的差异化价值主张、价值传递渠道与价值分配方式，以形成中国先进制造业创新追赶的独特路径。

第二节　架构技术主导的突破式追赶路径

一、内涵与特征

(一) 内涵

架构技术是将产品中的组件或模块连接起来的技术知识,这些技术的主要作用是链接各种不同类型的技术组件,并完成某些特定的技术性能。与领先者相比,后发者常常在架构创新方面有所突破,这是因为改变不同组件的组合方式远远比进行基础科学原理创新简单得多。从中国多个先进制造业追赶历程来看,架构技术突破的成果远多于其他类型的创新成果。比如高铁列车的车头、转向架、牵引系统等在引进国内后,本土零部件制造商通过架构技术创新完成了最早的技术替代,并逐步理解了列车设计背后的科学原理,为自主研发复兴号动车组奠定了坚实的基础。后发者基于架构技术的创新活动对于积累技术能力十分重要,但如果要实现对先发者的超越,必须开展突破式创新,而并非简单进行渐进式创新活动,因此架构技术主导的突破式追赶路径是指架构中组件或模块之间的连接设计方案发生重大变化,并脱离对领先者技术轨道的依赖,创造出新技术轨道,从而实现对领先者追赶的过程。

(二) 特征

架构技术主导的突破式追赶路径具有非连续性和高不确定性。当架构技术处于技术跃迁的基态、激发态和终态时,会因为前期的探索性技术积累而不断提高核外动态技术的活跃程度,这就使得静态技术对动态技术的作用力在某一临界点骤降,从而发生非连续性的技术跃迁。这种情况下,前期的探索性技术积累能够为原有技术轨迹突破奠定基础,但技术突破所形成新技术能否成为以后的主流技术会受到多种因素的影响,基于突破式创新所形成的架构技术重构会给现有的技术创新链带来高额的转换成本与风险,增加了先进制造产品的市场风险,但也为实现自主可控的先进制造技术体系打下基础。

二、架构技术主导的突破式追赶路径关键点

先进制造领域的复杂产品系统是一个整体,对于后发者而言,从架构技术入手迅速打造

产品系统是比较快捷的追赶路径。在这个过程中，后发者既要注重架构技术自身的科学选择、突破以及扩散，同时还需要关注价值创造链的重塑及其与技术创新链之间的互动。具体而言，后发者选择以架构技术作为突破点时，要做好价值创造链重塑和技术创新链升级。

（一）价值创造链重塑

首先，后发者原有价值主张是驱动其技术创新的核心动力，中国先进制造业众多领域的核心技术依赖进口，并且短期内基础性科技原理难以突破，选择消化吸收并进行架构技术突破成为不二选择，此时政府、核心先进制造企业都可能提供类似的价值主张，并投入相关资源进行突破式创新。其次，架构技术突破需要投入的资源巨大，并且积累效应明显，早期的价值发现与价值主张提供者一般都具备强大的价值转移渠道，围绕架构技术形成的价值转移渠道形式多样，包括项目合作、人才交流、产品共同研发等等，后发者通过这些不同形式的价值转移渠道，与本土合作者共同构建起新的价值转移网络。最后，若后发者的核心技术始终未能从根本上得到解决，则围绕先进制造领域的架构技术所获得的价值以及能够分配的价值始终受到限制。比如我国拥有全球第二大医疗器械市场，但高端设备市场却长期被国外企业垄断，大量医疗设备的关键零部件长期依赖进口，国内众多企业基于这些技术进行了大量架构创新，在手术机器人、重症监护仪器等领域实现了新突破，但国内市场对国产设备的接受度不高，国产设备的本土化价值创造链亟待重塑。

（二）技术创新链升级

价值创造链重塑加速了后发者技术创新链升级，中国先进制造业通过架构技术主导的突破式追赶路径实现追赶与超越时，需要围绕架构技术进行一系列的技术开发与推广，尤其上下游的支持技术体系都需要进一步升级，以满足全新的技术需求。具体过程包括面向新的价值采用主张形成架构技术创新方向、推动基础技术攻关以及协调支持技术体系发展三个环节。

首先，作为以架构技术突破式创新为目标的后发者，为满足先进制造业创新生态系统新的价值主张，核心先进制造企业需要率先识别新的架构技术创新方向，越过领先者建立的技术壁垒。具体可通过建立技术识别框架，利用政策、专利、文献信息等指标识别架构技术潜在创新方向以及相应的基础技术耦合关系。其次，围绕先进制造业核心技术体系，在架构技术突破中推动基础技术攻关是后发者的最终目的，但由于基础技术突破难度高，研发风险大，涉及领域广泛，需要针对具体领域建立协同体系，尤其要发挥新型举国体制的制度优势进行专项攻关。例如被后发者大量使用的逆向创新工程首先解决的就是架构技术突破问题，然后逐步进行基础技术领域攻关。最后，围绕自主突破的架构技术所形成的先进制造核心技术体系，以原有的创新协作关系为基础，通过更新技术之间的耦合关系，协调支持技术体系实现同步发展，以形成后发者自主可控的新技术体系，实现先进制造业追赶与超越。

三、架构技术主导的突破式追赶路径形成过程

架构技术主导的突破式追赶路径是在架构技术跃迁过程中发生了突破式创新。核外动态技术的活跃程度受到两种因素的共同影响：一是动态技术本身所创造的新技术量的多少；二是技术核内的静态技术在新技术产生过程中的影响程度。架构技术处在跃迁初期的基态时，由于技术核内的静态技术对新技术产生的影响力较大，造成动态技术的活跃程度较低，但随着动态技术自身的技术积累量增加，活跃程度也逐渐提高，高活跃度的动态技术会在达到活跃阈值时摆脱静态技术的作用力，发生非连续性的技术跃迁，跃迁到激发态后的动态技术电子会将新技术扩散到静态技术核内，提高技术核的技术储备量，进而新的静态技术核对核外动态技术的作用力会增强，进一步降低了动态技术的活跃程度。所以，架构技术主导的突破式追赶路径就是技术流经历"外围的低活跃动态技术—外围的高活跃动态技术—中心的稳定静态技术"的过程，实现架构技术的突破追赶，具体过程如图 8-2 所示。

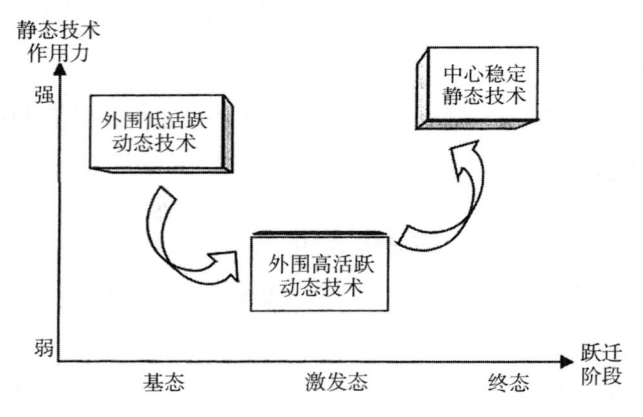

图 8-2 架构技术主导的突破式追赶路径技术流运动过程

四、架构技术主导的突破式追赶路径案例分析

工业机器人是工业生产中使用的具有自动控制的操作和移动功能，能完成各种作业的可编程操作机，作为一种集多种先进技术于一体的自动化装备，体现了现代工业技术的高效益、软硬件结合等特点，成为柔性制造系统、自动化工厂、智能工厂等现代化制造系统的重要组成部分。工业机器人能够依靠自身的动力能源和控制能力实现各种加工制造功能，替代人类完成单调、繁重或有害的各类工作。工业机器人产业作为我国重点发展的先进制造业，兴起于 20 世纪 70 年代，目前在汽车制造、3C 电子制造、金属加工等行业得

到广泛应用。中国电子学会发布的《中国机器人产业发展报告(2022年)》显示，2022年中国工业机器人市场规模预计达到87亿美元。与美国、日本、德国等国家相比，中国工业机器人正处于快速发展阶段，减速机、伺服电机、控制器等关键零部件大量依赖进口，经过多年的技术引进与消化吸收，我国工业机器人的自主研发制造能力有了显著提升。从整个工业机器人行业技术学习过程来看，该行业在创新追赶过程中选择了架构技术主导的突破式追赶路径。

从产品特征来看，工业机器人具有典型的复杂产品系统特征，其设计架构复杂，元件众多，多数采用小批量定制化生产模式。这种大型制造设备的功能以及性能提升较为依赖于核心模块之间的连接技术与方法，即架构技术。中国工业机器人产业为了提高内嵌模块间位置的精度以及满足模块间的协调性要求，加大研发投入，扩大生产范围以及规模，采用"干中学"来不断积累新技术，提高活跃技术的存量，并在小规模试验中大量验证、模拟、反馈，不断修改与升级产品架构设计方案。从2012年开始，中国工业机器人制造商开始尝试采用多功能一体化的架构设计模式，使一台工业机器人同时具备进行多道工序加工的能力，通过将工业机器人的核心零部件进行垂直一体化整合，构建出新的架构技术模式，提升核心部件间的拟合力，大大缩短了产品组装周期，提高生产运作效率，在产品可靠性、空间性、安全性等方面均有大幅度的突破式提升。这种突破式的创新得益于产业发展初期注重研发技术积累，同时利用纵向一体化生产线，控制生产制造成本，使得中国工业机器人较领先国家具有低成本优势，再加上一体化架构技术的突破式设计，使得中国工业机器人产业在国际市场上的份额由不到20%提升至30%以上，且制造成本由40%降低为13%，成功实现了大幅度的追赶。

第三节 元件技术主导的混合式追赶路径

一、内涵与特征

(一)内涵

元件技术是能够实现复杂产品特定功能的部件或模块，不同先进制造领域需要的元件技术类型截然不同，并且元件技术在技术创新链中的作用有所差异，元件技术主导的混合式追赶路径是指后发者可以通过突破式或渐进式方式进行复杂产品组件或模块创新设计与生产制造，从而实现追赶。例如一架商用飞机由 300 万至 500 万个零部件组成，从设计、制造、验证到最终交付，需要数千个供应商之间的协同合作。中国商飞 C919 在全球共有三类供应商合计 120 家，其中，Ⅰ类供应商属于较核心的成品件供应商，Ⅱ类供应商为子系统的结构件供应商，Ⅲ类供应商则处于航空制造业的上游，主要是标准件和原材料供应商，为Ⅰ类、Ⅱ类企业提供原材料，共 57 家；除了核心部件供应商，其余供应商均是元件技术的供应企业，这些企业根据大飞机设计的实际需求进行元件技术创新，可能采取与以往产品截然不同的技术路线，也可能沿用领先者的技术路线。

（二）特征

元件技术主导的混合式追赶路径具有复杂性和不确定性。先进制造领域的元件技术涉及的知识领域广泛，在技术跃迁过程中，前期由于动态技术积累会提高技术电子活跃程度，当达到一定的阈值时可能产生突破式的技术跃迁行为，跃迁后的核外动态技术会将电子内的新技术向静态技术核内转移，成为新状态下的固有技术，动态技术所携带的新技术由于发生了转移，因此活跃程度会降低，当整个技术系统稳定后，动态技术会沿着跃迁后的新范式进行渐进性创新，不断丰富新范式下的技术积累。当然，无论通过突破式创新还是渐进式创新实现了技术电子逐层跃迁，整个过程都具有极强的不确定性：一方面后发者要跨越领先者在元件技术方面的壁垒仍然需要大量的创新投入，并且要作好这些投入成为沉没成本的准备；另一方面，元件技术与架构技术及其他技术之间的关联性十分紧密，技术电子跃迁受到其他技术电子的多重影响。

二、元件技术主导的混合式追赶路径关键点

元件技术通常承载了复杂产品的某些固定的物理特性，与架构技术共同组成了先进制造业的核心技术体系，相比其他技术，元件技术追赶超越的难度不大，依靠国内强大的生产制造能力，本土企业通过承接领先者的技术转移或者与高水平大学的技术合作，基本能够建立起完整的元件技术研发体系，并且打造形成相应的价值网络。与架构技术主导的突破式创新追赶路径相比，元件技术主导的混合式追赶路径的关键点更加本土化，这也是由当前紧迫的国内外形势所决定的，只有通过完善的本土化创新体系才能降低先进制造产业链断链断供风险。具体而言，元件技术主导的混合式追赶路径实现需要关注本土价值创造链建立和本土技术创新链优化。

（一）本土价值创造链建立

首先，从技术来源看，中国先进制造业元件技术大都来源于跨国公司的技术转移，尤

其改革开放之后，大量跨国企业在国内投资建厂，把领先国家先进的技术理念和生产管理经验带到国内，本土企业通过承接生产制造活动掌握了各类零部件的制造工艺，形成了初期的元件技术创新能力，但是这个阶段本土企业并未获得高额的创新回报，大量创新价值被跨国公司攫取。其次，随着本土企业元件技术创新能力的提高，一批本土制造企业开始尝试另辟蹊径，从原始设备制造商转向原始设计制造商，努力创造自主可控的高价值产品，并且与众多国内利益相关者建立起稳定的价值网络，尽管这些企业能够获得相对较高的创新收益，但并未进入全球价值链高端环节。最后，本土价值网络的建立需要迅速形成价值分配机制，开放的本地市场和激烈的市场竞争有利于快速形成高效的价值分配网络，并且在链主企业帮助下，国内众多中小型制造企业可能快速成长为"专精特新"企业，并与链主企业共同形成拉动高水平技术创新的力量。

（二）本土技术创新链优化

中国先进制造业元件技术的发展基本遵循"原始设备制造商（OEM）—原始设计制造商（ODM）—原始品牌制造商（OBM）"的路径，围绕先进制造领域的系统集成商形成一批具备元件技术自主创新能力的制造企业，并且这些企业采用了自主可控的技术路线。因此，面向本土价值创造链构建需求，本土化技术创新链优化需要做到以下三点。

第一，形成开放的技术合作体系。尽管元件技术来源于跨国巨头，但经过本土化适应性改造，技术性能与质量得到了大幅提升，发挥好国内创新资源丰富的优势，围绕元件技术突破式创新需求，打造开放的技术研发、生产、推广体系是关键一步。第二，推动核心技术体系的发展。只有核心技术体系实现突破才能最终实现先进制造业的全面赶超，因此元件技术的突破可能逆向带动核心技术体系的升级，尤其对架构技术突破产生重要影响。第三，本土技术创新生态的形成。本土价值链的建立必然要求形成与之匹配的技术创新生态，围绕元件技术全面改进支持技术体系，并与核心技术体系相互支撑，形成良好的本土技术创新生态。

三、元件技术主导的混合式追赶路径形成过程

元件技术主导的混合式追赶路径形成过程同时存在突破式创新和渐进式创新两种可能。通常情况下，元件技术的突破式创新会先于渐进式创新发生，这是因为大量的元件技术研发需要根据具体的产业情境与用户需求进行定制，按照既定技术路线的渐进式创新方式可能无法满足定制化设计的要求，突破式的技术设计才可能更好地实现复杂产品的整体功能。因此元件技术原子中的动态技术由于已经有了一定的技术积累，在从基态 a 向激发态 a 跃迁时，活跃度增加，进而发生新技术的突破式创新，当从激发态 a 向终态 a 跃迁时，动态技术的活跃程度降低，降低后的动态技术便处于渐进式创新的基态 b 阶段，并通

过渐进式技术积累，低活跃动态技术提升为中活跃动态技术，同时跃迁到激发态 b 阶段，外围的中活跃动态技术不断将新技术向核内转移，最终形成稳定的中心静态技术。所以，元件技术的混合式追赶路径就是技术流经历"外围的中活跃动态技术—外围的高活跃动态技术—外围的低活跃动态技术—外围的中活跃动态技术—中心的稳定静态技术"过程，最终完成后发者元件技术的追赶，具体过程如图 8-3 所示。

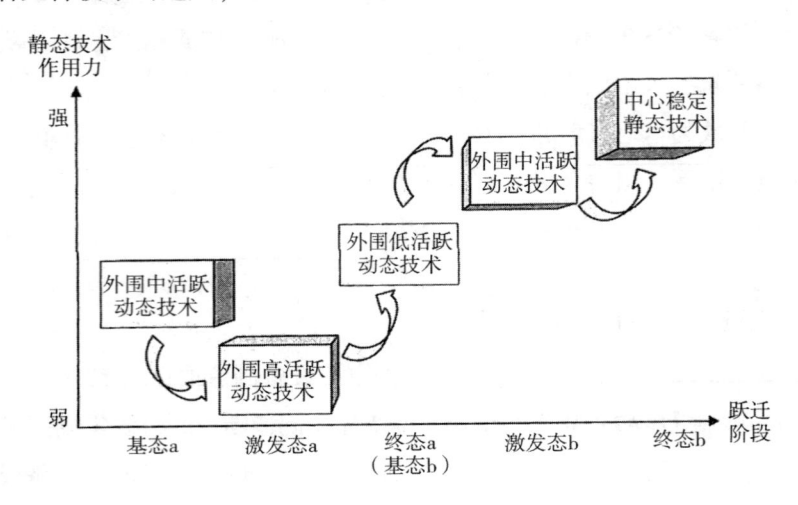

图 8-3 元件技术主导的混合式追赶路径技术流运动过程

四、元件技术主导的混合式追赶路径案例分析

大飞机一般是指最大起飞重量超过 100 吨的运输类飞机，包括军用大型运输机和民用大型运输机，我国把 150 座以上的客机称为大客机，而国际航运体系习惯上把 300 座位以上的客机称作"大型客机"，大飞机产业能够直接反映一个国家民用航空工业甚至整个工业体系的整体水平。在全球范围内，大飞机的典型代表是空中客车公司的 300、330、350、380 和波音公司的 747、777、787 等。中国商飞研制的 C919 代表了中国民用航空工业的最高水平，其发展历程以元件技术主导的混合式追赶路径为主。

2006 年国务院颁布实施了《国家中长期科学和技术发展规划纲要（2006—2020 年）》，确定大型飞机为"未来 15 年力争取得突破的 16 个重大科技专项"之一，同年国务院成立大型飞机重大专项领导小组，2007 年商用大飞机项目正式立项，2008 年国务院批准成立中国商用飞机有限责任公司，正式启动 C919 大飞机项目。在经历 6 年的总体设计之后，2014 年首架 C919 进入总装，2015 年正式下线，2017 年完成首飞，2020 年进入试飞取证阶段，2022 年 9 月获得中国民用航空局颁发的型号合格证，12 月 9 日交付首架飞机，这标志着我国已具备自主研制世界一流大型客机能力，探索出了一条中国设计、系统集成、全球招标、逐步提升国产化的发展路子。因此，现阶段的 C919 并未在飞机发动机、驾驶舱控制系统、电源系统、燃油液压系统、防火过热保护系统等关键部分实现国产化，整体零部件国产化率大概为60%。但是C919在大量结构元件方面进行了突破式创新，主要涉及机身、机翼、尾翼三大部分。例如商飞公司自主设计的超临界机翼，可使飞机的整体阻力减小8%左右，相比现役同型号飞机直接使用成本降低10%。C919的结构元件存在大量标准件，易于拆分成不同的零部件，同时不同零部件互相影响与牵制关系较小，商飞公司在选择结构元件供应商时主要以国内具备转包生产能力的企业为主，并与这些供应商进行结构元件的联合研发与技术攻关，这种"主供联合模式"培养出了一批能够提供高性能配套零部件产品的本土供应商，其中上海一郎合金材料、华力创通等一批"专心特新"供应商在自己的领域打破了国际垄断，为中国民用航空工业发展做出了重要贡献。

第四节 基础技术主导的渐进式追赶路径

一、内涵与特征

（一）内涵

基础技术是决定产品性能和质量的原理性知识，相对于其他技术类别，基础技术的发展往往涉及广泛的基础科学知识，对基础科学知识突破的需求最为迫切，并且常常伴随更多隐性知识的积累与扩散，是技术突破难度最大的技术类别。在先进制造领域，先发者往往通过领先的科学研究体系建立起了很高的基础技术壁垒，后发者唯有通过基础科学领域的长期积累才可能实现追赶与超越。基础技术主导的渐进式追赶路径是为了提升基础技术的原始创新能力而开展渐进式创新的过程，基础技术主导的渐进式追赶路径通常是领先者的技术存在更强的技术壁垒或分离机制时，拥有良好技术创新基础的后发者所能选择的路径之一。

（二）特征

基础技术主导的渐进式追赶路径具有积累性和关联性。与大规模制成品不同，先进制造业领域的复杂产品往往涉及众多相互交叉的知识领域，例如芯片涉及大量数学、材料学、物理学领域的基础知识，这些基础科学知识是科学家经过长期探索形成的基本规律的总结，具有很强的积累性，并且不同领域之间的关联性极强，这就使得基础技术在技术跃迁的过程中，需要在现有知识基础之上进行大量技术累积，从而实现从量变到质变。目前先进制造业领域大量"卡脖子"技术无法突破的根本原因是技术研发的原理性知识无法突破，例如关键基础材料作为所有工业制品的母体，我国的自主化率比较低，主要原因是国产材料的性能指标不能满足工业生产要求，这就涉及材料科学知识的突破。

二、基础技术主导的渐进式追赶路径关键点

基础技术主导的渐进式追赶路径旨在从根本上实现先进制造领域的后发者在关键核心技术上的从无到有，对目前处于并跑与跟跑状态并存的中国先进制造业而言，具有适用性。与其他路径相比，基础技术主导的渐进式追赶路径要更加凸显内外部资源的高度整合，尤其对于基础技术主导的渐进式创新，深度嵌入全球知识创新与扩散网络，了解和掌握全球基础知识领域的研究前沿至关重要。具体而言，基础技术主导的渐进式追赶路径需要持续关注全球价值创造链与全球技术创新链的构建。

（一）全球价值创造链构建

中国先进制造业要从并跑、跟跑到实现领跑，必须要在基础技术领域实现突破。首先，面对以国内大循环为主，国内国际双循环相互促进的新发展格局，中国先进制造业全球价值链构建要注重激发国内消费者对本土先进制造产品的潜在需求，在带动基础技术研发与突破的同时，实现向国外市场的扩散。其次，政府作为先进制造领域初始价值来源的提供者，需要积极发挥创新引导作用，尤其中国独特的新型举国体制为先进制造业创新提供了强大的制度保障，中央政府巨大的组织协调能力为先进制造领域基础技术的突破提供了强大动力。最后，全球价值创造链的构建要秉持开放的态度，要积极调动国有企业、民营企业、外资企业，大型企业、中小型企业等各类创新主体，并且与国内外高水平大学合作开展基础科学领域的前沿研究，并吸收所有参与者参加价值转移与分配，最终打造以本土企业主导的先进制造业全球价值创造链。

（二）全球技术创新链构建

为了与全球价值创造链相匹配，中国先进制造业需要构建基于基础技术的全球技术创新链，这种立足基础技术领域的创新链是先发者能够保持长期领先的根本原因，但对后发者而言，要实现从基础技术突破、复杂产品系统研制到全面产业化的正向创新可能面临诸多挑战。如何突破基础技术将会面临两难抉择：一方面，先发者的基础知识研究非常领先，并设置了较高的壁垒，对后发者形成挑战；另一方面，后发者尚未具备"弯道超车"的知识储备和能力，不计后果的投入可能引发产业的技术能力的后退。因此，基础技术主导的渐进式追赶路径在全球技术创新链构建方面需要把握以下三个方面。

第一，围绕基础技术打造形成聚集全球创新资源的核心技术攻关体系。先进制造产业要坚持对外开放和吸收外部资源的做法，尤其在高端人才和资源引进方面要做好长期谋划。

第二，充分发挥国家战略科技力量在先进制造基础技术突破中的关键作用，尤其要引导高校在基础研究领域做好有组织的科研，主动对接先进制造企业，面向存在"卡脖子"风险的重点基础技术领域进行专项突破。

第三，尽管中国多个先进制造领域获取国外前沿技术的渠道受到限制，但依然可以通过人才流动、学术交流、科学共同体等多种形式获取信息，对中国先进制造业而言，全球合作交流需要持续加强。

三、基础技术主导的渐进式追赶路径形成过程

基础技术主导的渐进式追赶路径是在基础技术跃迁过程中进行渐进式创新的过程，基础技术知识所具备的积累效应决定了基础技术并不具备进行突破式创新的条件。因此这一过程中核外动态技术的活跃程度将会逐步提升，并且不会处于高活跃状态，因为核外动态技术通过渐进式积累才能形成新技术，此时源源不断的静态技术核逐步发生转移，增加了整体技术核的技术量。所以，基础技术主导的渐进式追赶路径是技术流经历"外围的低活跃动态技术—外围的中活跃动态技术—中心的稳定静态技术"的过程，该路径形成的难度最大，但形成后先进制造业的状态最为稳定，具体技术流的运动过程如图8-4所示。

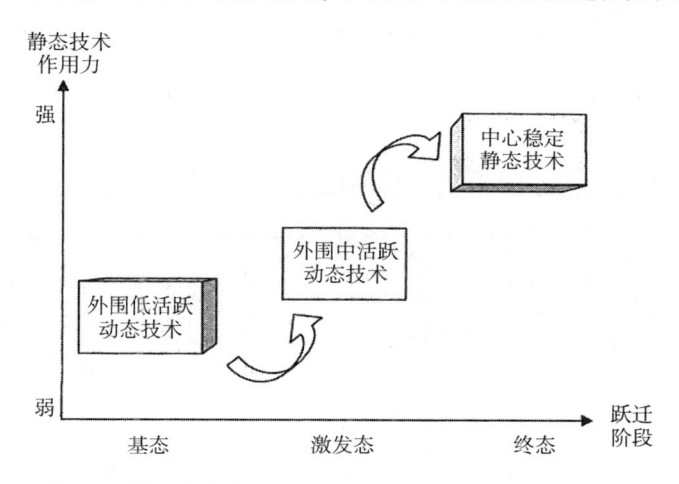

图8-4 基础技术主导的渐进式追赶路径技术流运动过程

四、基础技术主导的渐进式追赶路径案例分析

半导体产业作为先进制造业的重点发展产业之一，具有极高的战略性，是关乎国民生计的关键领域。由于半导体芯片在消费电子、通信系统、汽车等众多领域都有广泛的应用，因此芯片制造也成为全球竞争最激烈的领域。从产业链构成来看，半导体产业链从上游到下游包括了三种工业类型：一是与芯片制造有直接关系的工业，如晶圆制造、集成电路制造、封装等；二是辅助集成电路制造的各种工业，如集成电路设计、测试、光罩制

造、导线架制造等;三是提供支持的相关产业,包括设备、仪器、计算机辅助设计等。半导体产业的技术链长、技术复杂性高、技术更新换代快,每一个技术环节都需要经过长期的技术积累才能获得技术链整体技术能力提升。以晶圆制造 28 nm 制程为例,如果企业没有 40 nm 生产的经验,即使拥有了 28 nm 完整的生产设备也无法进行生产。因此半导体基础技术的积累效应十分明显。根据集邦科技的研究报告,2021 年中国台湾半导体产值占全球的 26%,排名全球第二,仅次于美国半导体产业的产值,具体来看,中国台湾地区的集成电路设计及封测产业分别占全球的 27% 和 20%,分别位列全球第二和第一,晶圆代工以高达 64% 的市占率稳居全球龙头地位。从台湾半导体产业的历程来看,基础技术主导的渐进式路径是其重要选择。

第五节　互补技术主导的跟随式追赶路径

一、内涵与特征

(一) 内涵

互补技术与基础技术共同构成复杂产品商业化所必需的支持技术,与基础技术不同,涉及产品商业化应用的相关技术都属于互补技术,并且互补技术具有很强的需求导向,常常与先进制造业核心技术相伴而生。例如高铁列车的运行离不开轨道、路桥、高铁车站等各类互补技术的发展,列车的性能直接影响着互补技术的开发方向,并且用户特殊需求也要在互补技术开发时予以考虑。互补技术主导的跟随式追赶路径是指互补技术在技术跃迁过程中的路径选择主要跟随元件技术与架构技术组成的核心技术体系的过程,这是由于互补技术与核心技术体系之间具有强关联性。当基础技术实现突破或者元件技术通过混合式追赶路径实现自主创新时,互补技术就要围绕新产品的应用场景进行针对性技术开发,以配合核心产品功能的实现,从而形成先进制造业的整体竞争能力。

(二) 特征

互补技术主导的跟随式追赶路径具有专用性特征。用户需求是驱动复杂产品系统不断迭代升级的关键因素,互补技术性能与关键参数设置往往是由用户参与决策的,尤其跟随核心技术体系开展互补技术创新时,这些技术成果往往只能与特定的核心技术体系进行匹配,从而实现用户所需要的产品功能。例如中国同时引进了法国、日本、德国的高铁列车,并进行了大量信号、路桥、车身等互补技术的研发。这种异质性的互补技术表现出强专有性,会对核心技术体系的追赶超越起到强大的支持作用。

二、互补技术主导的跟随式追赶路径关键点

互补技术主导下的追赶路径与其他类型的追赶路径相比,其价值创造链与技术创新链呈现不同的特征。一方面,由于互补技术的突破要满足用户的个性化需求,需要用户的深度参与,先进制造企业与用户之间的互动成为影响互补技术能否突破的关键因素,另一方面,尽管互补技术会跟随核心技术体系要求进行突破,但两者之间在技术构成方式、技术突破难易程度以及技术要素组合方面截然不同。一般情况下,后发者很容易在互补技术方面建立强大的技术优势,但难以带动架构技术和元件技术突破。具体而言,互补技术主导的跟随式追赶路径实现需要关注用户参与的价值创造链构建和技术创新链系统性升级。

(一)用户参与的价值创造链构建

先进制造领域的用户很多时候不是个人消费者,而是特定的组织,例如中国高铁列车的用户主要是中国国家铁路集团有限公司,盾构机设备的用户通常是大型工程的施工企业。首先,这些用户深度参与到复杂产品系统的价值创造链之中,会提出独特的价值主张。先进制造领域产品的高度定制化意味着独特的用户价值主张需要得到满足,互补技术往往是那些影响产品能否正常使用的技术,其创新突破必须与用户价值主张紧密关联。其次,用户能够主导先进制造业的价值传递,由于用户掌握有关产品使用的大量经验数据以及未被满足的潜在需求,与用户深度绑定,并通过联合开发等正式渠道或者研讨、交流等非正式渠道进行价值传递,才能加速互补技术的突破。最后,形成合作共赢的价值分配机制,对创新收益的合理分配影响着所有利益相关主体的积极性,深度参与复杂产品系统设计、生产与使用的用户对互补技术的理解往往更加深刻,建立共赢的价值分配机制才能确保行业整体竞争力的持续提升。

(二)技术创新链系统性升级

互补技术只有与相应的核心技术体系相匹配,才能实现先进制造业技术系统效能的最大化,一旦互补性技术的创新能力有所提升,后发者就应该尽快对已有的技术创新链进行系统性升级。与基础技术主导的渐进式追赶路径不同,互补技术主导的跟随式追赶路径高度依赖核心技术体系的发展进度,并形成紧密跟随与动态变化的态势。具体而言,在技术创新链系统性升级方面要围绕用户参与的价值创造链做好以下三点。

第一,做好动态匹配核心技术体系。尽管元件技术与架构技术的追赶难度较大,但由于其与互补技术之间存在的关联关系,一旦互补技术实现突破与追赶,核心技术体系需要进行动态匹配。

第二,进行元件技术能力升级。无论元件技术还是互补技术的追赶,都无法实现先进制造业的全面追赶,但要注重发挥互补技术对元件技术的带动作用,更好地实现支持技术体系的追赶。

第三,努力打造一体化技术体系与生态,互补技术追赶难以解决基础技术"卡脖子"的困境,但能够为基础技术的追赶创造条件,对后发者而言,从外围到核心,打造一体化技术体系是常用的追赶方式。

三、互补技术主导的跟随式追赶路径形成过程

互补技术和元件技术共同组成先进制造业的支持技术体系,互补技术的动态技术跃迁以及技术研发、转移、积累的过程都与元件技术相似,但在实际产业技术追赶过程中,互补技术的跃迁起始时间会晚于元件技术,这是因为后发者的元件技术跃迁常常起始于突破式创新,新构建的技术体系需要互补技术的进一步匹配才能形成竞争力较强的支持技术体系,而元件技术通常跟随核心技术体系发生变化,其静态技术与动态技术核所承载的技术能量处于动态变化之中。具体来看,互补技术主导的跟随式追赶路径技术流经历"外围的中活跃动态技术—外围的高活跃动态技术—外围的低活跃动态技术—外围的中活跃动态技术—中心的稳定静态技术"的过程,最终实现互补技术的追赶,具体过程如图 8-5 所示。

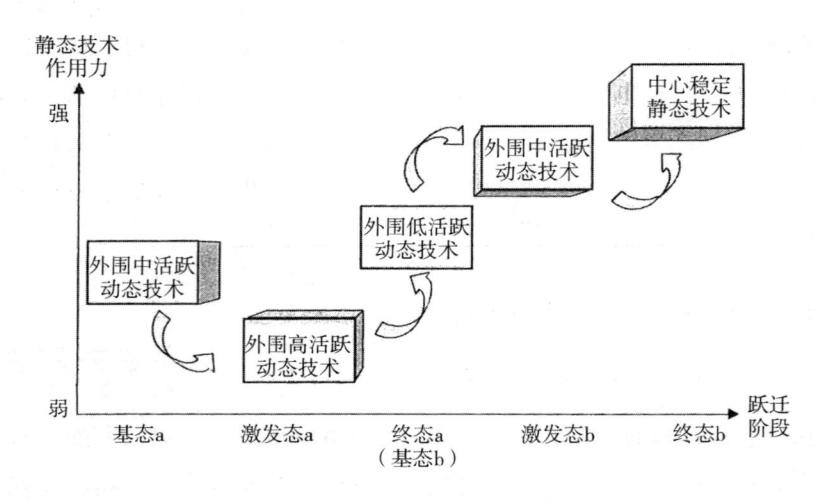

图 8-5 互补技术主导的跟随式追赶路径技术流运动过程

四、互补技术主导的跟随式追赶路径案例分析

中国新能源汽车产业是中国汽车工业换道超车的典型代表。数据显示，自2015年起，中国新能源汽车产销量连续7年位居世界第一。2021年全球新能源汽车销量再创新高，达到675万辆，同比增长108%。其中，中国新能源汽车市场持续突破，产销同比增长160%以上，销量达到352万辆。与传统燃油汽车不同，新能源汽车由电池、电机、电控三大核心技术体系组成，但是新能源汽车要大规模普及应用，还需要充电基础设施等支持技术体系的发展。从中国新能源汽车产业追赶历程看，以充电设施为主的互补技术在很长一段时间影响着新能源汽车大规模应用，但通过互补技术的创新最终实现了产业整体技术能力的提升。

整体来看，中国新能源汽车产业追赶经历了三个阶段：

第一阶段是技术攻关阶段，最早开始于"八五"期间，"十五"期间通过国家高技术研究发展计划（863计划）电动汽车专项引领，成功研制出中国第一辆燃料电池轿车样车。在供给侧，初步确定"三纵三横"的研发布局；在支撑侧，形成国家重大专项引领的稳定格局；在需求侧，部分地区开展公共领域的先行先试，积极探索符合区域特色的商业模式。

第二阶段是快速发展阶段。"十一五"期间，国家863计划节能与新能源汽车专项持续支持新能源汽车产业创新活动。从供给侧来看，自主研发出高功率型动力电池和高能量型动力电池；在支撑侧，形成由国家、行业和企业共同支撑的新能源汽车发展格局；从需求侧来看，2009年启动了"十城千辆节能与新能源汽车示范推广应用工程"，开始实行私人购买新能源汽车补贴政策。

第三阶段是互补技术大规模突破阶段。"十二五"期间，中国已经超过美国成为全球新能源汽车第一大市场，已发布电动汽车标准近百项，并且积极将中国技术标准升级为国际标准。在供给侧，已经实现"三纵三横三平台"的矩阵式研发体系；在支撑侧，形成国家、地方的多层次、多方面政策扶持体系；在需求侧，形成传统电力公司、整车企业、互联网公司及充电设备生产商等多主体参与的新能源汽车基础设施运营模式。可以看出，互补技术与核心技术体系之间的支撑匹配是产业实现创新追赶的关键。就新能源汽车充电基础设施的发展过程来看，国家出台了相关政策支持了充电桩相关技术、充电模式和管理机制创新，直到2017年，新能源充电桩行业才步入高速增长阶段，得益于上游充电桩部件制造商、中游充电桩运营服务提供商和下游充电桩用户的通力合作，新能源汽车充电的基础设施才能快速发展。

参考文献

[1] 李金华. 中国建设制造强国进程中前沿技术的发展现实与路径[J]. 吉林大学社会科学学报, 2019, 59(2): 5-19, 219.

[2] 徐晓丹, 柳卸林. 大企业为什么要重视基础研究？[J]. 科学学与科学技术管理, 2020, 41(9): 3-19.

[3] 柳卸林, 吴晟, 朱丽. 华为的海外研发活动发展及全球研发网络分析[J]. 科学学研究, 2017, 35(6): 834-841, 862.

[4] 马荣康, 刘凤朝. 技术体制视角的中国技术领域比较优势演变特征分析[J]. 管理评论, 2019, 31(5): 118-127.

[5] 刘兵, 李玉琼, 刘赟. 我国核电"走出去"的机会窗口及时机抉择——基于Bass模型[J]. 科研管理, 2019, 40(11): 95-101.

[6] 李慧, 玄洪升. 专利视角下融合多属性的技术创新主题挖掘方法——以芯片领域专利为例[J]. 图书情报工作, 2020, 64(11): 96-107.

[7] 董晓松, 夏寿飞, 谌宇娟, 等. 基于科学知识图谱的数字经济研究演进、框架与前沿中外比较[J]. 科学学与科学技术管理, 2020, 41(6): 108-127.

[8] 江鸿, 吕铁. 政企能力共演化与复杂产品系统集成能力提升——中国高速列车产业技术追赶的纵向案例研究[J]. 管理世界, 2019, 35(5): 106-125.

[9] 韩晨, 谢言, 高山行. 多重战略导向与企业创新绩效：一个被调节的中介效应模型[J]. 管理工程学报, 2020, 34(6): 29-37.

[10] 段海艳, 李一凡, 康淑娟. "紧缩"还是"复苏"？衰退企业业绩逆转的战略选择？[J]. 科学学与科学技术管理, 2020, 41(9): 84-104.

[11] 尚甜甜, 缪小明, 刘瀚龙, 等. 资源约束下颠覆性创新过程机制研究[J]. 中国科技论坛, 2021(1): 35-43.

[12] 邓程, 杨建君, 刘瑞佳, 等. 技术知识与新产品开发优势：战略导向的调节作用[J]. 科学学研究, 2021, 39(9): 1-11.

[13] 周琪, 苏敬勤, 长青, 等. 战略导向对企业绩效的作用机制研究：商业模式创新视

角[J]. 科学学与科学技术管理, 2020, 41(10): 74-92.

[14] 方伟, 杨眉. 高新技术产业集群知识溢出对企业技术追赶的影响[J]. 科技进步与对策, 2020, 37(9): 87-95.

[15] 罗建强, 戴冬烨, 李丫丫. 基于技术生命周期的服务创新轨道演化路径[J]. 科学学研究, 2020, 38(4): 759-768.

[16] 徐建新, 张海迪, 许强. 机会窗口、复合式战略与后发企业追赶——基于大华股份的纵向案例研究[J]. 科技进步与对策, 2020, 37(23): 81-90.

[17] 彭新敏, 史慧敏, 朱顺林. 机会窗口、双元战略与后发企业技术追赶[J]. 科学学研究, 2020, 38(12): 2220-2227.

[18] 刘海兵, 杨磊, 许庆瑞. 后发企业技术创新能力路径如何演化?——基于华为公司1987—2018年的纵向案例研究[J]. 科学学研究, 2020, 38(6): 1096-1107.

[19] 黄晗, 张金隆, 熊杰. 赶超中机会窗口的研究动态与展望[J]. 管理评论, 2020, 32(5): 151-164.

[20] 王萍萍, 王毅. 技术新颖性从何而来?——基于纳米技术专利的分析[J]. 管理工程学报, 2020, 34(6): 79-89.

[21] 陈军, 张韵君, 王健. 基于专利分析的中美人工智能产业发展比较研究[J]. 情报杂志, 2019, 38(1): 41-47.

[22] 陶翔, 张毅菁, 任晓波. 全球视野下的人工智能: 趋势、影响和挑战[J]. 竞争情报, 2019, 15(3): 2-11.

[23] 吴晓波, 余璐, 雷李楠. 超越追赶: 范式转变期的创新战略[J]. 管理工程学报, 2020, 34(1): 1-8.

[24] 郭艳婷, 郑刚, 钱仲文. 开放式创新视角下企业基于跨边界协同的新型追赶路径与模式初探[J]. 科研管理, 2019, 40(10): 169-183.

[25] 范德成, 方璘, 宋志龙. 不同技术创新途径与产业结构升级动态互动关系研究[J]. 科技进步与对策, 2020, 37(5): 57-66.

[26] 吴昊, 李萌. 技术引进、自主创新与就业——基于动态空间面板模型的实证研究[J]. 财经理论与实践, 2020, 41(1): 109-116.

[27] 黄鹏, 汪建新, 孟雪. 经济全球化再平衡与中美贸易摩擦[J]. 中国工业经济, 2018(10): 156-174.

[28] 杨朝均, 刘冰, 毕克新. FDI技术溢出对工业企业绿色创新路径演化的影响研究——基于演化博弈模型[J]. 管理评论, 2020, 32(12): 146-155.

[29] 叶堂林, 李治锦, 何悦珊, 等. 制造业转移的路径、影响因素与促进效应——以长江经济带制造业转移为例[J]. 中国软科学, 2021(4): 60-70.

[30] 张辉，王庭锡，孙咏. 数字基础设施与制造业企业技术创新——基于企业生命周期的视角[J]. 上海经济研究，2022(8)：79-93.

[31] 余东华，燕玉婷. 环境规制、技术创新与制造业绿色全要素生产率[J]. 城市与环境研究，2022(2)：58-79.

[32] 金环，于立宏，徐远彬. 绿色产业政策与制造业绿色技术创新[J]. 中国人口资源与环境，2022，32(6)：136-146.

[33] 王晓红，胡士磊. 校企合作提升了制造业企业的技术创新绩效吗？——基于倾向得分匹配方法的实证研究[J]. 技术经济，2022，41(4)：30-43.

[34] 綦良群，王金石，崔月莹等. 中国装备制造业服务化水平测度——基于价值流动视角[J]. 科技进步与对策，2021，38(14)：72-81.

[35] 梁经伟，钟世川，毛艳华. 制造业投入服务化的国内外联动关系研究——基于世界投入产出表的计算[J]. 经济问题探索，2021(1)：181-190.

[36] 李煜华，廖承军，向子威. 数字经济背景下制造业服务化转型组态路径研究[J]. 中国科技论坛，2022(8)：68-76.

[37] 陈春明，贾晨冉. 制造业服务化程度与企业绩效的关系研究[J]. 社会科学战线，2021(10)：252-257.

[38] 徐洁，李琳，田彩红. 制造业嵌入式服务化促进了企业创新吗——创新数量与质量视角[J]. 科技进步与对策，2022，39(16)：95-105.

[39] 欧阳桃花，曾德麟. 拨云见日——揭示中国盾构机技术赶超的艰辛与辉煌[J]. 管理世界，2021，37(8)：194-207.

[40] 彭新敏，吴晓波，吴东. 核心技术、互补资产与后发企业的超越追赶[J]. 科研管理，2022，43(7)：135-143.

[41] 迟心蕊，郭占斌. 泡沫金属-相变材料对光伏系统散热特性影响[J]. 广西大学学报（自然科学版），2022，47(1)：208-218.

[42] 郭占斌，迟心蕊，付程. 先进制造技术与机械制造工艺的优化措施分析[J]. 造纸装备及材料，2023，52(10)：127-129.